语言生活皮书

北京语言生活状况报告
（2018）

李　艳　贺宏志　主编

2018年·北京

顾　问	李宇明
主　任	李　奕
副主任	贺宏志
审　订	周庆生　郭　熙　周洪波　张维佳　余桂林　洪　波
主　编	李　艳　贺宏志
编　者	（按音序排列）

白　杰　陈静怡　崔雪英　董希骁　戈兆一　郭　瑾
何　伟　贺宏志　李　艳　林淑娟　刘　敏　卢　京
邱哲文　邵　滨　帅柳娟　田小玉　王纪彭　王庆利
王玉伟　熊文新　闫扬洋　杨鑫颖　张慧琴　张家琦
张舒雨　张艳玲　赵　洁　仲卓然　邹　煜

唯新是举，方有未来

——序《北京语言生活状况报告（2018）》

2016年10月，《北京语言生活状况报告（2016）》出版。它是《中国语言生活状况报告》（"绿皮书"）的首部地域版及首部城市版，提出了语言生活的许多新概念、新理念，反映了北京市语言文字事业的许多新举措、新成果。

时隔两年，《北京语言生活状况报告（2018）》又如期而至。它报告的是2017年、2018年两年来北京市的语言生活，其中令人瞩目的，是2017年9月11—13日举办的"首届中国北京国际语言文化博览会"。放眼世界，语言文化的展览会已开展几十年，影响逐年扩大，惠及语言文化诸多领域，如巴黎国际语言博览会、柏林国际语言文化展、伦敦国际语言展等。而在亚洲，在华语文化圈，竟然还是一片空白，近年来虽有呼吁但无回响，着实令人焦急，令人遗憾。首届"语博会"填补了这片空白，扫除了这腔遗憾，实现了国人夙愿；而且也推动了语言产业的产业自觉，构建了中外语言文化交流互鉴的新平台。"语言让世界更和谐、文明更精彩"这一主题，有品味，显情怀，集中体现了中国崭新的语言理念。第二届"语博会"又将于2018年10月25日举行，其主题是"语言服务与人类生活"。"语言服务"是政府职责，是语言产业存在的根基，也是中国"语言生活派"的重要理念。"北京国际语言文化博览会"届届举办下去，将逐渐形成东方语言会展业的特色与声望，争取能与巴黎国际语言博览会、柏林国际语言文化展、伦敦国际语言展等，比肩同行。

北京市的语言产业研究也是一颗正在升起的学术新星。我在《北京语言生活状况报告（2016）》序言中写道："（北京市）特别是在语言产业方面贡献尤其突出，编写了《语言产业引论》，翻译出版了《欧洲语言产业规模之研究报告》,举办了'第一届中国语言产业论坛',并正在筹办全国首届语言博览会。这些富有学术含量的活动,在全国政界、学界都产生了很大反响,且正在推动语言产业的发展。"最近这两年又有显著发展,除了每年继续主办"中国语言产业论坛"外,还在首都师范大学建起了中国语言产业研究院,出版了《语言产业研究》杂志,创办了"语言产业研究"微信公众号,并着手进行"语言产业研究"方向的博士、硕士研究生培养。语言产业研究开始步入学科建设的新阶段。

北京语言文字事业的诸多创新,为《北京语言生活状况报告》准备了"巧媳之米"。《报告》的作者来自首都师范大学、中国传媒大学、北京外国语大学、中央民族大学、北京服装学院、北京印刷学院、北京物资学院等多所高校,其学术专长涉及语言文化建设、语言产业、语言服务、计算语言学、欧洲语言文化、汉语国际教育、语言舆情、服饰语言文化、初等教育、广告传播、新媒体传播等。这种"混成旅"式的学术团队,从不同的学术角度观察语言生活,必然有不同的学术景观,有特别的学术感悟。

展开2018年的《北京语言生活状况报告》,的确可以品尝到"巧媳之炊"。《报告》由"特稿篇""行业篇""教育篇""媒体篇""资料篇"五部分构成。"特稿篇"包含"语博会"、京津冀语言文字工作协调发展、北京市民语言文化大讲堂等内容;"行业篇""教育篇"对具体语言行业、窗口行业语言服务状况、专业语言人才培养、小学生语言能力教育、在京留学生的语言生活状况、语言非物质遗产的传承等问题进行了深入调研;"媒体篇"借助大数据,对政务新媒体的语言使用、时尚媒体所引领的时尚词汇演变等进行了有趣探讨;"资料篇"中的"北京语言文化数字博物馆""北京地区主要语言服务机构"也很值得一读。

《报告》关注"语言使用主体"的新需求,探究城市语言生活的新问题,展现了语言生活研究的新笔触。语言技术行业、语言出版行业、语言创意行业的发展状况,城市交通行业、金融行业从业人员的语言能力,高校不同人群语言文化交流的案例分析,小学生对北京童谣的认知与传承,在京外国留学生的语言生活,时尚杂志媒体的语言使用等,都是语言生活研究的新视角、新笔触。

商朝开国明君汤有《盘铭》曰"苟日新,日日新,又日新"。中华文化不仅有"守成"的一面,更有"唯新是举"的传统。北京市语言生活因创新而充满时代活力,《北京语言生活状况报告》因创新而具有学术魅力。

我们这个时代也是一个更需要创新的时代。人类在各个领域都在飞速前进,知识产权和话语权永远在创新者的手中。我们需要尚新意识,更需要创新行动。唯新是举,方有未来。

李宇明

2018年重阳节

目　录

第一部分　特稿篇 …………………………………………………… 001

北京语博会助力国际语言文化交流 …………………………………… 003
语言文字工作服务京津冀协同发展 …………………………………… 011
北京市民语言文化大讲堂推进北京学习型城市建设 ………………… 016

第二部分　行业篇 …………………………………………………… 023

北京市语言科技产业状况调查 ………………………………………… 025
北京雅思考试用书的出版状况调查 …………………………………… 036
北京广告语言创意人才培养状况调查 ………………………………… 044
北京地铁语言服务现状调查 …………………………………………… 053
北京银行业语言服务状况调查 ………………………………………… 065
新型投资银行员工语言能力要求状况调查 …………………………… 073

第三部分　教育篇 …………………………………………………… 081

在京高校外语非通用语教育状况调查 ………………………………… 083
北京高校社区语言文化建设状况调查 ………………………………… 102
北京市小学生口语交际能力现状调查 ………………………………… 114
北京城六区小学童谣传承状况调查 …………………………………… 123
在京留学生课外语言生活调查 ………………………………………… 130

第四部分　媒体篇 …………………………………………………… 143

"首都之窗"的"政民互动"频道语言使用调查 …………………… 145
"@北京发布"语言使用状况 ………………………………………… 154
《时尚北京》中的北京时尚词汇 ……………………………………… 167

目 录

第五部分　资料篇……………………………………………… 179

2016—2017年北京语言文字工作大事记 ……………………… 181

北京市语言文字事业"十三五"发展规划……………………… 192

北京语言文化数字博物馆概览…………………………………… 197

北京地区主要语言服务机构一览………………………………… 205

第一部分

特　稿　篇

北京语博会助力国际语言文化交流

首届中国北京国际语言文化博览会（以下简称"语博会"）融入第12届中国北京国际文化创意产业博览会，由国家语言文字工作委员会、中国联合国教科文组织全国委员会支持，由北京市语言文字工作委员会、中国国际贸易促进委员会北京市分会、孔子学院总部、北京语言大学、中国翻译协会等单位承办，于2017年9月11—13日举办。

一 语言让世界更和谐、文明更精彩

首届语博会以"语言让世界更和谐、文明更精彩"为主题，包括展会板块和论坛板块。

展会设于北京中国国际展览中心，分为成就展示区、企业展示区和展演互动区。重点展示中国语言文化建设成就、语言类非物质文化遗产、语言文化科技产品，呈现世界语言文化交流互鉴。

成就展以"语言铺路 文化架桥"为主题，设"书同文 语同音 人同心""信息科技 智慧语言""一带一路 语言铺路""留下乡音 记住乡情"四个展区，充分体现"一带一路"建设背景下我国自党的十八大以来，尤其是"十三五"期间的语言文化建设成就，献礼十九大。

企业展汇聚了中译语通、科大讯飞、声望听力、商务印书馆、外语教学与研究出版社、全球说、中文在线、北大方正等十余家语言行业精英企业以及语言智能高精尖中心、语言资源高精尖中心等研发机构，集中展示语言文化科技产品。

展演互动区汇聚中外语言文化精品节目和展品：中国部分有女书、水书、泥咕咕、沙画、书法、折纸、民族蜡染等；国外部分有孟加拉海娜手绘互动、泰国水灯互动、肯尼亚传统技艺互动、尼泊尔唐卡绘制体验等；展演节目纷呈，包括泰国、尼泊尔、巴基斯坦、斯里兰卡等国留学生歌舞，以及中国戏曲联唱、女歌表演、老北京商业叫卖等,展现了文化交流互鉴的盛景。

以"语言科技与人类福祉"为主题的国际语言文化论坛于9月12日在北京外国语大学举行。主论坛之外,设四个分论坛,聚焦语言政策与语言教育、语言智能与产业发展、工具书与文化传承、语言康复与人类健康等议题,吸引了来自20余个国家和地区的200余位学者参与交流研讨,其中42位中外专家在主论坛和分论坛发表了主旨演讲。另外,还设有北京语言大学分会场和朝阳区分会场。北京语言大学于9月13日举办以"东渐西传 文明互鉴"为主题的"一带一路"语言文化高峰论坛,设人文交流、语言互通、文明互鉴、文化传承、智慧生活、非物质文化遗产保护等议题,还举行了"新汉学"博士论坛、"一带一路"语言文化成果发布会等活动。朝阳区语委于9月12日举办麦子店街道社区语言文化教育成果展,紧紧围绕"语言"对个人心灵的启迪、对民族精神的传承和对国际交流的作用等方面展开,内容主要有学生活动、街道国际交流活动、社区老年教育活动。

9月12日上午,教育部副部长、国家语委主任杜占元,北京市副市长、市语委主任王宁,联合国教科文组织执行局局长迈克尔·沃博思莅临主论坛和展会并发表致辞,与19位驻华使节共同见证了64个"一带一路"建设沿线国家的留学生代表发出《"一带一路"语言文化交流合作倡议》。

杜占元指出,语言与科技的碰撞交融由来已久,当前,以信息技术为核心的当代科技革命在全球蓬勃兴起、突飞猛进,引导着众多高新技术领域的变革,迅速改变着人们的生产、生活方式,也必将对语言生活产生深刻影响。作为一个多语言、多方言、多文种的国家,中国政府长期致力于推广和规范使用国家通用语言文字,科学保护各民族语言文字,同时高度重视并积极推动语言与科技的融合。面向2020年,中国政府将全面推动语言文字事业服务国家发展需求,大力推进语言文字信息化建设,推动语言文字信息化技术创新、语言资源建设、语言文字信息化平台建设、语言文字服务方式创新。加强语言文化交流与合作,一是要进一步促进人类语言文化成果交流互鉴,二是要加强语言文化基础研究,三是要推动语言与科技的融合,四是要重视语言能力建设。

王宁指出,首届中国北京国际语言文化博览会的举办,将填补世界华语区语言文化主题博览会的空白。这一中外语言文化交流互鉴的盛会,对于北京城市的语言文化建设、语言事业的繁荣和语言产业的发展,必将具有重大而非凡的意义。

迈克尔指出，联合国教科文组织支持和鼓励成员国开展包容性教育、推动可持续发展，同时通过发展多语言政策与多语言教育弘扬文化与语言多样性。中国一直走在推动语言多样性的前列，通过多语言来促进跨文化沟通与文明互鉴。语言对于理解不同文化以及实现联合国全民教育目标具有重要作用，因此联合国教科文组织制定了行动框架，推动包容性语言政策的制定以及多语言教育的可持续发展。

二 发展语言产业、繁荣语言文化

习近平总书记指出，"语言是了解一个国家最好的钥匙"，要"着力打造融通中外的新概念、新范畴、新表述，讲述好中国故事，传播好中国声音"。中国北京国际语言文化博览会的举办是贯彻这一指示的实际行动和得力举措。

中央《关于实施中华优秀传统文化传承发展工程的意见》要求：推动中外文化交流互鉴。加强对外文化交流合作，创新人文交流方式，丰富文化交流内容，不断提高文化交流水平。充分运用海外中国文化中心、孔子学院，文化节展、文物展览、博览会、书展、电影节、体育活动、旅游推介和各类品牌活动，助推中华优秀传统文化的国际传播。讲述好中国故事，传播好中国声音，阐释好中国特色，展示好中国形象。国务院发布的我国第一部文化产业专项规划《文化产业振兴规划》提出的八个方面重点任务中，涉及一系列与语言产业密切相关的内容，要求积极发展新兴文化业态，支持文化会展，扩大对外文化贸易。

（一）促进语言产业发展、培育新的经济增长点

语言产业是一种新型的文化业态，近年来在发达国家逐步兴起且迅猛发展，已成为其产业发展的重要推力。日内瓦大学教授弗朗索瓦·格林的研究团队得出结论：语言的多样性为瑞士国内生产总值起到了添砖加瓦的作用，"每年瑞士国内生产总值的 10% 受益于语言的多样性"。美国、加拿大、德国、法国、英国、西班牙等国均将语言视为重要的出口产品。

（二）促进中华文化国际传播、争取国际话语权

上述国家都将举办语言文化博览会作为促进语言产业发展、获取文化话语权的重要手段。截至 2016 年，英国伦敦作为英语中心区，其伦敦国际语言展已

举办30届；德国柏林作为德语中心区，其柏林国际语言文化展已举办31届；法国巴黎作为法语中心区，其巴黎国际语言博览会已举办36届。这些国家围绕语博会构建各自的母语产业圈，通过吸引世界各地展商及观众在短时间内的大量交易、交流与集聚，既形成文化向心力、凝聚力，又形成文化交流力、传播力。基本理念在于，一个国家文化的传播、商品的输出以及价值观的宣传，无不首先依赖于语言的传播和先行。

（三）填补世界华语区语言文化主题博览会空白

我国是语言资源大国、语言消费大国，但还不是语言产业强国。作为汉语区（世界华语）中心的北京，还没有像巴黎、伦敦、柏林那样的国际语言展会或博览会。我国的语言产业目前还处在分散的、自发的状态，语言产业发展程度与世界第二大经济体的地位不相称。语言企业由分散逐步走向联合，语言资源开发由自发走向自觉，语言产业集群和产业链条形成，都亟须打造一个促进信息交流、产业联合、技术协作、产品展示、贸易推动的平台。

从汉语及汉语文化圈的地位看，汉语作为世界上使用人口最多的语言及联合国工作语言之一，在北京举办首届语博会，能够极大地促进语言文化的国际交流，对于传播弘扬中华文化、增强国家软实力、提升北京国际影响力具有重要而深远的意义，对增强文化自觉与文化自信，吸引先进语言产业企业、人才、技术集聚北京，在全国范围内率先建设成为语言产业发展中心有着极大的推动作用。

从世界历史的发展看，一个国家的国力强盛与文化传播能力紧密相连。与西方发达国家相比，我们的文化软实力、在世界文化市场上的竞争力还有相当的距离，在世界文化交流中的话语权仍然有限。语言产业是具有自我增值能力的低碳环保生态新型产业形态。语言产业的大发展能有效地增强中华文化的国际传播力，提高中国的国际话语权和文化安全系数，提升中华民族在全球多元文化中的位态。语言强国是文化繁荣的重要标志。"强国的语言"和"语言的强国"具有高度的内在关联。"一带一路"，需要语言铺路。

三 语博会的社会关注

首届语博会成功举办，赢得了参与各方和社会舆论的高度评价。"语言让世

界更和谐、文明更精彩"，主题简明而有力，理念深刻而朴实；填补了世界华语文化圈语言文化主题博览会的空白；实现了我们许多语言文化工作者打造国际语言文化综合盛会的夙愿；较大程度地提高了语言文字工作部门的社会认知度和工作影响力；将有力推动语言产业自觉发展、聚合发展；将有力促进语言文化建设、语言经济、语言产业、语言服务相关应用学科的建立与发展；将有利于加强语言类非物质文化遗产的保护传承和语言资源的开发利用；将有利于加强国家语言能力建设和语言文化知识的社会普及；构建了中外语言文化交流互鉴的新平台、大格局。时任副总理刘延东对此做出重要批示：首届语博会成功举办，对语言文化交流互鉴，增强我国话语权、影响力具有重要意义，并希望继续围绕国家需求，加强语言文字事业，深化"一带一路"各国人文交流，为提升国家软实力，促进世界各国民心相通做出贡献。

对于首届语博会的举办，北京地区主流媒体聚焦报道。中央电视台2频道、4频道、13频道及阿拉伯语频道分别以"人工智能助力语言信息产业发展""首届中国语言博览会举行""首届国际语言文化博览会 交流互鉴领略语言文化魅力""首届中国北京国际语言文化博览会开幕"为题采访报道。中国教育电视台分别以"首届中国北京国际语言文化博览会开幕""首届国际语言文化论坛：推动语言与科技融合 深化语言文化交流合作""首届中国'语言康复'与人类健康论坛在京举办""首届'一带一路'语言文化高峰论坛在京举办"为题4次采访报道。中国新闻网络电视、新华网络电视、河北卫视分别以"首届国际语言文博会在京举办 智能技术助力语言文化交流""首届语博会北京举行""首届语博会：展示我国语言文字信息化建设成就"为题采访报道。新华通讯社发稿报道，新华网、人民网、中国网、中华网、环球网、中国新闻网、中国报道网、中国经济网、中国文化观察网、新浪网、搜狐网等网络媒体高度关注，《人民日报》《人民日报》（海外版）、《中国教育报》《中国青年报》《北京日报》等平面媒体密集报道。商务印书馆《语言战略研究》杂志九月刊开辟"语言产业研究"专栏配合首届语博会的举办。

附："语言科技与人类福祉"国际语言文化论坛介绍

主论坛 9月12日上午在北京外国语大学举办。由国家语委主办，北京外国语大学承办，北京市语委、外语教学与研究出版社、商务印书馆、科大讯飞

第一部分 特稿篇

股份有限公司、中国辞书学会协办。教育部语用司、语信司司长田立新主持开幕式，教育部副部长杜占元、北京市副市长王宁、联合国教科文组织执行局局长迈克尔·沃博思、北京外国语大学校长彭龙致辞。9位中外专家发表主旨报告：

（德国）路德维希·艾辛格《关于人文学科的数据：数字时代的语言学》

（中国）于洋《人工智能时代的语言科技创新》

（中国）周庆生《"一带一路"建设中的语言》

（美国）吴伟克《用外语构建意义》

（中国）王卓《人工智能助力语言产业发展》

（英国）吴莎娜《中国品牌辞书的海外传播》

（中国）陆俭明《以科研引航是高质量辞书的根本保证》

（美国）辛西娅·汤普森《失语症与老龄化》

（中国）高立群《语言健康与健康中国》

语言政策与语言教育分论坛 9月12日下午由北京外国语大学承办，北外校长助理王文斌主持。11位中外专家发表主旨报告：

（马来西亚）阿旺·宾·沙利岩《语言政策与语言规划对教育制度的影响》

（捷克）伊凡娜·波斯捷霍娃《欧盟成员国——捷克共和国的语言教育政策》

（中国）黄行《中国语言资源多样性及其创新与保护规划》

（埃及）高思澜《书面语言的普遍法则》

（中国）郭熙《中国语言教学的多样性问题》

（南非）瑞菲维·莫荣娃·拉马荷许《南非1994年以后茨瓦纳语教学的障碍》

（中国）戴曼纯《论国家语言能力建设的多语能力发展》

（塞尔维亚）维拉·尼西奇《波斯尼亚和黑塞哥维的三语现象：变项和不变项》

（波兰）海莱娜·布瓦金斯卡《哈尔滨的波兰人（1898—1949）》

（尼日利亚）萨里苏·阿哈迈德·亚卡瑟《记载豪萨诗歌中"牛"的价值》

（中国）章思英《中华思想文化术语翻译与传播工程》

语言智能与产业发展分论坛 9月12日下午在北京外国语大学举办，由科大讯飞股份有限公司承办，北京讯飞启明科技公司总经理陈宇主持。9位中外专

家发表主旨报告：

（日本）扬达《机器人型多媒体通信终端与语言智能开发》

（中国）韩宝成《现代科技在语言测试中的应用：回顾与前瞻》

（中国）朱靖波《面向语言服务的机器翻译应用及挑战》

（中国）李佩泽《从测试到评估——汉语水平考试HSK的理论、方法与应用》

（中国）顾曰国《汉语与华夏文明知识本体构建》

（中国）朱青春《关于计算机辅助普通话水平测试的社会评估报告》

（中国）彭恒利《人工智能技术在中国少数民族汉语水平考试中的应用》

（中国）张宇《智能问答关键技术及展望》

（中国）付瑞吉《智能阅卷技术研究及应用》

工具书与文化传承分论坛　9月12日下午在北京外国语大学举办，由中国辞书学会、商务印书馆承办，商务印书馆总编辑周洪波编审主持。4位中外专家发表主旨报告，围绕4个主旨报告，20位中外学者以访谈形式进行了交流对话：

（中国）江蓝生《传播中华文化，引导语文规范的双璧——致敬〈新华字典〉与〈现代汉语词典〉》。访谈专家：苏新春、秦志华、余桂林、巴特玛（蒙古）、吴莎娜（英国）

（中国）王宁《〈辞源〉——通向传统文化的桥梁》。访谈专家：苏宝荣、顾青、李尔钢、赵世举、魏明德（法国）

（中国台湾）曾泰元《〈牛津英语词典〉与文化传承》。访谈专家：魏向清、徐建中、马静、王慧敏、梅皓（美国）

（法国）魏明德《〈利氏汉法词典〉与文化传承》。访谈专家：章宜华、姚虹、谢仁友、郭可、大卫·道森（澳大利亚）

语言康复与人类健康分论坛　9月11日下午在中国职工之家举办，由声望听力集团、北京语言大学语言康复学院承办。北京市教委、市语委副主任李奕，中国听力语言康复研究中心常务副主任龙墨，声望听力连锁服务机构董事长李琼致辞。北京市语委办公室主任贺宏志、北京语言大学语言康复学院院长高立群主持。9位中外专家发表主旨报告：

（荷兰）弗兰克·维恁《语言发展的基本过程及其病理》

（中国香港）张显达《关注特定型语言障碍儿童》

（日本）罗志伟《用于评估失语症人类受试者认知功能的虚拟现实技术》

（荷兰）艾伦·格里兹《语言障碍儿童：早期发现的重要性》

（加拿大）田岚《现代助听器有助于重塑大脑的听觉言语语言认知通路》

（美国）郝建萍《自闭症早期筛查与儿童健康》

（中国）姜孟《双语经验对老年痴呆症的预防及延缓作用》

（中国台湾）盛华《嗓音障碍与康复成效》

（中国）马文《话语与健康：会话分析的视角》

（贺宏志）

语言文字工作服务京津冀协同发展

北京市语委、天津市语委、河北省语委2015年6月4日签署《京津冀语言文字事业协同发展战略协议书》，自该协议签署以来，北京市语委以整合优势资源为重点，以构建跨区域战略合作机制为抓手，通过开展形式多样、内涵丰富、寓教于乐的语言文化活动，关注师生语言能力的实际获得，推动了京津冀语言文字工作交流与合作向更高水平、更深层次、更宽领域发展。

《北京市语言文字事业"十三五"发展规划》2016年11月28日发布，规划中明确要求，落实京津冀语言文字事业协同发展战略协议，组织三地各级各类学校联动的系列语言文化交流活动。自2015年以来，北京市语委办年度工作计划对京津冀语言文字事业协同发展都做出了具体部署，组织开展的系列活动着力于京津冀师生语言能力的提升和中华优秀传统文化的传承。

一 主动作为，推动京津冀语言文字工作交流合作可持续发展和创新发展

（一）组织举办面向中小学生的诵读、演讲、辩论方面的竞赛活动

首先，举办了京津冀中小学生诵读演讲辩论赛。为纪念《中华人民共和国国家通用语言文字法》颁布15周年，落实《京津冀语言文字事业协同发展战略协议书》，北京市语委发起举办了京津冀中小学生诵读演讲辩论赛，该活动2015年12月12日在芳草地国际学校双花园校区举行，针对不同学段学生的特点，分别设计了小学生诵读、初中生演讲和高中生辩论3个环节。

其次，举办京津冀中小学生辩论赛。其中，京津冀中学生辩论邀请赛由京津冀三方语委支持，全国学联秘书处指导，西城区语委、北京语言文化建设促进会、北京市高中生辩论赛俱乐部主办，北京师范大学附属实验中学承办，旨在落实《京津冀语言文字事业协同发展战略协议书》，推进语文教育改革，持

续提升京津冀三地中学生的思辨能力、语言能力和综合素养,增强京津冀地区在整个华语辩论圈中的影响力。2017年11月18—26日,第三届邀请赛举行,16支辩论队在小组赛、半决赛、决赛中围绕"中学生人格塑造""升学就业""未成年人权益""人工智能的发展""青春期目标取向"等当下中学生比较关心的话题展开激烈辩论。本届比赛冠军队获得苏州大学"东吴杯"全国中学生辩论赛的保送晋级资格,比赛冠军、亚军队获得台湾地区"亚洲杯"国际中学生华语辩论锦标赛的保送晋级资格。

京津冀中小学生辩论赛由京津冀三方语委主办,北京语言文化建设促进会承办。作为京津冀语言文字事业协同发展的又一盛会,借鉴北京市中小学生辩论赛跨越边界的核心理念和辩题、赛制,围绕"人生规划""自主招生""青春偶像""校园冲突""小学生上学带手机""看见乞丐给钱"等青少年最感兴趣的话题展开深入的思考和广泛的讨论。2017年12月8日,第一届京津冀中小学生辩论赛总决赛在海淀区教育科学研究院举行,来自京津冀的48位中小学生辩手,跨省市组队辩论,将为期3个月的赛事推向了高潮。不同省市的辩手碰撞交流、竞争合作,面对陌生队友,自主备赛、取长补短,进而获得新的辩论经验,融合了不同地区风格。三地的孩子们从赛场上的战友,变成了无话不说的好朋友。三地教师之间的交流,也让老师们领略了三地语言文化教育的特色。

此外,还组织了"京津冀初中生经典诵读节目展演赛",该活动2017年4月8日在通州区教师研修中心举办。

(二)组织以成语文化为主题的学术研讨及市民语言文化活动

北京市语委以年度科研项目"中华成语文化与社会主义核心价值观教育"为基础,2016年5月27—29日在河北邯郸发起主办了"中华成语文化与社会主义核心价值观教育京津冀研讨会"。出席会议的有北京市语委办、河北省语委办、天津市语委办、邯郸市政协、邯郸市语委、中国语文现代化学会、中国语文现代化学会成语文化研究会负责人,以及京津冀和苏浙粤等地的语言文化学者60余人。

北京市语委办支持和指导,朝阳区语委举办"老少共圆中国梦——京津冀成语文化龙门阵邀请赛"。此项活动已举办三届。第三届邀请赛2017年11月18日在北京市润丰学校举行。第十届全国人大常委会副委员长、中国关心下一代工作委员会主任顾秀莲出席。北京市朝阳区教委、天津市河北区教育局、河北

省秦皇岛市教育局及朝阳区相关委办局领导、全区各小学语言文字工作负责人、东方妇女老年大学学员、社区居民和学生代表共300余人参加了活动。顾秀莲在讲话中指出,本项活动是坚持文化自信、传承弘扬中华优秀传统文化的一项创新性活动。活动形式新颖,一家三代同场竞技,有助于良好家风的树立与传承。活动的社会效益显著,纳入京津冀协同发展大格局,是一场高规格的京津冀语言文化交流活动。"成语文化龙门阵邀请赛"把校园教育、社区教育、家庭教育和隔代教育冶于一炉,打造出了具有朝阳特色的语言文化活动及社区教育品牌。

二 积极参与,推动京津冀语言文字工作交流合作深层次、宽领域发展

2016年4月7日,北京市教委、市语委副主任李奕出席在河北省沧州市举行的京津冀语言文字事业协同发展研讨会。京津冀三地达成了11项语言文字事业协同发展项目。

(一)以书法文化传承为主题的系列活动

"京津冀书法名家进校园"活动2016年9月20日在河北省滦平县启动,京津冀8位书法名家代表共同书写了"大力推行和规范使用国家通用语言文字,助力全面建成小康社会"的长卷,开展了面向教师、学生的书法大讲堂及书法交流互动等活动。京津冀语委办负责人及承德市师生代表200余人参加了该活动的启动仪式。

河北省教育厅、河北省语委、河北省硬笔书法协会举办的"首届河北省师生规范汉字书写大会暨京津冀师生规范汉字书写作品展览"2016年9月25日在河北外国语学院举行。活动主题为"书写规范汉字,传承中华文化",旨在通过作品展览、公益讲堂、现场书写等方式,普及汉字文化和规范书写知识,全面提高广大师生汉字书写水平,传承和弘扬中华优秀传统文化。2017年10月24日,第二届活动在河北师范大学开幕,活动主题为"传承汉字文化,感受书写之美",分为小学生、中学生、大学生和教师4个组别。活动展出的535幅毛笔和硬笔作品展示了京津冀规范汉字书写和书法教育的最新成果,教育部语用所、河北省语委、北京市语委、天津市语委、河北省辖市教育局和部分高校语

第一部分 特稿篇

委办负责人,以及京津冀获奖师生代表等300余人参加活动。

(二)经典诵读、汉字演练等主题的系列互动

为落实《京津冀语言文字事业协同发展战略协议书》,提升学生语言能力,河北省语委发起,北京市语委、天津市语委协办"京津冀理工类高校魅力汉语大会"。活动以"掌握语言文字规范,领略汉语文化魅力"为主题,开展汉语知识及应用能力的竞赛,设置妙语连珠、吟诗作词、汉语源流、汉字演练4个环节,考察选手在成语积累、诗词知识、国学素养和汉字使用等方面的水平。2017年5月27日,"第二届京津冀理工类高校魅力汉语大会"在东北大学秦皇岛分校举办,教育部语用司、河北省教育厅、河北省语委、秦皇岛市政府以及京津冀三方语委办负责人出席。京津冀9所理工科高校非文科类专业的36名学生参加了竞赛,经过4轮激烈角逐,东北大学秦皇岛分校、天津职业技术师范大学、首都医科大学代表队以优异成绩获一等奖,河北地质大学、河北工业大学、天津科技大学、北京工业大学、北京信息科技大学、天津理工大学代表队获二等奖。

"京津冀中华经典诵写讲活动"2017年8月6日在秦皇岛山海关举行。活动由教育部语用司、河北省语委、河北省教育厅主办,秦皇岛市山海关区政府、秦皇岛市教育局、河北广播电视台承办,北京市语委、天津市语委协办。活动含三部分:上午举行京津冀书法教育基地正式启用仪式;京津冀三方语委代表共同签订了《京津冀书法教育基地共建共享合作协议书》;之后,师生现场书写经典,名家点评。下午举行经典讲解活动。晚上,"古韵雄关美 经典颂中华——弘扬优秀传统文化喜迎十九大中华经典诗词诵读大会"在"天下第一关"广场隆重举行,涵盖名家朗诵、歌曲、舞蹈、合唱、联诵、民乐演奏、情景再现等多种艺术形式,由京津冀三地基层代表和朗诵名家共同演出,表现了中华优秀传统文化深沉浑厚的魅力。

2017年12月15日,京津冀三方语委主办、天津市滨海新区教体委承办的"2017京津冀中学生汉字听写大会",在天津市实验中学滨海学校举办。活动主题为"书写规范汉字,传承中华文明;加强地区交流,促进协同发展"。来自京津冀6支学校代表队的30位选手参加了比赛。活动旨在加强京津冀学生交流,激发广大青少年热爱并传承祖国优秀传统文化,促进京津冀语言文字事业蓬勃发展。

此外，2016 年 11 月 15 日在河北沧州组织了"京津冀语言传播教育暨齐越精神研讨会"，教育部语用司、国家新闻出版广电总局宣传管理司、河北省教育厅、河北省语委、河北省沧州市政府、京津冀三方语委办公室负责人以及部分高校专家学者、播音艺术家、知名主持人汇聚沧州师范学院，共商京津冀语言传播教育大计，并对齐越精神进行深入研讨。

三 总结经验，进一步推动京津冀语言文字工作交流合作向前发展

三年来，京津冀三地语委携手共进、工作部门协作联动，通过组织开展丰富多彩的语言文化活动，三地师生互相学习，共同提高。京津冀语言文字工作在三个方面卓有成效：一是交流了提升公民语言能力的做法和经验；二是分享了传承弘扬中华优秀传统文化的践行之道；三是初步建立起京津冀语言文字事业协同发展的合作机制。

下一步京津冀三地语委将在已有工作的基础上，建立起京津冀语言文字事业协同发展的长效机制，围绕语言文化建设、语文教育改革、2022 年冬奥会语言服务、长城文化带和运河文化带"非遗"研究与传承等领域，推进共建共享的广度和深度，促进三地语言文字事业协同发展，服务国家发展战略，做出新的、更大的贡献。

（贺宏志）

北京市民语言文化大讲堂
推进北京学习型城市建设

《北京市语言文字事业"十三五"发展规划》提出"结合全民终身教育体系和学习型城市建设,实施市民语言文化大讲堂专项,将语言文字教育培训纳入市民终身教育体系"。随即,"北京市民语言文化大讲堂"项目列入了"十三五"市教育投入重点项目和财政购买公共教育服务项目,由北京语言文字工作协会负责具体承办。

2017年4月23日"世界读书日","北京市民语言文化大讲堂"启动仪式在北京皇城驿站主题邮局举行,北京市教委、北京市语委副主任李奕出席并致辞。首都师范大学杨学军教授为与会师生和社区居民代表做关于老北京地名文化的知识讲座,赠送每位听众《留存记忆——老北京地名文化寻踪》读本。这次仪式和讲座标志着"北京市民语言文化大讲堂"(以下简称"大讲堂")正式启动。

一 社会效益

"大讲堂"项目自实施以来,已经组织报告讲座、宣传展示100余场,覆盖全市16区。深入中小学、居民社区、街道活动中心、老年大学、职业学院、企业事业单位,为中小学师生、社区居民、退休职工、企业员工、公务员等近10万受众送教上门,并赠送各类语言文化读本近9万册。

"大讲堂"将语言文化知识普及与全民阅读行动、学习型城市建设紧密结合,与语文教育主题和弘扬传承包括北京语言文化在内的中华优秀传统文化紧密结合。同时,在全社会扩大了语言文字工作的社会影响力和《中华人民共和国国家通用语言文字法》的社会知晓度,深受广大市民群众的欢迎,产生了很好的社会效益,也极大地发挥了公共财政投入的绩效。

二　讲座课程

"大讲堂"专项工作助力 2022 年北京冬奥会宣传教育及语言服务，联合商务印书馆《英语世界》《汉语世界》杂志社，推出"两刊"，即《英语世界》（北京 2022 年冬奥会特刊）、《汉语世界》（北京 2022 年冬奥会特刊）；"大讲堂"丛书专门策划了《冬奥会：体育·语言·文化》，即"一书"。这"一书两刊"共同构成市民冬奥文化和语言服务培训普及读本，并由国家语委列入《北京冬奥会语言服务行动计划》。

"大讲堂"专项工作还与东城区教委普法工作相结合，在中小学宣讲《中华人民共和国国家通用语言文字法》。除开设培训讲座课程外，还组织举办了"丝路传承，多元融合"东城区外国人讲中国故事竞赛、寄语冬奥亲子教育等相关活动。

讲座课程主要取材于上述学习资源，推出系列讲座 30 余种，分为北京文化、传统文化、语言能力、文学欣赏、书法文化等若干系列：

北京文化系列，如"普通话和北京话""京味儿语言文化""留存记忆——老北京地名文化""北京胡同文化""京味美文——演讲与诵读名篇欣赏"。

传统文化系列，如"中国对联文化漫谈""《论语》中的孝文化""以文化人，大美汉字""汉字结构的魅力""奇妙的成语世界""中国教育的文化基础""文化交集：陶瓷与文字"。

语言能力系列，如"学生辩论技巧的培养与提升""小学生倾听与表达训练""诗文朗诵技巧与欣赏""文言文朗诵""学会幽默 快乐一生""教师语言艺术""古典诗词吟诵与小学语文教学""工具书的选择与正确使用""冬奥文化与语言服务"。

文学欣赏系列，如"《西游记》解读与欣赏""诗情词韵，人文之美""国学背景下的古诗文朗读""鲁迅作品研读"。

书法文化系列，如"硬笔书法""软笔书法""书法欣赏和练习"以及"《中华人民共和国国家通用语言文字法》解读""邮票上的语言故事"等。

三　培训读本

北京市语委提供专项支持，由商务印书馆、光明日报出版社分别出版了

"北京市民语言文化阅读书系""北京市民语言文化大讲堂丛书",著名教育学家顾明远为书系题序,为丛书题名。这两套书由市语委办主任贺宏志主编,共30种读本,是目前全国唯一、内容最为广泛的语言文化大众普及读物。这些读本在知识性、科学性基础上,注重通俗性、趣味性取向,雅俗共赏,吸引读者大众能读、悦读,是"大讲堂"专项培训读本。

"北京市民语言文化阅读书系"包括:《奇妙的成语世界——成语文化读本》(袁钟瑞、杨学军)、《留存记忆——老北京地名文化寻踪》(杨学军)、《人名春秋——姓名文化古今谈》(谭汝为)、《京腔京韵——北京话例说》(汪大昌)、《京韵流芳——北京民间曲艺选介》(张维佳、张弛)、《京华智慧——对对儿与猜谜儿》(李赫宇)、《京城新语——新语词集萃》(范燕生、杜琪方)、《京味美文——演讲与诵读名篇欣赏》(刘征)、《古都雅韵——北京名园楹联匾额赏析》(王立军、白如)、《名不虚传——北京老字号的语言与文化》(李艳)、《北京魅力——古人笔下的北京》(戈兆一、韩雅青)、《余音回响——老北京俗语民谣述闻》(冯蒸)、《咬文嚼字——常见字词句正误例析》(俞斌等)、《妙趣挡不住——语言游戏种种》(王巍)、《书法文化纵横——小青讲书法》(解小青)。

"北京市民语言文化大讲堂丛书"包括:《汉字结构的魅力》(赵功德)、《冬奥会:体育·语言·文化》(贺宏志、胡景旺)、《诗情词韵 人文之美》(张宇)、《京味儿语言文化概说》(周一民)、《倾听与表达:培养能说会道的孩子》(宋浩志)、《新媒体时代的语言生活》(李艳、盛静)、《从听说到口语交际》(胡晓等)、《中国书法的欣赏和练习》(刘真福)、《生活中的语言逻辑》(韩雅青、戈兆一)、《京味影视作品的语言与文化》(李赫宇)、《国家语言安全漫谈》(展明锋)、《方寸之间的语言故事》(贺宏志等)、《文化交集:陶瓷与文字》(董小川)、《中华古都成语文化》(赵晴)、《中小学语言文化建设》(程洪)。

四 专家团队

目前,"大讲堂"的授课专家团队已发展到40余位,除了"北京市民语言文化阅读书系""北京市民语言文化大讲堂丛书"的研编者外,还邀请首都高等院校、市区两级教研中心、商务印书馆、高等教育出版社、广播电视台等机构的教授、特级教师、编审、高级播音员与主持人、社会文化学者加入授课专家团队。

北京语言文字工作协会还成立了"倾听与表达专业委员会""有声语言艺术专业委员会""语言服务专业委员会""青少年儿童语言发展教育专业委员会"等专业委员会,凝聚学者资源,为"大讲堂"开设文化普及型讲座报告提供专家保障。

附:2017年"北京市民语言文化大讲堂"专家团队开展的主要活动

4月23日,"北京语言文化主题驿站"揭牌仪式暨"北京市民语言文化大讲堂"启动仪式在北京皇城驿站主题邮局举行。首都师范大学杨学军教授做了题为《留存记忆——老北京地名文化寻踪》的精彩讲座,标志"大讲堂"正式开讲。

5月19日,"大讲堂"走进天坛东里小学,书法专家丁永康为全校师生做书法文化专题讲座。

6月2日,"大讲堂"走进延庆区十一学校,中央人民广播电台嘉宾主持、《少年交际与口才》名誉主编江帆为高一、高二年级全体师生做题为《学会幽默,一生快乐》的精彩讲座。每位师生获赠《演讲艺术与技巧》。

6月9日,"大讲堂"活动在怀柔社区教育中心举办,首都师范大学杨学军教授为300余位教育系统离退休教职工做老北京地名文化的精彩讲座。每位听众获赠《留存记忆——老北京地名文化寻踪》。

6月11日,"大讲堂"活动在房山区文化活动中心举办,北京市语言文字测试中心科研部主任李赫宇为100余位社区居民做题为《中国对联文化漫谈》专题讲座。每位听众获赠《京华智慧——对对儿与猜谜儿》。

6月13日,"大讲堂"走进延庆区第二中学,东城区语文教研员张宇为高一、高二年级全体师生做诗词文化专题讲座。

6月16日,"大讲堂"走进延庆区第三中学,学者、朗诵家于晓鹏为高一、高二年级全体师生做题为《国学背景下的古诗文诵读》的精彩讲座。

6月28日,著名教育学家顾明远在北京市第65中学做了题为《中国教育的文化基础》专场报告会,并进行了网络直播。全市各区选派语言文字规范化示范校的领导和骨干语文教师400余人参加专场报告会。

7月7日,"大讲堂"走进丰台社区,和义街道居民80余人参加了诗词文化专题讲座。东城区语文教研员张宇主讲。

7月10日,"大讲堂"走进新开路东总布小学,中国语文现代化学会顾问袁钟瑞为1—5年级全体学生做中华成语文化专题讲座。每位学生获赠《奇妙的成语世界——成语文化读本》。

8月,"大讲堂"暑期专场:北京语言文字工作协会与东城区和平里街道青年湖社区、和平里七区社区和西城区新街口街道冠英园社区联合开展了三场活动。主要面向社区的中小学生,以语言文字、国学经典、传统文化和非物质文化遗产等方面的知识为内容,制作展板进行展示。每场活动均有100余名中小学生参加。在场学生获赠系列语文工具书。

9月11—13日,"大讲堂"赠书活动作为第20届全国推普周重点宣传活动在首届语博会掀起高潮,免费向广大市民赠送第20届全国推普周北京专刊和语言文化读本。语博会三天共赠阅1.5万册语言文化图书和5000册推普专刊,践行了第20届全国推普周主题"大力推广和规范使用国家通用语言文字,自觉传承弘扬中华优秀传统文化"。

9月15日,门头沟区第20届推普周集中日宣传活动在育园小学举行,全区各中小学、幼儿园有关负责人及大峪街道社区居民200余人参加活动。"大讲堂"将活动推向高潮,首都师范大学杨学军教授做老北京地名文化专题讲座,与会者获赠《留存记忆——老北京地名文化寻踪》。

9月19日,"大讲堂"走进安外三条小学,商务印书馆汉语编辑中心主任、中国辞书学会副秘书长余桂林为全体师生做了辞书文化专题讲座。

9月,推普周期间,"大讲堂"走进企业,到北京振远护卫中心,将8000多册语文工具书和语言文化读本送到每位青年员工手中。北京语言文字工作协会围绕"老北京文化""古代镖局解说""礼仪文化"三个主题开展讲座,培训企业骨干,提升员工的语文素养和语言能力,传承弘扬中华优秀传统文化,激发阅读兴趣,促进建设学习型企业。

10月24日,"大讲堂"走进安外三条小学,北京中学房树洪老师为该校及周边学校老师100余人做题为《学生辩论技巧指导》的精彩讲座。

10月26日,"大讲堂"走进史家胡同小学,学者、朗诵家于晓鹏为东城区300余位语文教师做题为《小学生古诗文诵读法》的精彩讲座。

11月4日,"大讲堂"走进安外三条小学。商务印书馆汉语编辑中心主任、中国辞书学会副秘书长余桂林为150位学生及家长,以亲子课堂的形式,做题为《正确选择和使用汉语工具书》专题讲座。

11月4日,"大讲堂"走进西城区展览路社区教育学校,首都师范大学杨学军教授为170位社区居民讲授老北京地名文化。

11月7日,"大讲堂"走进西城区白纸坊街道市民活动中心,东城区语文教研员张宇为150位社区居民做诗词鉴赏专题讲座。

11月8日,"大讲堂"走进北京市第171中学,每位学生获赠商务印书馆《英语世界》(北京2022年冬奥会特刊)。

11月12日,"大讲堂"走进房山区琉璃河中学,首都师范大学教授杨学军做老北京地名文化精彩讲座,初一、初二年级全体师生及周边居民400余人参加。

11月13日,"大讲堂"走进北京国际职业学校北京站校区。北京语言文字工作协会秘书长胡景旺为300余位师生介绍冬奥会比赛项目和北京冬季冰雪项目以及冬奥会语言服务,将《英语世界》(北京2022年冬奥会特刊)赠送全校每位师生。

11月30日,"大讲堂"走进西城区白纸坊街道市民活动中心。中国语文现代化学会语言艺术专业委员会秘书长刘征为百余位社区居民做题为《朗诵与演讲名篇欣赏》讲座,每位听众获赠《京味美文——朗诵与演讲名篇欣赏》。

12月3日,东城区安外三条小学的25个家庭走进北京市邮政商业信函局"语言文化主题驿站",参加"大讲堂寄语冬奥亲子教育活动"。学生和家长共同制作以冬奥为主题的黏土浮雕画,书写对北京冬奥的寄语。评委组评出最佳创意、最佳制作、最佳合作等奖项。

12月6日,"大讲堂"走进房山区琉璃河中学,通州区教师研修中心主任苏金良为全校师生做汉字文化专题讲座。

12月7日,"大讲堂"走进怀柔社区教育中心,学者、朗诵家于晓鹏为怀柔区300余位教育系统离退休教职工做题为《诗文朗诵技巧与欣赏》的精彩讲座。

12月11日,"大讲堂"走进西城区自忠小学,北京市广渠门中学附属花市小学校长杨磊为六年级学生做题为《好口才是怎样炼成的——小学生倾听与表达技能训练》的精彩讲座。每位学生获赠《儿童口语表达》。

12月12日,"大讲堂"走进北师大大兴附中,首都师范大学教授杨学军为大兴区500余位初、高中语文教师做老北京地名文化专题讲座。

12月17日,来自东城区和平里第四小学的21组家庭及4组社会家庭走进北京市邮政商业信函局"语言文化主题驿站",参加"大讲堂寄语冬奥亲子教育活动"。学生和家长共同制作以冬奥为主题的衍纸画、橡皮图章和书法作品,书写对北京冬奥的寄语。

12月22日,"大讲堂"走进北京市邮政商业信函局邮政文化体验中心,60名北京小学通州校区学生参加寄语冬奥教育活动。

12月22日,"大讲堂"走进房山区窦店镇社区成人职业学校,人民教育出版社编审刘真福为150余位居民做中国古代诗词欣赏专题讲座。每位听众获赠《中华古诗选》《中华古词曲选》等诗词文化读本。

(贺宏志)

第二部分

行 业 篇

北京市语言科技产业状况调查

语言科技是人工智能的核心，北京市作为中国乃至世界科技创新的中心，大力发展语言科技产业，符合首都的功能定位。近年来，北京市语言科技产业蓬勃发展，其中，既有老牌科技企业在语言科技领域的深耕细作，又有快速崛起的新兴创业公司在这一领域的专注发展。本报告拟对北京市语言科技产业的现状进行调查，按照产业链条上的分工，从基础资源、技术研发、产品与服务三个方面进行概括和描述，在此基础上，分析产业发展的前景和趋势，以期获得对北京市语言科技产业较为全面和准确的认识，为北京市语言科技企业与行业的发展提供参考。

一　基本情况

本报告将北京市语言科技产业限定为在北京地区注册或者企业总部位于北京、从事语言文字基础资源建设与技术研发、制造和提供语言文字产品与服务的相关科技企业。目前，北京市语言科技产业从产业链的上游（基础资源）到产业链的中游（技术研发），再到产业链的下游（产品服务），已经形成了较为完整的产业链布局。

在这条产业链上，上游企业提供研发所需的语料库、字库等基础资源，如海天瑞声、慧听科技、北大方正等；中游企业从事文字、语音、自然语言等技术的研发，如百度、搜狗、汉王智学、拓尔思、云知声、捷通华声等；下游企业则面向市场开发、推广语言文字产品和服务，如中译语通、语智云帆等。该产业链最终输出的是具体的语言文字产品和服务，但中游的技术研发和上游的基础资源融入其中。例如：输入法作为一个语言文字产品，具有独立的界面以及换肤、新闻、符号输入、语音输入、手写输入等许多功能。这些功能的实现靠的是文字输入技术、语音识别技术、自然语言处理技术的研发，以及所有用户输入的词汇、文本等基础资源的积累。

产业链上,企业的定位存在着模糊性。例如:某个推出输入法产品的企业很可能拥有开发产品所需的全部技术和基础资源,覆盖了产业链的上中下游,难以简单归类。针对这种情况,本报告将以企业在产业链上的产出作为划分依据,如果该企业只是推出产品,所拥有的技术和资源并不向产业链上的其他企业提供,则将其归入下游企业,否则将同时归入上游、中游和下游企业。

《中国语言服务业发展状况报告(2018)》显示,截至2017年年底,我国从事翻译软件开发、机器翻译、翻译辅助工具、语言技术、语言科技、多语信息处理的企业约有65家。据本文不完全统计,截至2018年5月,北京市语言科技产业链上的相关企业不少于58家,部分企业在产业链上的分布如表1所示。

表1 北京市语言科技产业链分布

产业链分工	领域	相关企业举例
基础资源	语料库	北京海天瑞声科技有限公司 北京慧听科技有限公司 标贝(北京)科技有限公司
	字库	北京北大方正电子有限公司
	文本大数据	北京智慧星光信息技术有限公司 北京迅奥科技有限公司
技术研发	文字技术	北京汉王智学科技有限公司 百度公司 搜狗公司
	语音技术	北京紫冬锐意语音科技有限公司 北京云知声信息技术有限公司 北京宇音天下科技有限公司 北京捷通华声语音技术有限公司 北京得意音通技术责任有限公司 百度公司 搜狗公司
	自然语言技术	北京拓尔思信息技术股份有限公司 百度公司 北京智慧星光信息技术有限公司 北京迅奥科技有限公司 北京知库信息科技有限责任公司 北京大正语言知识处理科技有限公司

（续表）

产品服务	机器翻译	中译语通科技（北京）有限公司 传神联合（北京）信息技术有限公司 北京语智云帆科技有限公司
	智能客服	北京沃丰时代数据科技有限公司 北京中科汇联科技股份有限公司
	智能教育	北京词网科技有限公司 北京云知声信息技术有限公司
	智能搜索	北京奇虎科技有限公司 百度公司 搜狗公司

二 基础资源

语言科技产业的基础资源是指研发语言产品所必需的文字、语音、文本等数据材料，主要包括语音语料库、文本语料库和字库。例如，用于开发语音识别产品的电话语音、方言语音、口语语音等各种语音语料库，用于开发舆情系统所采集的网络、报纸、广播电视、微信微博等各种媒体上的文本语料库，用于开发机器翻译系统的大规模平行语料库，等等。

在语言科技处于实验室阶段时，语料库往往由科研人员自建，满足的是研究需要，规模小、随意性强。但随着语言科技走向市场，自建语料库已经不可能满足产品开发需求，必须由专业公司构建更为规范、规模更大、针对性更强的语料库，因此诞生了一些从事语料库建设的企业，如北京海天瑞声科技有限公司、北京慧听科技有限公司、北京智慧星光信息技术有限公司等。

1. 语料库

北京海天瑞声科技有限公司是一家提供全球性多语言数据资源和相关科研辅助服务的公司，1998年成立，已经为全球120余家科研机构和组织提供语音类、文本类、机器翻译类、网络搜索类、模式识别类等多种类型的数据资源和专业化的科研辅助服务。

北京慧听科技有限公司同样也是一家专业的数据服务提供商，曾完成语音识别、语音合成、语音评测、语言文本类、多媒体类等多领域数据制作，并参与过语音合成、语音识别、输入法系统的研发。该公司目前已经建好的语料数据库有北方方言、吴方言、赣方言、闽方言、粤方言等方言区重口音普通话语音识别数据库 3000 小时，中英混合语音识别数据库 1000 小时，近场命令词语音识别数据库，轻口音普通话语音识别数据库 200 小时，中国人英文语音识别数据库 100 小时，多语种语音识别数据库 720 小时，等等。

标贝（北京）科技有限公司成立于 2016 年 2 月，总部位于北京，并在全国范围内有多个合作密切的专业数据采集、处理团队，是一家全球领先的语音合成、语音识别、图像识别等人工智能数据服务提供商，提供文本、语音和图像等多种数据类型的服务。

2. 文本大数据

北京迅奥科技有限公司是一家以文本大数据研究、开发、应用和服务为核心的公司。它拥有全球最大的、达 50 拍字节（PB）的大数据云服务平台，每天超过千万级别数据增长，该平台由新闻、论坛、博客、微博等四大数据中心和十大行业数据库组成，为各级政府、媒体、科研机构和大中型企业等提供实时和非实时的数据服务。

北京智慧星光信息技术有限公司是一家文本大数据服务商，拥有大规模中文文本数据中心，总数据量超过 800 亿条，日新增数据量 1.5 亿条，当前的客户超过 2 万家，是国内最大的舆情服务商和非结构化大数据服务应用型企业。该公司将云计算、大数据技术、人工智能、软件即服务（SaaS）模式运用到互联网信息服务、文本大数据、舆情服务领域，形成了集标准化应用产品、数据服务、大数据报告、行业应用解决方案于一身的多维业务体系，逐步建立文本大数据生态圈，实现信息有效对称和数据价值最大化。

3. 字库

字库也是语言科技产业的基础资源，离开了字库就谈不上汉字的显示存储，中文也就无法信息化。目前，北京北大方正电子有限公司是全球最大的中文字库产品供应商，现拥有中文字体 452 款、民族文字体 97 款，有 88 款包含 21 003 个汉字的汉字内码扩展规范（GBK）字库、36 款包含 27 533 个汉字的 GB 18030-2000 字库、5 款包含 70 244 个汉字的超大字库。在国内，有近 90% 的报社、出版社、印刷厂都在使用方正字库排印报纸、书籍、文件等。另外，在电视、电脑等屏幕上输出的字体，也大多来自方正字库。

出现从事基础资源建设的专业公司是产业链形成的标志之一。在北京，现有两家语料库建设公司、1 家字库建设公司以及若干文本大数据采集公司，这些专业公司对于语言科技产业链的形成具有重要作用，遥遥领先于国内其他地区。

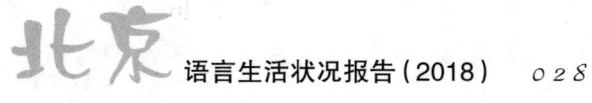

三　技术研发

1. 文字技术

文字技术主要包括文字识别、文字输入和输出。目前，北京市文字技术公司主要有：北京汉王智学科技有限公司、百度以及搜狗公司。

北京汉王智学科技有限公司的识别服务包括名片识别、手写识别、人脸识别、语音识别、身份证识别、文本识别等功能，能够支持宋体、仿宋、楷体、黑体、圆体、隶书、隶变、魏碑、行楷及各种变体。北京汉王使用大字符集识别技术，即大字符集简繁混排识别。支持国标 GB 2312-80 的全部二级汉字，可识别 6700 多个简体汉字、台湾地区繁体汉字 5401 个和香港地区繁体汉字 3000 余个；并且同时使用中英文混排识别技术和表格识别技术。从 1998 年授权微软至今，全球 90% 以上的知名手机厂商都成为北京汉王的客户，如三星、索爱、LG 等知名手机厂商。

百度及搜狗对文字技术的运用主要体现在输入法中的手写输入，可以通过识别用户的书写，对汉字进行输入。2006 年 6 月搜狗推出重新定义中文输入的搜狗输入法，其汉字识别率达 96%。至今搜狗输入法已覆盖超 5 亿用户，市场占有率高达 98%。百度输入法，在 2012 年曾获得硅谷动力年度金 e 奖。

根据市场占有率，可以看出北京市相关企业语形技术的研发和运用已经处于领先地位，这方面的语言科技产业也显得较为成熟。

2. 语音技术

语音技术产业包括语音合成、语音识别、语音翻译、录音、变音等。目前，在北京有 9 家企业处于该领域的领先位置。从表 2 我们可以看出北京市的语音科技企业具有开创性，而且经验丰富。国内首个语音合成芯片就是由北京宇音天下科技有限公司研发的；紫冬锐意、捷通华声的语音科技均参加过奥运会等重大项目；得意音通基于声纹识别技术、自动语音识别技术和中文自然语言理解技术三大核心技术，在国家信息安全、金融安全、社会保险、公安司法等众多领域的声纹识别身份认证，尤其是远程身份认证方面，有着丰富的经验，还与清华大学合作建立清华——得意音通声纹处理联合实验室。

另外，百度与搜狗均在其输入法中内置了语音识别与语音实时翻译功能。其中，搜狗输入法语音识别准确率超过 97%，语音输入日频次达 2.4 亿次。表 2 列出了部分北京市语音科技企业的技术和产品实例，由此可见，北京语言产业在语音技术上的应用十分广泛，既有基础性的语音识别、语音合成开发，也有语音实时翻译、声纹认证、智能语音等系统技术的综合应用。

表2 北京市语音科技企业

公司名称	语音技术	产品实例
北京紫冬锐意语音科技有限公司	多语言语音识别技术，包括中英文语音识别、中英文语音合成、中英文双向语音翻译等	伦敦奥运会翻译实验系统开发项目，获2013中国语音创新产品大奖
北京云知声信息技术有限公司	语音识别、语义理解、语音合成、音频转写等，语音识别准确率达96%以上	中国电信、英特尔、联想、乐视等都在使用云知声平台
北京宇音天下科技有限公司	中文语音合成芯片、嵌入式语音合成软件、语音合成芯片、语音合成引擎等相关的国家发明专利	研发国内首个语音合成芯片
北京捷通华声语音技术有限公司	语音合成、语音识别、录音软件、变音软件	"奥运之声——基于多语种语音合成技术的综合声讯服务平台"项目、面向奥运的多语种语音合成产品研制
北京得意音通技术责任有限公司	声纹识别、自动语音识别和中文自然语言理解	与清华大学合作建立清华——得意音通声纹处理联合实验室
百度公司	语音合成、语音识别、语音唤醒	百度智能语音
搜狗公司	语音识别、语音翻译	搜狗语音助手、搜狗语音输入

3. 自然语言技术

自然语言技术包括词法分析、句法分析、语义分析、交互对话、文本分析、信息检索和抽取等技术。自然语言技术一般是通过集成的方式应用在综合系统中，如问答系统、机器翻译系统、舆情监测系统等。

百度公司在自然语言技术方面积累多年，拥有词法分析、依存句法分析、词向量表示、深度神经网络语言模型、词义相似度、短文本相似度、评论观点抽取、情感倾向分析、文章标签、文章分类等自然语言基础技术，以及机器翻译、人机对话、舆情监测、市场挖掘等自然语言综合系统技术，技术门类齐全，在国内居于领先地位。

北京拓尔思信息技术股份有限公司的核心业务包括数据分析挖掘云服务、软件产品研发和行业应用解决方案三大板块，涉及大数据管理、信息安全、互联网营销和人工智能等应用方向。拥有海贝大数据管理系统、水晶分布式大数据分析平台、大数据智能分析平台、内容管理系统以及大数据舆情分析平台，涉及政务、媒体、金融、安全等多个行业。

北京迅奥科技有限公司长期以来形成了完善的专家咨询服务体系、媒体实时监测报告服务系列、媒体攻关解决方案服务体系和定制数据服务产品等4类核心服务产品体系。

北京智慧星光信息技术有限公司通过大众点评网、网报、微博、微信等社交媒体的文本数据分析，形成了旅游景区口碑排行、房地产集团舆情监测、公安部舆情监测等经典案例。

北京知库信息科技有限责任公司拥有文本大数据采集、词法分析、情感分析、观点抽取等技术，为政务、媒体、教育、商务等多个行业的客户开发了手机端、网络端、嵌入式的舆情监测系统。

北京大正语言知识处理科技有限公司成立于2000年，由中科院声学研究所和北京麦纳新技术有限公司共同组建，是针对自然语言理解处理的理论探索及其技术应用的高新技术企业。公司依托概念层次网络（HNC）理论研发和建立的"HNC句类分析与技术"和"HNC知识库系统"，实现了对信息的内容理解与识别，开发了可以进入应用的智能搜索引擎、自动分类系统、机器翻译系统、信息智能过滤等技术，目前，已经广泛应用于信息安全、行业应用和互联网建设等领域。

四　产品服务

1. 机器翻译

机器翻译是利用计算机把一种语言的语句自动地转换为语义与之完全相同的另一种语言的语句。从早期的词典匹配到词典结合语言学专家知识的规则翻译，再到基于语料库的统计机器翻译，随着计算机计算能力的提升和多语言信息的爆发式增长，机器翻译技术逐渐走出象牙塔，开始为普通用户提供实时、便捷的翻译服务。

中译语通科技（北京）有限公司是全球领先的大数据和人工智能企业。以"语言连接世界，数据驱动未来"为目标，中译语通自主研发了覆盖机器翻译、语音识别、图像识别、语义搜索、知识图谱、大数据分析、大数据可视化等领域的先进技术，构建起"译云"语言科技与"译见"大数据生态体系。2014年，中译语通推出了多语言机器翻译平台、全球大数据分析平台等产品，并在国际口语机器翻译评测的20个语言方向的比赛上，获得了16个语言方向的第一名，成为综合成绩排名全球第一的企业。

传神联合（北京）信息技术有限公司发布的传神辅助翻译及管理平台包括传神翻译流程管理系统、传神辅助翻译系统和传神语料管理系统。传神辅助翻译及管理平台内建有大规模行业语料数据库，创新实现译、审同步协作，智能化匹配译员资源，支持客户对项目进程的实时监控，显著提高项目处理效率，确保稳定的翻译质量，特别适于高难度、高技术环境下的规模化翻译生产。2007年年初，该系统通过了由中科院、微软亚洲研究院、东芝中国研究开发中心、北大等国内外权威机构共同进行的技术鉴定，获得了一致好评。

2. 智能客服

智能客服是在自然语言处理技术基础上发展起来的，涉及大规模知识处理技术、自然语言理解技术、知识管理技术、自动问答系统、推理技术等，是创新和使用客户知识，帮助企业提高优化客户关系的决策能力和整体运营能力的概念、方法、过程以及软件的集合。

北京沃丰时代数据科技有限公司（Udesk）成立于2013年12月，作为中国最具创新力的客户服务平台，依托云计算、大数据、人工智能技术，用一个通用的平台连接电话、在线客服、手机APP、微信、微博、短信、邮箱、WEB等所有企业级入口，有助于企业客服团队工作效率的提高，降低运营成本，提高客户满意度和忠诚度。2015年，智能客服机器人正式上线。从2015年1月份上线到2017年9月已经拥有7万[+]的注册企业用户，如星巴克、海底捞、58同城、宝洁等企业。2016年，荣获SaaS创业进步奖。

北京中科汇联科技股份有限公司，是中国内容管理和搜索引擎软件的资深品牌、中文自然语言理解的领军企业、全球专业智能客服的开创者。2012年，与清华大学语音和语言中心建立联合实验室，开启语音、语义前沿研究的新时代。2013年，推出的内容管理系统（EasySite）、爱觅桔智能搜索引擎荣获国家科技部火炬计划重点软件产品、创新产品称号。2014年，推出微喂智能机器人1.0。2015年，在中关村创业大街发布爱客服智能机器人+云平台，成为全球专业智能客服的开创者。2016年，成功挂牌新三板，成为中文自然语言处理的业内领军企业、智能客服机器人第一股。

3. 智能教育

在信息时代智能化不断发展的背景下，作为教育对社会生产力的回应，基

于信息技术和"互联网+"思维智能教育的到来将会更好地实现教育普及和教育整合,结合现有的教育资源水平,最大化地将实际应用落到实处。智能教育通过信息技术与教育的深入融合,形成优质教育资源的开放共享,通过教育管理变革构建现代教育治理体系,从而催生新的教育生态,实现规模化教育和个性化教育的有机结合。

北京词网科技有限公司创建于2008年。旗下主要产品包括:批改网[①]——基于语料库和云计算的英语作文自动批改平台,目前有超过6000家学校在使用该平台,截至2018年1月1日,学生提交作文超过3.9亿篇次。句酷网[②]——中英、中日、日英双语例句搜索引擎,日均查询量超过500万。除此之外,围绕学校需求还陆续开发了英语写作智能图书馆、语料库科研平台等语言智能产品,同时还为中国移动、当当网、新浪网、中国石化等知名企业提供搜索技术服务。

北京云知声信息技术有限公司专注于物联网人工智能服务,拥有完全自主知识产权、世界顶尖的智能语音识别和相关人工智能技术,利用机器学习平台,在语音技术、语言技术、知识计算、大数据分析等领域建立了领先的核心技术体系,这些技术共同构成了云知声完整的人工智能技术图谱。云知声目前的合作伙伴数量超过2万家,覆盖用户达2亿,其中开放语音云覆盖的城市超过470个,覆盖设备超过9000万台。主要服务有:智慧教育方案,采用先进的语音评测技术和自然语言处理技术为客户提供全方位智能化的语言学习产品后台服务,利用云计算技术,云知声将自动口语评测服务放在云端,并开放应用程序编程接口供客户远程使用;儿童早教机器人方案;等等。

4. 智能搜索

智能搜索是结合了人工智能技术的新一代搜索引擎,它除了能提供传统的快速检索、相关度排序等功能,还能提供用户角色登记、用户兴趣自动识别、内容的语义理解、智能信息化过滤和推送等功能。智能搜索引擎具有信息服务的智能化、人性化特征,允许网民采用自然语言进行信息的检索,为他们提供更方便、更确切的搜索服务。

根据 StatCounter Global Stats 的统计,截至2018年4月,国内搜索引擎市场占有率排行榜为:百度在国内市场所占份额为77.53%,排名第一;奇虎360

---

① 参见 www.pigai.org。
② 参见 www.jukuu.com。

搜索第三，所占国内市场份额为6.37%；搜狗搜索第四，所占国内市场份额为3.59%。[①]

百度中文搜索引擎能在1秒内完成1000万以上的中文互联网网页的全文搜索。该产品的核心技术包含百度"东方之蛛"网页高速收集技术、百度智能化中文语言处理技术、百度智能化相关性算法及搜索结果排序技术、百度高可配置性技术、百度智能化分布式结构与容错设计技术，以及百度高效的搜索算法和高反应速度的整体设计体系。另外，百度搜索引擎还支持主流的中文编码标准，包括汉字内码扩展规范（GBK）、简体（GB 2312）、繁体（BIG 5），而且能够在不同编码之间转换。同时，它的检索结果能标示丰富的网页属性（如标题、网址、时间、大小、编码、摘要等），突出用户的查询串，便于用户判断是否阅读原文，还解决了中文信息的理解问题，极大地提高了搜索的准确率和查全率。2013年，百度在智能搜索中推出的绿萝2.0算法，可以打击在新闻源平台发布垃圾新闻内容及在内容中植入链接的行为；2017年推出的清风算法，可以打击标题恶意堆积关键词以及虚假标题的网站，一步步净化了智能搜索的结果，为用户带来了更好的体验。

北京奇虎科技有限公司拥有的360搜索是具有自主知识产权的搜索引擎，包含网页、新闻、影视等搜索产品。360不仅掌握通用搜索技术，而且独创人物评分算法、拇指计划等创新技术。目前已建立由数百名工程师组成的核心搜索技术团队，拥有上万台服务器，庞大的蜘蛛爬虫系统每日抓取网页数量高达10亿，引擎索引的优质网页数量超过数百亿，网页搜索速度和质量都已经达到先进水平。

搜狗搜索是搜狐公司2004年8月3日推出的第三代互动式中文搜索引擎。搜狗搜索从用户需求出发，以人工智能新算法，分析和理解用户可能的查询意图，对不同的搜索结果进行分类，对相同的搜索结果进行聚类，在用户查询和搜索引擎返回结果的过程中，引导用户更快速准确定位自己所关注的内容。该技术全面应用到了搜狗网页搜索、音乐搜索、图片搜索、新闻搜索等服务中，帮助用户快速找到所需的搜索结果。这一技术也使得搜狗搜索成了第三代互动式中文搜索引擎，是搜索技术发展史上的重要里程碑。

---

① 排名第二的企业为神马搜索，非北京企业。

五 产业前景

目前,语言产业在我国还没有正式作为一个产业门类进入国民经济的统计范畴,因此,现有的统计数据中没有语言经济方面的专门数据,对语言科技产业的规模只能估算。

中国互联网络中心2013年预测,未来5年,中文语音市场将达到1300亿元。根据智研咨询发布的《2017—2022年中国互联网市场分析预测及发展趋势研究报告》,2016年中国搜索引擎企业收入规模达到902.1亿元,同比增长11.7%,当时预计2017年中国搜索引擎市场规模将超1000亿元。中国翻译协会发布的《2016中国语言服务行业发展报告》称,"截至2015年12月31日,全国约有72 495家语言服务及相关服务企业,2015年中国语言服务行业创造产值约2822亿元,在2011年1576亿元产值的基础上增加了79%,年均增长近19.7%。"

具体到北京市语言科技企业,北京市语音科技企业约占据中文语音市场20%份额,达260亿元;据搜狐科技发布的2018年1月全球和中国搜索引擎市场份额排行榜,百度、360、搜狗约占据中国搜索引擎市场90%的份额,达900亿元;据《2016中国语言服务行业发展报告》,北京市占据30%中国翻译市场份额,在此基础上,可以估算出北京市机器翻译市场规模达110亿元。可以估算出,中文语音、搜索引擎、机器翻译这三个市场规模相加已达到了1270亿元,再考虑到语言科技产业中的输入法、语言大数据、智能客服、智能教育等部分,保守估算北京市语言科技产业的市场规模应不低于1500亿元。

语言科技与人工智能密不可分,语言科技产业的发展受益于人工智能产业的快速发展,同时也推动着人工智能产业的发展。2017年7月,中国国务院发布《新一代人工智能发展规划》,人工智能的发展上升为国家战略,这一举措必将有力促进语言科技产业的进一步发展。展望未来,北京市语言科技产业将在产业链初步形成的基础上,迎来更加快速发展壮大的新时代。

(邱哲文、何 伟)

北京雅思考试用书的出版状况调查

雅思全称为国际英语测试系统（International English Language Testing System，简称 TELTS），是国际性英语标准化水平测试之一，也是出国留学及移民的热门语言考试之一。雅思考试自 1989 年进入中国，至今已经有近 30 年的历史，全球已有超过 9000 所院校和机构认可雅思成绩。根据雅思考试中文官方网站公布的《2016 年雅思白皮书》显示，2005—2015 年，中国雅思考试人数逐年上升，2015 年中国雅思参考人次突破 60 万，较 2005 年增长了近 5 倍。中国参考人次约占全球 22%，成为雅思考试的主要考生来源地（不含港澳台地区）。参加雅思考试的重要备考资料就是雅思考试用书，北京是我国的政治中心、文化中心，也是我国出版单位最多的地区。本报告拟对北京雅思考试用书的出版情况做初步调查，调查北京雅思考试用书出版的主要类型、数量、价格、近五年的出版情况变化趋势、购买使用情况、在全国的雅思考试用书出版上的地位等，对北京雅思考试用书的出版情况做出梳理和评估。

一　调查设计

1. 调查内容

调查内容主要分为两大方面：一是从出版社的角度了解北京地区的出版社出版雅思考试书籍的状况，包括书名、定价、作者、出版时间、出版数量等信息；二是了解雅思考试用书的销售和使用反馈等状况。在本次调研中，北京出版单位是指注册地址在北京的出版社，既包含北京地方级别的出版社，也包含注册地址在北京的中央级别的出版社。

2. 调查方法及调查样本

根据淘宝网、当当网、京东网以及北京图书大厦官网在售雅思考试用书的情况，了解到目前在售书籍主要是近五年出版的图书，因此出版信息的统计选取了 2013—2017 年的书目信息。

对于书目信息的统计，采用标准书目网①的书目查询功能，将2013—2017年的雅思考试用书的书目信息进行检索和整理。标准书目网的书目查询能够获得的信息包括图书的封面、ISBN、书名、定价、作者、出版社、图书公司、出版时间等信息。本调查对标准书目网合作的全国所有出版社和北京地区的出版社的信息分类整理。

访谈主要针对购买过雅思考试用书的考生进行，访谈对象为3名研究生（其中两名已进行过雅思考试）及两名正在准备雅思考试的本科生，访谈内容主要涉及其购买相关图书的书名、价格、数量、购买方式、使用评价等信息。

为了能够获得雅思考试用书的销售和消费者的使用评价的信息，调研采用随机数据收集观察法。调研随机选择2018年6月28日，以"雅思"为关键词，在淘宝网、京东网、当当网、亚马逊网等主要的网上图书销售渠道进行图书检索，将图书按照销量或者人气进行排行，对销量排名前20种的图书进行了统计，并对其销售的折扣进行了信息收集。此外在知乎和豆瓣上对雅思考试用书的评价也进行了收集梳理。

二 调查结果分析

1. 雅思考试用书的出版种类呈现波动递减，购买集中度有增强趋势

在标准书目网上调查了2013—2017年全国及北京出版雅思考试用书的种类，并对北京在全国出版种类中的比重进行了计算。

表1 2013—2017年雅思考试用书出版情况

项目	2013年	2014年	2015年	2016年	2017年
北京出版雅思考试用书种类	66	71	79	71	66
全国出版雅思考试用书种类	141	131	139	100	94
北京占全国出版种类的比例（%）	46.8	54.2	56.8	71.0	70.2

从表1我们可以看出2013—2017年雅思考试用书的全国出版种类呈现波动递减，由2013年的141种下降至2017年的94种，但我国每年雅思考试参加人次在不断增加，考试用书的出版种类递减说明雅思考试用书的购买种类集中程

---

① 参见 http://www.openbookdata.com.cn/。

度呈现出增强的趋势。

对于北京出版的该类图书来说，近5年来出版的种类先增多后又递减；北京雅思考试用书出版种类在全国的占比是最高的，且在2013—2016年呈现不断增加的趋势，从2013年的46.8%增加到了2016年的71.0%。北京出版雅思考试用书占比高这一现象，与北京拥有200多家出版社直接相关，并且这些出版社大部分是中央级别的出版社，有着相对较好的出版资源和影响力。北京雅思考试用书出版种类在全国的占比2017年稍有减少，这是一种偶然出现的情况还是存在某种潜在的趋势，还有待对2018年和随后几年的数据跟踪分析。

雅思考试分为听力、阅读、写作、口语4部分内容。对应考试内容，目前出版的雅思考试用书主要有词汇、听力、阅读、写作、口语、真题、综合这7种类型，以2017年的统计结果为例，北京出版的各类雅思考试用书的数量如下表：

表2　2017年北京出版雅思考试用书种类明细

类别	词汇	阅读	听力	写作	口语	真题	综合	合计
种类	17	9	3	17	10	7	3	66

从表2可以看出，词汇和写作是雅思考试用书中出版种类最多的，其次是口语、阅读、真题、听力与综合类别。整理发现，雅思考试用书的出版种类较少，这与雅思考试的总体人数有很大相关性。虽然每年我国雅思考试人次在不断增加，但是总体上来看，60万的人次（一人多次报名累积计算人次）中有一部分人是不能一次性拿到理想的雅思成绩的，考试用书可以累积多次使用，还有一部分考生可以通过其他方式获得备考材料，如辅导机构、网络资料等。

从表2中可以看到词汇出版的种类有17种，占有很大的比重，这与单词在英语语言学习中的重要性是一致的。此外，观察书名可以发现，17种单词书还细分为核心词汇、速记词汇、口袋词汇、真题词汇、阅读词汇、口语词汇等，将词汇用书进行细分，能够更好地帮助考生有针对性地去记忆单词，但是种类丰富也容易让考生出现选择困难。其他几种类别情况相似，针对不同的考试内容会有不同的细分。

雅思考试用书更新速度较快，每一次雅思考试真题的出版会迅速带动相关书籍的更新出版，最新的《剑桥雅思考试真题13》出版后，一系列的考试用书迅速根据真题更新了辅导书籍。

2. 出版雅思考试用书的出版社数量较少且集中度较高

调查标准书目网2013—2017年全国及北京雅思考试用书出版单位的情况，数量统计如下：

表3　全国及北京2013—2017年雅思考试用书出版单位数量统计

项目	2013年	2014年	2015年	2016年	2017年
北京雅思考试用书出版单位数量	15	12	16	16	15
全国雅思考试用书出版单位数量	24	28	26	25	24
北京在全国的占比情况（%）	62.5	42.9	61.5	64.0	62.5

从表3可以看到近5年来北京和全国雅思考试用书出版单位的数量基本上没有太大的波动。2013—2017年全国雅思考试用书出版单位每年平均25家，在全国500多家出版单位中，雅思考试用书的出版单位只占很小的比重。

雅思考试分为学术类测试（A类，Academic）和培训类测试（G类，General Training），我国报考者参加的多为雅思的学术类测试，因此相关用书出版的也主要为学术类的书籍。从出版单位数量上来看，北京在全国的占比相当高，市场上主要的在售雅思考试用书每10本中约有6本是北京地区出版社出版的。

为进一步了解北京雅思考试用书的出版情况，我们对2013—2017年北京雅思考试用书出版单位及对应出版种类情况进行了整理，见表4：

表4　北京2013—2017年北京雅思考试用书的出版单位及对应出版种类的数量

序号	出版单位名称	2013年	2014年	2015年	2016年	2017年
1	中国人民大学出版社	25	25	30	23	22
2	机械工业出版社	6	10	12	12	10
3	石油工业出版社	2	6	5	9	12
4	北京语言大学出版社	3	11	8	3	1
5	世界知识出版社	0	0	6	8	8
6	中国石化出版社	5	6	0	0	1
7	中译出版社	2	1	5	2	0
8	高等教育出版社	10	0	0	0	0
9	外文出版社	7	0	3	0	0
10	中国水利水电出版社	0	5	1	0	1
11	世界图书出版社	1	0	1	0	2

（续表）

12	商务印书馆	0	2	2	0	0
13	清华大学出版社	2	1	0	1	0
14	北京大学出版社	1	0	0	3	0
15	北京理工大学出版社	0	0	0	0	3
16	中国农业出版社	0	0	1	1	1
17	商务印书馆国际有限公司	1	0	1	0	1
18	中国经济出版社	1	2	0	0	0
19	外语教学与研究出版社	0	0	0	3	0
20	中央广播电视大学出版社	0	1	1	0	0
21	中国纺织出版社	0	0	1	1	0
22	中国书籍出版社	0	0	2	0	0
23	现代教育出版社	0	0	0	2	0
24	中国宇航出版社	0	0	0	1	1
25	中国原子能出版传媒	0	0	0	0	1
26	北京航空航天大学出版社	0	1	0	0	0
27	海豚出版社	0	0	0	1	0
28	冶金工业出版社	0	0	0	1	0
29	群言出版社	0	0	0	0	1
30	化学工业出版社	0	0	0	0	1

从表4可以看出近5年北京雅思考试用书出版单位共计30家，每年的数量为十几家，且出版种类间的差距很大。以中国人民大学出版社为例，2013年出版的雅思考试用书有25种，北京全年种类共计66种，该出版单位在北京的占比为37.9%；2014—2017年出版的雅思考试用书的数量继续远超其他出版社。

2013—2017年连续5年出版过雅思考试用书的出版单位只有中国人民大学出版社、石油工业出版社、机械工业出版社、北京语言大学出版社这4家出版单位。结合表1和表4的数据，计算可得出4家出版社每年出版雅思考试用书占全北京当年雅思考试用书种类的比例分别为：54.6%（2013年）、73.2%（2014年）、69.6%（2015年）、66.2%（2016年）、68.2%（2017年）。世界知识出版社在2015年开始出版新航道的雅思考试用书后，此后每年都持续出版该类图书。

根据表4统计，每年出版北京雅思考试用书少于两本的出版单位在60%以上，并且这些出版单位出版雅思考试用书也没有连续性。近5年来，中国原子能出版传媒有限公司、北京航空航天大学出版社、海豚出版社、群言出版社、化学工业出版社、冶金工业出版社这6家出版社仅出版过一种雅思考试用书。我们在淘宝网、当当网、京东网以及北京图书大厦官网对这些书进行检索，发现这些图书的销售情况并不乐观。

此外，我们对全国雅思考试用书的出版情况也进行了统计和整理。除去北京地区的出版单位，在全国占有一定比例的还有浙江教育出版社、上海交通大学出版社，其他出版社的出版数量一般都少于5本，多为一两本。因此，从全国来看，雅思考试用书的出版主要集中在北京、浙江、上海等出版实力较强的地区。

3. 雅思考试用书的品牌逐渐形成

根据每年的书目信息，发现能够每年连续出版雅思考试用书的出版单位一般会有相对稳定的作者。并且通过对雅思考生的访谈及在几大购书网站的信息检索，发现目前部分雅思考试用书已形成品牌，并且，考生在购买相关图书时会较为看重品牌。

目前雅思考试用书的主要品牌有：刘洪波主编的雅思真经系列、慎小嶷主编的雅思写作系列、王陆编著的雅思口语系列、顾家北编著的雅思写作系列、新航道雅思考试系列用书、环球雅思的系列用书、新东方雅思考试系列、江涛主编的图解雅思真题系列、艾宝刚编著的艾学雅思系列。部分是以作者的名字为品牌，部分是以语言培训机构的名称为品牌，这些雅思考试用书的编写者大部分是隶属于某一教育培训机构的。此外，调研还发现这些雅思考试用书品牌会有相对稳定的出版合作单位。如：刘洪波、顾家北和王陆的雅思考试用书主要由中国人民大学出版社出版；江涛主编的图解雅思真题系列主要由石油工业大学出版社出版；艾学雅思系列和慎小嶷主编的雅思写作系列主要由机械工业出版社出版；新航道的雅思考试用书主要由世界知识出版社出版；新东方主编的雅思考试用书主要由浙江教育出版社出版。

通过访谈及对网上资料的收集和整理，了解到雅思考生在购买备考书籍的时候更关注的是品牌，对于是哪家出版社出版的并没有太多的关注，并且考生在购书时对他人的评价依赖度较大，更愿意购买他人推荐过的书籍。就北京的雅思考试用书来说，除新东方外，其他主要品牌的合作出版单位基本上都在北京。

4. 雅思考试用书的销售情况与品牌相关度大，整合销售方式较为明显

根据对淘宝网、京东网、当当网、亚马逊网这4家目前国内主要的网络购书渠道的雅思考试用书销量情况的观察与统计，综合整理了雅思考试用书的销量情况，位于前十名的有：《新东方·雅思词汇词根＋联想记忆法：乱序版》《顾家北手把手教你雅思写作（5.0版）》《新东方 剑桥雅思官方真题集5—13（套装共9册）》《慎小嶷：十天突破雅思口语 剑12版》《新东方·雅思词汇：词根＋联想记忆法（加强版）》《雅思王听力真题语料库（机考笔试综合版）（附赠音频）》《雅思阅读真经5（机考笔试综合版）》《雅思考试官方指南》《新航道雅思真题9分达人全套》《王陆807雅思词汇精讲：听力＋口语＋阅读＋写作（套装全4册 附光盘2张）》。

前十名的雅思考试用书包括了单词及其他四部分考试内容，并且由于雅思考试的四部分考试内容相对来说是独立的，因此每一部分的内容有不同的针对性用书，并且有些书有自己的独特竞争力，如新东方的单词、顾家北的写作、慎小嶷的口语、王陆的听力、刘洪波的阅读。此外通过访谈了解到考生在雅思考试的备考过程中一定要使用的书籍是剑桥大学出版社出版的原版雅思考试真题和单词，还会依据自己的英语水平选择要购买的辅导书，一般对单词及其他四部分考试内容的用书都会购买。

对雅思考试用书的实际售价情况进行比较和测算，在几家网站上，雅思考试用书销量较高的书籍平均折扣约在7—8折之间，不同的书会有一些差别。表5是依据标准书目网的书目信息统计计算的2013—2017年北京出版的雅思考试用书的平均定价表，近5年北京出版的雅思考试用书的平均定价为48.7元，按照7.5折来计算平均售价为36.5元。

如果按照每名雅思考生购买北京出版的雅思考试用书为3本，则购买北京出版的雅思考试书籍的金额为110元。如果按照参加考试人次的60%（2015年的参考人次约为60万，按60万计算）会购买参考书，则每年的销售额为3960万元。

在雅思考试中购买图书的消费仅仅是雅思备考过程中小部分的花费，相较于2070元的报名费（还有相当一部分考生需要多次考试）以及部分考生报名参加雅思培训的费用来说，购买雅思辅导书的费用是很低的。

在所有的雅思考试用书中，价格最高的是剑桥大学出版社出版的雅思真题，现在雅思的真题已经出版到剑13，其售价约为80元，现在剑4—13（共10本）的全套真题的售价约为690元。

表 5　2013—2017 年北京出版的雅思考试用书的平均定价

项目	2013 年	2014 年	2015 年	2016 年	2017 年	5 年平均定价
平均定价（元）	44.6	52.2	43.9	51.0	51.8	48.7

除了单本销售的形式以外，还呈现出了两种以上的图书搭配销售、买真题送真题解析，以及买书赠送其他增值服务的现象。因为雅思考试中含有听力和口语，语言学习需要听说读写，因此一般的雅思书籍都会附有光盘，现在还会附上能够为考生提供更多资料或服务的二维码，提供增值服务。

三　总结与思考

本次调研发现，雅思考试用书北京的出版单位在全国占有重要地位，且出版单位集中度较高。此外，雅思考试的几大品牌已经形成，考生对品牌的信赖度也很高。

随着学习形式的不断增多，通过纸质书籍和材料备考雅思仅是备考的手段之一。目前有许多的线上课程以及 APP 来帮助考生进行备考，在网上可以轻易获取许多免费的雅思考试材料。对此，出版社除了要注重对自己版权的保护外，还应积极探索更多新的出版形式和更多样的合作方式。

雅思作为国际性英语标准化水平测试之一，中国的参加考试人次不断增多，也反映出英语教育市场在我国占有着极为重要的分量，英语目前在全球仍然占据着十分稳固的地位。雅思考试成绩不仅对出国留学有重要的作用，目前，也成为国内的一些企事业单位在招聘中考察应聘者语言能力的重要标准。雅思考试在未来一段时间内依然会持续吸引数量众多的报考者，因此，需要研究者继续关注雅思考试用书的需求与供给问题，以实现按需供给，有效满足市场对雅思考试用书的新需求。

（帅柳娟）

北京广告语言创意人才培养状况调查

广告语言是广告的核心内容，与日常生活语言及其他行业语言相比，呈现出显著的创意特质，具有很强的专业性。通过创造性的语言表达，广告往往能够产生吸引人们关注、引发人们兴趣与行动力的效果。有的广告语言甚至成为年度流行语，内化为人们日常语言表达的一部分。北京是中国的政治、文化、科技创新、国际交往中心，广告传播在首都新功能定位中所发挥的作用、对人们日常生活的影响，以及与此相关的广告语言创意问题就成为北京语言生活状况研究的重要内容之一。

优质广告语言创意的产生离不开优秀的语言创意人才，摸清北京广告语言创意人才培养状况是了解北京广告语言景观的基础。目前，北京共有16所高校在本科教育阶段开设广告学专业，为广告行业输送包括广告语言创意在内的广告专业人才。然而，广告业一个较突出的现象是广告公司从业人员未必出自广告专业，这一点在广告语言创意人才的需求与培养方面体现亦十分突出。本调查正是在这种背景下展开，以人才培养与人才需求是否匹配为研究出发点，对北京广告语言创意人才从业状况及北京高校广告文案创意人才培养的路径、方式和方法进行文献梳理与实地调研，旨在摸清北京广告语言创意人才培养现状，为提高广告语言创意人才培养质量，化解人才需求与人才培养之间的矛盾提出合理化建议。

一 调查设计

广告语言是传递广告信息的重要媒介与工具。就广义而言，广告语言包含了广告中所有的文字、图形、图像、影音符号体系；就狭义而言，广告语言仅指在广告活动中使用的文字语言，是广告活动与语言相结合的产物。通常，在广告行业中，广告文案人或广告文案策划者承担着相应的广告文字语言创意工作。为了更好地聚焦研究问题，本调查主要是从狭义角度出发，针对广告行业从事广告文字语言创意工作的广告文案人员以及高校开设广告文案课的教学情况进行调查。本调查主要采用文献法、问卷调查法、深度访谈法，并辅以观察法。

北京地区共有16所高等院校本科教育阶段开设了广告学专业。其中，"985"工程大学共3所（北京大学、中国人民大学、中央民族大学），"211"工程大学8所（包括除上述3所985高校外的5所高校——中国传媒大学、中央财经大学、华北电力大学、北京体育大学[①]和北京工业大学），其余8所院校分别为首都经济贸易大学、北京印刷学院、北京工商大学、北方工业大学、北京服装学院、北京联合大学、北京城市学院、北京电影学院。文献梳理主要涉及广告语言创意理论、北京广告行业发展状况及人才需求状况以及上述16所北京高校广告专业文案课及相关培养方案资料。

本次问卷调查主要针对就读于开设广告专业北京高校且上过广告文案课的学生进行调查。调查共发放问卷191份，回收问卷180份，有效问卷180份。调查为初步调查，从北京16所开设广告专业的大学中选取了中国传媒大学、北京工业大学、北京工商大学、北京印刷学院，对这4所高校的广告专业学生进行调查，未涉及分层抽样的方式。中国传媒大学回收问卷28份，北京工业大学回收问卷48份，北京工商大学回收问卷71份，北京印刷学院回收问卷33份。这4所高校中，既有综合性大学，也有专业类院校；既有以理工为特色的院校，也有以传媒、工商为特色的院校；既有教育部直属院校，也有北京市属高校；既有211类院校，也有普通高等院校。总体来说，调查对象较有代表性。调查样本的男、女生比例分别为78%和22%；被调查学生所在年级主要集中在大二和大三，即已上过广告文案课的学生。其中，大二占78%，大三占22%。

深度访谈主要针对北京高校广告文案讲师、广告行业文案从业人员、中国广告文案奖评委及资深文案人。教师访谈主要针对中国传媒大学、北京工业大学、北京工商大学、北京印刷学院讲授文案课的4位教师进行，访谈时长平均为每人2.5小时。广告行业文案从业人员访谈主要针对北京电通广告有限公司、北京奥美广告有限公司、北京灵智精实广告公司的3位广告文案从业人员进行，每人访谈时长约为1小时。广告行业资深文案人访谈主要针对中国长城广告奖广告文案奖的两位评委进行访谈，访谈时长平均为2小时。

为获得相对客观的广告从业人员薪资与专业需求状况数据，调查采用随机数据收集观察法。调查随机选择2018年5月20日，以"广告文案"为关键词，

[①] 北京体育大学2014年开设广告学专业，2018年停招该专业。

在中国最大的招聘搜索引擎百度百聘网站北京站进行职位检索，共获得99条有效信息。调查将每条招聘信息中的薪资、专业要求等相关信息收集分类，并进行需求分析。

二 调查数据分析

结合学生问卷调查数据反馈信息以及高校教师访谈结果，调查发现广告语言创意人才培养中出现了"理想很丰满，现实很骨感"的突出问题，即"文案创意"是北京各高校广告学专业本科教育的核心课（必修课），人才培养方案及路径设计相对完善，但作为广告文字创意储备人才的广告学专业的学生通过该课程学习后表示有信心从事广告文字创意相关工作的仅占少数。

（一）高校广告专业多将语言创意人才作为行业高端人才进行培养

1. 广告文案课是各高校广告学专业必修课

作为广告学的专业必修课（核心课），16所高校广告专业均开设了"广告文案"课程，但课程名称略有不同。如表1所示，大部分学校是以"广告文案"或"广告文案写作"作为课程名称，但北京大学、北京电影学院、北京城市学院与其他大多数高校有所不同。北京大学的文案课以"创意文案"为名，将视觉与文字创意结合进行讲授；北京电影学院的文案课以"影视广告创意写作"为名，聚焦影视广告类别中的文字创作；北京城市学院的文案课以"广告策划与文案"为名，更偏重广告策划教学。

大部分学校的文案课开设在大学二年级（第3学期或第4学期）；少部分高校，如中国传媒大学、北京大学、北京工业大学、北方工业大学、北京联合大学，文案课开设在大学三年级；个别学校，如北京电影学院、北京城市学院，专业广告文案课仅作为专业基础课设置在大学一年级（见表1）。

学时方面，中央民族大学、华北电力大学、北京印刷学院、北京工商大学等广告课程安排的学时较多，超过64学时；北京城市学院虽然总课时为90学时，但纯文案教学部分的内容仅有7学时。

总体来看，除北京电影学院、北京城市学院将创意写作定位为专业基础课外，其他几所高校，无论是综合类高校还是专业型院校，均将广告文案课定位为广告学专业主干课程，认为其是广告创意人才知识构成的重要部分。

表1 16所高校广告文案课开设情况

序号	院校	广告文案课程名称	学时	开课学期	课程定位
1	北京大学	创意文案	34	5	专业必修课
2	中国人民大学	广告文案	32	3	专业选修课
3	中央民族大学	广告文案写作	54+10	3	专业必修课
4	中国传媒大学	广告文案写作	32	5	专业必修课
5	中央财经大学	广告文案写作	36	4	专业主干课（必修）
6	华北电力大学	广告文案写作	64	3	专业基础教育
7	北京体育大学	广告文案写作	48	4	专业必修课
8	北京工业大学	广告文案写作	48	6	专业核心课
9	首都经贸大学	广告文案	32	4	专业必修课
10	北京印刷学院	广告文案写作	64	4	专业核心课
11	北京工商大学	广告文案	51+17	3	专业核心课
12	北方工业大学	广告文案	34	5	专业必修课
13	北京服装学院	广告文案	48	4	专业基础课（必修）
14	北京联合大学	广告文案写作	48	5	专业必修课
15	北京城市学院	广告策划与文案	90/7	2	专业基础课
16	北京电影学院	影视广告创意写作	64	1	专业基础课

2. 各高校广告文案课教学的定位与内容多有不同

本部分内容主要基于对中国传媒大学、北京工业大学、北京工商大学、北京印刷学院4所首都高校广告文案课教师的访谈资料，以及北京大学广告文案课的二手资料进行归纳与分析。从调研来看，首都高校广告专业讲授文案课的教师专业背景呈多元化特征，如来自汉语言文学、新闻传播学、电视编辑学、广告学、品牌管理、艺术学等领域，有的教师专业结构横跨多个学科。每位教师都依据各自专业背景及对广告文案的认知设计教学大纲，这也导致了对广告文案教学定位的理解与内容选择的差异。

每所高校均将广告文案课确定为广告专业必修课，有的学校将广告文案创意人才定位为广告高端人才，认为需要培养学生的思辨能力，相应在教学内容上除广告文案概论、广告文本创作（如修辞、韵律、平面训练等）、不同媒介类型的广告文案创作之外，还涉及网络语言与新媒体、批判性研究、心理学、传播学等。但有些学校仅将广告文案视为广告专业学生应掌握的一门专业基础知识，偏重于对"术"的掌握。在教学内容上，强调语言技能与语言艺术方面的训练,如涉及文案的结构、不同媒体类型的广告文案创作、不同行业类型的广告文案创作、商业广告与公益广告创作等不同主体类型的广告文案创作。

整体来看,虽因广告人才培养定位、广告文案课定位、授课教师的专业背景等因素,各高校广告文案课存在明显差异,但均认为应按照行业高端复合应用型人才的培养方式来培养广告语言创意人才。

(二)在校广告专业学生对未来从事语言创意工作信心不足

1. 学生缺少学习信心,认为能够胜任文案工作的比例较低

如表2所示,只有不到50%的学生认为自己通过文案课学习可以胜任文案工作(非常有信心的占16.2%,33.5%比较有信心)。还有24.1%的学生表示通过文案课学习并不能达到胜任文案工作的目标。

如表3所示,在4所大学学习过文案的广告专业在校生中,仅有15.1%非常希望未来能从事文案工作,表示比较可能从事文案工作的占23.5%。这一点与他们对自己语言技能掌握情况的认识基本一致。调查显示,通过文案课学习,4所高校中仅有12.4%的学生表示能够非常熟练运用文字表达技巧,有38.4%的学生比较自信能够熟练运用,还有22.6%学生认为自己还不能纯熟掌握文字表达技巧。

表2　能否胜任文案工作

院校	非常有信心（%）	比较有信心（%）	无所谓（%）	不太有信心（%）	非常没信心（%）
北京工商大学	21.1	39.4	29.6	9.9	0.0
北京工业大学	8.3	20.8	22.9	37.5	10.4
北京印刷学院	15.2	36.4	18.2	27.3	3.0
中国传媒大学	18.5	37.0	33.3	11.1	0.0
总体	16.2	33.5	26.3	20.7	3.4

表3　未来从事文案工作的意愿

院校	非常愿意（%）	比较愿意（%）	无所谓（%）	不太愿意（%）	非常不愿意（%）
北京工商大学	19.7	21.1	28.2	21.1	9.9
北京工业大学	8.3	16.7	45.8	16.7	14.6
北京印刷学院	18.2	36.4	27.3	15.2	3.0
中国传媒大学	14.8	25.9	29.6	22.2	7.4
总体	15.1	23.5	33.0	19.0	9.5

2. 学生对广告语言创意的核心作用存在认知分歧

4所高校的广告专业学生认为,语言创意对广告成功传播最重要的作用分别是表达主题(91.1%)、传递信息(88.3%)、市场销售(60.3%),还有少数学生(34.6%)认为语言创意有助于定义画面。此外,关于语言创意对于广告传播起到的作用,众说纷纭,如有学生提及广告语言有助于概括、奠定广告传播的感情基调,加深印象,塑造品牌形象,提供记忆点,体现创意,吸引受众,等等。

表4 关于语言创意对于广告成功传播的作用认知

调查内容	是(%)	否(%)
语言创意有助于广告表达主题	91.1	8.9
语言创意有助于广告传递信息	88.3	11.7
语言创意有助于广告实现市场销售	60.3	39.7
语言创意有助于广告定义画面	34.6	65.4

表5具体呈现出广告专业在校生对于广告语言创意的总体态度:94.9%的学生认同广告文案本质上是广告创意与策略的文字表达;92.7%认同好文案一定需要好策略。然而,在好文案究竟偏倚于策略还是文字表达技巧方面存在一定分歧:55.1%的学生认为广告文案的核心是策略而非文字表达技巧,但33.1%的学生对此持否定意见;27.9%的学生认为广告文案中说什么比怎么说更重要,58.5%认为怎么说更重要。

文案究竟能否通过学习掌握?调查显示,学生对此存有疑虑和分歧。57.8%的学生认为,好文案有规律可循,但有24.2%的学生不太同意和非常不同意好文案可以寻求规律;85.3%的学生认为好文案还需要好文采。但通过学习,绝大多数学生都能够认识到,媒介差异会影响文案的语言创意表达(88.6%),语言技巧的使用受制于目标对象(83.0%)。

表5 对广告语言创意的认知与态度

调查内容	非常同意(%)	比较同意(%)	无所谓(%)	不太同意(%)	非常不同意(%)
广告文案本质上是广告创意与策略的文字表达	49.4	45.5	2.8	2.2	0.0
广告文案的核心是策略,而非文字表达技巧	19.1	36.0	11.8	30.3	2.8

（续表）

广告文案只是说几句俏皮话	4.0	2.3	5.6	40.7	47.5
广告文案没有自己的文体	4.5	17.4	10.1	42.7	25.3
广告文案说什么比怎么说更重要	9.1	18.8	13.6	50.0	8.5
媒介差异影响文案的语言创意表达	36.9	51.7	9.1	2.3	0.0
文案语言技巧使用受制于目标对象	25.6	57.4	11.4	5.7	0.0
好文案有规律可循	18.5	39.3	18.0	20.8	3.4
好文案需要好策略	38.2	54.5	5.6	1.1	0.6
好文案需要好文采	36.7	48.6	9.0	5.6	0.0
好文案是贴近目标消费者的文案	47.2	43.8	6.7	2.2	0.0
好文案要对品牌有很强的推动力	47.2	45.5	6.2	1.1	0.0
好文案要能引起世人的共鸣	46.1	47.2	6.2	0.6	0.0
好文案来自文案人对生活的洞察	52.8	41.0	5.6	0.6	0.0
好文案应对新鲜事物具有挑战性	42.1	41.6	12.4	3.9	0.0

广告专业学生对于从事与广告文字创意相关工作的信心不足主要受制于以下三个因素：首先，从广告文字创意语言本身来看，它需要具有多方位、多层次的综合能力才能够驾驭，既需要熟谙语言文字创作规律，又需要具备广博的人文社会知识，还需通达人情世故，了解每种传播载体的特性等；其次，高校文案课教学课时有限，即使是90学时，学生也很难完全掌握文案创意的精髓，仅能通过教师引导了解作品好在何处，但课下还需大量练习，才能使其内化为自己掌握的知识；最后，创意本身具有不可复制性，广告文字创意亦如此，通过课程设计，可以帮助学生了解好文案的创作规律，但却很难帮助每个学生撰写出好文案。总体来看，通过文案课学习，广告专业学生对于好的文案基本具有较高的欣赏水平，也深知撰写出好文案所需的基本素养，反观自身，会因所掌握的知识及阅历有限而产生信心不足的情况。

三 对策与建议

基于上述调查数据来看，广告语言创意人才培养中确实存在人才培养构想与培养效果出现断层的问题。这一问题在广告语言创意人才市场的需求方面也有一定折射，广告行业中从事广告语言创意工作的文案或策划人员，熟谙文字创作规律，但却并非主要来自广告文案或语言文字相关专业。与此同时，广告专业接受过广告专业训练的学生又大多不愿意从事广告语言创意工作。形成这种局面的原因，主要与广告语言文字创意工作对从业者的复合能力有非常高的要求有关，同时，广告语言创意从业人员的行业地位、社会评价、收入水平、工作方式等也影响着广告语言创意人才的选择与流向。高校广告专业在广告语言创意人才培养过程中，既要紧紧围绕行业要求，培养学生的综合素质与职业能力，又需要帮助学生充分认识、了解广告行业的现状与不同环节的特点，同时，加强高校与业界的合作，共同营造良好的职业氛围，增强该职业对广告专业学生的吸引力。具体建议如下：

第一，在广告学专业教育中，针对广告语言创意人才培养处理好"博"与"专"的教学设计。做好广告创意语言工作必须具备洞察人心，掌握策略思维、创意思维，以及语言表达技巧等综合能力。目前，高校通过有限的文案课教学，无法完全保证输出高质量的广告语言创意人才，需要结合广告策划、创意思维训练、文学表达技巧，以及哲学、心理学、社会学、文学等人文社会通识课程的学习来培养学生的综合素质，提升语言创意能力。因此，在广告学专业教育中，应注意打破专业壁垒，打通人文通识教育，重新设计包括广告语言创意人才在内的广告专业人才培养方案，重视社会人文基础学科，重视价值观、哲学观、人文素质的培养，通过通识课程为学生搭建广博的知识架构，为他们更好地掌握知识提供正确的方法和手段。在此基础上，结合从业需求，有针对性地讲授商业策略及语言创意技巧。同时，着眼于平台和系统的建设，注重基础学科教育，建立语言创意体系，从收集全球经典语言传播案例并进行分类开始，帮助学生建立语言创意的战略表达意识，打好修辞技巧基本功。"师傅领进门，修行在个人"，除教学设计中打通课程壁垒外，引导学生课外广泛阅读也同样重要。通过阅读既可以增加间接体验，弥补阅历不足，同时也可以拓宽语言风格学习的路径。

第二，为有志于从事广告语言创意的人才提供灵活便利的继续教育路径。从百度百聘的文案人招聘信息可以看出，行业对广告文案的学历及专业要求较低。以本调查在2018年5月20日随机检索北京地区广告文案的招聘信息为例，99家单位中，要求应聘者需具备本科及以上学历占47%，要求大专学历的占32%，还有21%的用人单位仅要求高中或中专学历，甚至不限学历。从应聘专业来看，99家招聘单位仅有近1/3强调应聘人员的专业背景，其他招聘单位则对应聘者的专业没有硬性要求。对专业有要求的32家公司所列出的应聘者应有的专业背景依次为：中文（25家）、新闻（20家）、广告（19家）、市场营销（8家），此外，有个别用人单位提及影视编导、管理、法律等专业。广告行业及高校可以联合举办相关专业培训，提升广告文案人才的综合素质。

第三，改善广告语言创意人才的整体工作环境，以吸引更多的人才进入。从对奥美、电通等广告公司的文案人访谈来看，广告公司的文字创意人员工作环境虽相对宽松，但薪资待遇低，加班熬夜成为工作常态，不利于个人健康持久发展。从百度百聘的招聘信息来看，99家招聘单位给出的薪资待遇中，起薪在2000—4999元的占17.2%，起薪在5000—7999元的占31.3%，起薪在8000—9999元的占18.2%，起薪1万元以上的占12.1%，还有21.2%的单位表示薪资面议。总体来看，绝大多数广告文案招聘岗位的用人需求以及薪资待遇都不足以吸引或留住高学历、高层次人才。因此，明确广告语言创意岗位在整个广告行业中的地位，确定从业人员应具备的专业能力，制定相应的评价体系和最低薪酬标准，是打破当前的人才瓶颈，吸引更多优秀人才加入，提升从业人员群体整体素质的当务之策。

（郭 瑾、卢 京、陈静怡、崔雪英）

北京地铁语言服务现状调查[*]

北京地铁承担着北京城市形象建设的重任，地铁语言服务是北京城市人文形象传播的直接窗口。在城市地铁交通功能普遍渐趋完善的背景下，地铁语言服务以潜移默化的方式影响着城市人文形象的塑造，也关系着城市的可持续发展。

一　调查设计

1. 调查内容

本次研究调查北京地铁运营有限公司和北京京港地铁有限公司所管辖线路中工作人员提供的语言服务，主要包括以口头表达形式为主的动态语言服务。动态语言服务是指乘客在乘坐轨道交通的过程中所接受的工作人员的语言服务，强调服务过程中的双向互动和交际性，包括地铁广播服务以及地铁安检、站务各岗位工作人员为乘客提供的语言服务。

2. 调查对象和调查方法

本次调查对象包括提供语言服务的北京地铁工作人员和接受语言服务的乘客，调查形式包括实地走访和问卷调查。

问卷调查主要涉及乘客对目前北京地铁工作人员的礼貌程度、服务意识、语言表达能力、语言使用规范、不同情境下具体做法的评价等，以调查获取的数据为基础，对北京地铁语言服务的乘客满意度进行分析。除问卷调查外，还对部分工作人员和外籍乘客做了进一步访谈。

在本次调查中，对地铁语言服务要素进行了如下限定：一是口头语言，包括地铁工作人员以及广播服务中的礼貌用语使用、语言表达能力、发音与音量状况、词汇使用、句法使用；二是标识语言，主要包括站点名称以及标识牌的中英文使用；三是副语言，主要包括工作人员的语言服务态度；四是特殊情境中的语言使

---

[*] 本报告系2018年度北京市教委高校智库与社会服务能力建设项目"城市人文形象建构下的行业语言服务研究"的阶段成果。

用，设定具体的情境，调查工作人员语言服务的主动性和解决语言冲突的能力。

3. 样本构成

（1）乘客样本构成

本次调查时间为2017年8月至2018年2月，通过网络和线下渠道采用随机抽样的方式面向乘客发放问卷280份，回收274份，有效问卷260份。被调查者的职业或身份包括学生、教师以及互联网、新闻媒体、医疗和其他行业的从业者。其中，北京人占23.85%，常住外来人口占40.38%，短期游客占35.77%。

表1　调查对象居住地、户籍构成

调查对象身份	人数	比例（%）
土生土长的北京人	45	17.31
外地出生，后取得北京户籍的新北京人	17	6.54
北京常住外来人口（半年以上）	105	40.38
短期游客	93	35.77
合计	260	100.00

样本中除短期游客外的乘客乘坐北京地铁出行频率情况如表2所示，一半以上乘客总是或者经常乘坐地铁出行，绝大多数乘客具有较为丰富的地铁乘坐经验，且乘客经常乘坐的地铁线路覆盖北京市所有线路，符合对调查对象选择的要求。

表2　日常乘坐北京地铁频率

选项	人数	比例（%）
总是（一个月超过20次）	46	27.54
经常（一个月10—20次）	46	27.54
偶尔（一个月少于10次）	63	37.73
很少（几个月一次）	12	7.19
合计	167	100.00

（2）工作人员样本构成

本次调查对45位地铁工作人员的语言服务情况进行了观察记录，包括12位京港地铁运营公司工作人员和33位北京地铁运营公司工作人员，根据不同岗位语言服务频率的高低和语言服务观察可行性的具体情况，主要选取了安检员、票务员、志愿者和车站助理（包括除票务员外的站务员[①]）等工作人员，具体样本情况如下表：

---

① 据了解，北京地铁已将票务员、引导员等多个站内岗位整编为站务员，站务员在不同岗位之间轮值。

表3 工作人员样本构成

岗位	北京地铁运营公司	京港地铁运营公司
安检员	11	1
票务员	6	3
车站助理	12	8
志愿者	4	0
合计	33	12

访谈方面，本次调查对不同运营公司以及不同岗位的部分工作人员分别进行了5—30分钟的访谈，访谈样本构成情况为：北京地铁运营公司安检员3名、站务员5名、志愿者3名，京港地铁运营公司安检员3名、站务员2名、车站助理5名。

二 调查结果分析

1. 口头语言

对于地铁工作人员礼貌用语的使用情况，有45%的被调查乘客反映地铁工作人员基本上都使用礼貌用语；41.15%的乘客认为大多数工作人员使用礼貌用语；9.23%的乘客对地铁工作人员使用礼貌用语的情况持消极态度，认为只有少部分工作人员使用礼貌用语；4.62%的乘客认为地铁工作人员基本不使用礼貌用语，给予了较差的评价。

表4 乘客对北京地铁工作人员礼貌用语使用情况的评价

选项	人数	比例（%）
基本上都使用礼貌用语	117	45.00
大多数使用礼貌用语	107	41.15
少部分会使用礼貌用语	24	9.23
基本上都不使用礼貌用语	12	4.62

语言表达能力是工作人员在语言服务过程中句法、词汇、发音、音量等多种语言要素的综合使用能力。总体来看，北京地铁工作人员的语言表达能力处于良好的水平。对工作人员整体的语言表达能力持积极态度的乘客占大多数，其中58.08%的乘客认为工作人员整体的语言表达能力"比较好"；认为"非常好"

的乘客占 12.69%；另外有 27.69% 的乘客感觉工作人员语言表达能力处于一般水平；有 1.54% 的乘客认为工作人员整体语言表达能力水平较低、有待提高。

表 5　乘客对北京地铁工作人员服务时语言表达能力的评价

选项	人数	比例（%）
非常好	33	12.69
比较好	151	58.08
一般	72	27.69
比较差	2	0.77
非常差	2	0.77

工作人员在语言服务过程中，需要语速适中、吐字清晰，还要使用与周围环境相适合的音量。调查中发现，工作人员音量使用情况较好，但字词发音的清晰程度有待提高。58.46% 接受调查的乘客发现地铁工作人员有个别词汇发音不标准的情况；35.77% 的乘客认为工作人员发音标准、非常清晰；5.77% 的乘客对工作人员的发音状况表示担忧，感觉不够清晰，较多词汇发音不标准，甚至个别乘客曾遇到理解困难的情况。

表 6　乘客对北京地铁工作人员服务中发音清晰度、标准度的评价

选项	人数	比例（%）
非常清晰，发音标准	93	35.77
比较清晰，个别词汇发音不标准	152	58.46
不太清晰，较多词汇发音不标准，理解有困难	13	5.00
不清晰，发音很不标准，难以理解	2	0.77

认为工作人员音量使用适中的乘客为 84.23%，认为工作人员音量过大的乘客占 11.92%，认为音量过小的占 3.85%。

表 7　乘客对北京地铁工作人员服务中音量大小的评价

选项	人数	比例（%）
音量过大	31	11.92
音量适中	219	84.23
音量过小	10	3.85

在关注地铁站内和车厢内广播服务的 240 位乘客中，我们对广播服务的词汇使用、语速、音量、声调等方面是否需要改进进行了调查，39.17% 的乘客

对目前的广播服务表示称赞，认为不需要改进。多数乘客表示需要做一些完善，其中赞同对广播音量进行改进的乘客占比最高，为25%；其次是语速，占21.67%；另外，有19.17%和14.17%的乘客分别认为广播服务在词汇使用和声调方面需要改善。在自由选项中，有乘客反映有的地铁广播服务内容枯燥，且一直循环播放，会令人感觉烦躁，希望能够适度减少重复。此外，有乘客希望在广播中加入相关线路和站点附近的信息。

表8 乘客认为地铁站内和车厢内广播服务需改进的方面（多选）

选项	人数	比例（%）
不需要改进	94	39.17
词汇使用	46	19.17
语速	52	21.67
音量	60	25.00
声调	34	14.17
其他	10	4.17

乘客认为北京地铁工作人员在口头语言服务中需注意礼貌用语的使用，避免不文明用语的出现；同时，需提高发音的清晰度。在广播服务中，需要对中英文词汇进行规范；根据车厢情况适时调节广播音量；语速要适中；同时，在广播内容上要进行创新，如京港地铁与北京交通广播合作推出的"末班地铁·温暖都市夜归人"的广播服务，用温暖的声音陪伴夜归的乘客，得到广泛的好评。

2. 副语言

调查结果显示，乘客对北京地铁工作人员语言服务态度的看法普遍较好，45.38%的乘客对工作人员服务态度评价很好，47.31%的乘客认为大部分工作人员服务态度较好，只有少部分态度不佳；5.89%的乘客认为大多数工作人员服务态度不佳，其中5.77%的乘客认为只有少部分工作人员服务态度较好，0.12%的乘客则认为工作人员态度普遍较差，没有满足自身的需求。

表9 乘客对于北京地铁工作人员语言服务态度的评价

选项	人数	比例（%）
态度都很好	118	45.38
大多数态度很好，少部分态度不佳	123	47.31
大多数态度不佳，少部分态度很好	15	5.77
态度都很差	3	0.12

这一调查结果与本次对工作人员语言服务态度的观察记录情况大体吻合。在所观察的工作人员中，分别从北京地铁运营公司选取 10 人，从京港地铁运营公司选取 4 人，其中，安检员 3 人、票务员 3 人、车站助理 5 人、志愿者 3 人。在不同时间段内对这些工作人员 5—15 分钟左右的语言服务行为进行采集，并对每次语言服务态度评分，评分规则如下："1 分"指服务态度热情，面部表情友善；"-1 分"指服务态度冷漠，面部表情烦躁；"0 分"介于上述两者之间。

观察统计发现，五成以上的工作人员语言服务态度都比较热情，面部表情友善，并且，对待伤残、老弱、孕妇等特殊乘客有恰当的副语言行为；接近一半的工作人员在语言服务过程中没有明显态度变化，面部表情平常；有少部分工作人员对待乘客的语言服务态度较差，对乘客的重复或多次问询很不耐烦，尤其对待老年乘客以及操外地口音的乘客更为明显。

表 10　对地铁工作人员语言服务态度的观察记录情况

选项	次数	比例（%）
1 分	647	53.47
0 分	550	45.45
-1 分	13	1.07

除此以外，地铁工作人员在面对外国乘客时语言服务态度不佳较为明显。在接受访谈的 6 名外籍乘客中，有 4 名乘客认为北京地铁工作人员语言服务态度不如家乡地铁工作人员的服务态度。来自美国波士顿的两名乘客反映，在向北京地铁工作人员问询时，很多时候对方都会以不会说英文或听不懂问题而拒绝回答，甚至有的工作人员察觉到外国乘客将要寻求帮助而提前离开。

综上，地铁工作人员应更多关注如何给予乘客更为人性化的温情语言服务，尤其是面对特殊情况和特殊乘客时，如何更好地使用副语言优化服务态度，是北京地铁提升自我形象的重要方面。

3. 特殊情境

通过具体情境的设置，接受问卷调查的乘客更能直观反映工作人员在不同情况下的语言服务情况，本次研究选择有代表性的几个特殊场景展开问卷调查、观察和访谈，主要涉及工作人员语言服务的主动性、积极性以及语言服务中的应变能力。

情境 1：您在购票、安检或查看地铁站内指示牌时，票务员、安检员和附

近地铁工作人员会主动为您提供语言服务吗?

表11 乘客在购票、安检或查看地铁站内指示牌时工作人员提供语言服务情况

选项	人数	比例（%）
经常	68	26.15
偶尔	159	61.15
从不	33	12.69

另外通过观察记录发现，在所有样本中，乘客在自主购票、查看线路图和指示牌时需要帮助，且附近有工作人员的次数共49次。其中工作人员主动上前提供语言服务的次数共21次，占比为42.86%；乘客主动向工作人员寻求帮助后得以解决的次数为19次，向其他乘客寻求帮助的次数为9次。

同时在对工作人员的访谈中发现，部分小型站点的车站助理表示虽然工作规范条文中有主动向乘客提供服务的说明，但并无相关考核标准，所以他们是否主动去提供服务仅凭"心情"。但是，换乘大站的车站助理在接受访谈时，对此有不同的回答。比如金台路站点的车站助理表示，因为站内人流量大，若有几位乘客滞留时间稍久就可能会影响正常换乘秩序，所以该站的车站助理一般都会选择主动上前、尽快为乘客解决问题，疏散人流。

情境2：基于您的亲身经历或您遇到的真实情况，在乘客向工作人员询问地铁线路、站点换乘或站点周边环境等相关问题，但该工作人员难以解答时，工作人员的做法多是？（多选）

表12 乘客咨询地铁线路、站点换乘等问题，工作人员难以解答时的做法（多选）

选项	人数	比例（%）
主动向其他工作人员同事询问，或借助其他方法解答问题	127	58.53
向您表达自己不清楚，并致以歉意	80	36.87
仅仅表达自己不清楚	32	14.75
不理睬，或者告知这不是自己所负责的领域	13	6.00

在有过该经历或遇到过该情况的217位接受问卷调查的乘客中，接近六成的乘客在向工作人员问询时得到过满意解答；36.87%的乘客虽未获得有效帮助，但工作人员表达了歉意，尚属合乎情理与规范；20.75%的乘客所得到的是较为冷漠的回应。

情境3：基于您的亲身经历或您遇到的真实情况，在刷卡出站时，由于操

作不当或机器失灵未能成功刷卡出站,负责引导出站的工作人员此时的做法多是?(多选)

表13　乘客在刷卡出站遇到问题时工作人员的做法(多选)

选项	人数	比例(%)
主动前来帮助,热心引导出站	96	43.64
原地礼貌提醒正确刷卡方式,或告诉选择其他闸机	122	55.45
责怪乘客错误刷卡方式,并引导出站	22	10.00
不理会,或让乘客自己解决	16	7.27

在该情境设定中,较多工作人员会给予乘客有效且礼貌的语言服务,但仍有17.27%的情况下乘客接受的是有损尊严或者冷漠的语言服务。并且在调查小组观察记录过程中发现,往往客流较大的站点更容易出现不良语言服务的情况,尤其是与火车站、大型客运站接驳的地铁站点。在访谈中,一位五星站区的票务员表示,其他一些客流量较大的站区,多是低星级站区,对低星级站区工作人员的服务水平要求较低,能够保障秩序安全、正常即可。

对地铁工作人员来说,避免与乘客发生言语冲突,以及冲突发生之后如何理性解决是语言服务中的重要内容,同时,也是关系地铁形象和城市形象的重要方面。在回答"是否遇到过或者听说过(包括通过新闻报道)乘客与地铁工作人员发生言语冲突"的问题时,近四成的问卷受访者给予了肯定答案。另外关于发生言语冲突后是否得到了良好的解决,绝大多数受访乘客表示没有关注,不太清楚;近三成的乘客认为得到了良好解决,但仍有4.23%的乘客遗憾表示并没有得到良好解决。

表14　是否遇到或听说过乘客与地铁工作人员之间发生言语冲突

选项	人数	比例(%)
是	101	38.85
否	159	61.15

在对工作人员的访谈中发现,安检员和站务员对言语冲突的看法大体一致,鉴于乘客投诉后惩罚力度很大,尤其是站务员,在与乘客发生矛盾时一般情况下都会选择忍让,避免矛盾进一步升级。但部分车站助理则表示他们会选择与乘客继续理论。在进一步访谈中,调查小组得知其中缘由:安检员和车站助理分属不同公司管辖,安检员所属公司是北京地铁运营公司、京港地铁运营公司的外包

商，乘客的投诉是否奏效主要取决于外包商公司的相关规定，而受访的车站助理表示因与乘客发生言语冲突而遭投诉基本上不会对其产生实质性的影响。

综上，北京地铁工作人员语言服务的主动性和积极性略有不足，为乘客服务的工作责任感、主动性和积极性有待增强。

三 问题与建议

（一）问题

1. 口头语言服务不够规范，副语言人性化服务有所欠缺，培训链条断裂，考核力度欠缺

根据上文的调查数据分析发现，对于礼貌用语的使用，以及广播音量、英文词汇规范度和广播内容创新性等方面存在一定进步的空间。除此之外，副语言服务的质量更显不足，对于特殊乘客的服务缺少应有的人性化和主动性，没有为乘客提供应得的副语言服务。地铁语言服务质量与工作人员语言服务培训、考核密切相关，系统化的培训考核除了对工作人员服务语言和副语言使用有重要作用外，还能够提高特殊情境下的应急应变能力。

对于学业期间语言服务培训与考核的访谈，调查对象覆盖除志愿者以外的所有地铁工作岗位的工作人员。访谈发现，安检员多为外地大中专院校轨道交通、乘务等相关专业毕业或实习的学生，也有高中毕业生或兼职的大学生。学习对口专业的大多数安检员在学校学习期间有铁路服务礼仪相关课程，包含部分语言服务内容，贴合地铁语言服务需求，课程考核中涉及语言服务的考核内容较少。对口专业的工作人员在校期间普遍接受过语言服务相关课程，但考核标准不严格。与安检员类似，受访的车站助理表示在学校期间有语言培训相关课程，但考核不严或者没有考核。

相比来说，入职前的语言服务培训状况稍显乐观，但不同工种之间存在较大差异。所有岗位的工作人员在入职前都会接受不同程度的培训，培训时长从1天至6个月不等，其中站务员职前培训时间最长，车站助理则最短。站务员培训内容包括礼貌用语、基本英语、专业用语、特殊服务等，且要经过公司和所在站区的两次培训，采取考试的考核方式，培训和考核制度较为严格。受访的安检员职前一般会接受半个月的安检培训，但仅包括礼貌用语使用方面的语言服务，且考核标准较低。车站助理培训期最短，且只需要翻阅相关规范文件，背诵安全提示语即可上岗，无考核。

入职后基本无培训，但不同岗位的考核标准有所差异。其中站务员考核最严格，考核标准与站区星级成正比，比如车公庄站区属于五星站区，每周有定期考核，以口头考核为主要形式，而低星级站区则不重视语言服务考核。安检员日常工作无考核，只有在与乘客引起冲突等特殊情况下，才会对当事工作人员特别考核，其中涉及语言服务的内容。

总体来看，北京地铁工作人员语言服务培训与考核的状况并不乐观。工作人员在校期间所接受的培训质量普遍不高，考核不严，甚至有的没有接受过语言服务的相关培训；入职前只有部分工作人员接受了与语言服务相关的培训和考核，入职后也只有优秀站区的站务员会有较为严格的考核。

2. 标识类语言服务仍有不规范

调查发现，目前北京地铁标识类语言景观仍存在语言使用不规范、地名设置混乱的问题，尤其是外语服务部分，不合理之处仍然存在，如站点名称"名"不达意、站名之间难以区分、提示类标牌语言使用不当等，不仅给乘客乘车带来不便，还会影响到北京地铁和北京城市形象的塑造与传播。

地铁站点名称是乘客乘坐地铁过程中必然会接触到的标识语言，北京地铁站名的选择要在征求属地政府意见的同时，根据《地名管理条例》《地名管理条例实施细则》和《北京市地铁管理办法》等有关规定，由北京市规划和国土资源管理委员会提出该工程沿线车站名称的命名预案，在公示期内听取市民意见之后确定最终将使用的名称。中文站名一般符合出行规律，但在调查中发现有的英文站名存在一定争议和不便，有的站点名称相似性强，容易产生混乱，比如"青年路"和"清源路"等。

在对外国乘客的访谈中，一位在首都师范大学中文专业就读的法国留学生反映，京港地铁4号线"北京大学东门"的英文名称是"East Gate of Peking University"，而京港地铁14号线"北工大西门"的英文名称则采用音译，为"BEIGONGDA XIMEN"，表达同类含义的中文站名，对应的英文站名却采用了不同的翻译方式；一名在互联网科技公司工作的美国乘客反映，15号线的"关庄"与八通线的"管庄"英文名称都为"GUANZHUANG"，没有考虑到中文名称的音调差异，给初来北京时对中文非常陌生的外国乘客出行带来了一些麻烦。

对地铁站内、车厢内标识牌文字使用规范的调查也发现了与站点名称类似的问题，6.92%的乘客发现有个别地方的标识牌存在不规范问题，一些外国乘客认为个别标识牌上的英文翻译不地道，容易产生歧义，如地铁5号线天通苑站男厕所内的节水提示牌"节约用水，从点滴开始"，英译为"Water saving drip from the start"；京港地铁某处消防提示牌"火情当前，应变有道"，英译为"Handle it properly when face fire"。

从调查来看，以汉语为母语的乘客对标识语关注相对较少，而外国乘客更容易发现地铁标识语言中存在的问题，这无疑也会影响北京地铁乃至整座城市的形象，因此，北京地铁在标识语言的英文使用方面需要进一步增强规范性。

（二）建议

1. 在语言服务的培训与考核上要加强规范、加大力度

首先，地铁方把好语言服务内容关。北京地铁应科学制定规范的地铁工作人员语言服务标准，明确规定要在工作服务中使用的礼貌用语，并提出语言服务禁语。语言服务内容的培训也要提高创新性，鼓励工作人员加入乘客喜闻乐见的独特语言服务内容，如在网络引起广泛好评的"君子不立于危墙之下"等。除此以外，在广播语言服务内容中也可增加个性化内容来缓解乘客长期以来对地铁广播形成的倦怠感，提高乘车幸福感，比如可以根据上班、下班等不同时间段提供不同氛围的广播内容。

其次，重视对地铁工作人员的培训与考核，相关专业院校应从师资培养、课程设置、教材编写等方面做好在校乘务、轨道等专业学生的语言服务能力培养工作。在城轨交通运营类职业技术教育"十三五"重点规划教材中，仅有《城市轨道交通服务礼仪》一书涉及"语言礼仪"方面的内容，从我国城市轨道交通发展速度和城市轨道语言服务人才培养的需求来看，这远远不能满足对学生语言服务能力培养的需求。因此，相关院校、专业应结合实际，围绕人才输送地语言服务和城市人文形象构建的需求，开设具有针对性的语言能力培养课程，并在师资与教材等方面配套跟进。以北京为例，在强化普通话服务的基础上，还应重视英语服务能力的培养；另外，还可以吸收北京方言中具有特色且听着很亲切的词汇、语调融入语言服务中，让乘客体验到具有当地文化特色的语言服务。

同时，我们也需要看到，北京地铁非对口专业毕业的相关服务人员很多，他们大多未曾接受过专业的语言培训，这就需要北京地铁把语言服务能力纳入对站务等岗位的招聘标准中；同时，还要建立系统的语言服务培训制度，可以聘请专业院校的教师为地铁安检、站务等岗位开展定期专业语言服务培训，并邀请优秀的地铁语言服务员工就工作实务中遇到的具体情境进行模拟与讲解；另外，还要强化考核制度，可以开展定期或者非定期考核，并与绩效挂钩，提高工作人员对语言服务的重视程度。

2. 在标识类语言服务中要发现问题及时调整

首先，北京市政府相关部门要牵头对北京市公共场所标识外语使用做出规范性调整。北京2022年冬奥会的筹办工作在紧锣密鼓开展，北京市政府近期加大了对涉外服务行业外语能力建设的研究工作，就如何完善北京城市形象的建设，适应新形势，从立法、落实、检查、监督等各方面做好公共场所外语标识规范工作，提升城市外语服务能力等方面进行研讨，其中便包括地铁标识类的外语使用问题。

另外，北京市各区政府和市规划局要在地铁英文站名的使用上坚持科学与实事求是的态度，在确定英文站名之后，仍旧要多方听取乘客的意见与建议，对其中存在问题的站点名称及时进行调整。

本次调查还发现，绝大多数乘客反映北京地铁语言服务现状比其他城市轨道交通语言服务现状更好，语言使用更为标准，服务态度更加亲切，但客观的调查数据以及部分乘客，尤其是外籍乘客的真实表达也反映出一些亟待解决的问题。北京地铁语言服务的全方位完善不仅对北京城市形象在国内外的提升有着积极影响，对于国内其他诸多城市轨道交通来说还发挥着表率作用，因此，该问题亟待更多的关注。

（闫扬洋、田小玉、林淑娟、王庆利）

北京银行业语言服务状况调查*

行业语言服务"是指伴随、渗透在各个行业活动过程中的语言服务,这样的语言服务在行业活动中的作用是辅助性、伴随性的。在这些行业活动中,它提供的最终产品不是语言产品本身,而是具体的行业产品,其中的语言服务只是协助行业服务的完成,或是伴随在行业活动之中。"[①]银行作为窗口服务行业,从业人员的语言服务意识与能力关系着客户的体验,影响着业务的开展,甚至在各银行的客源竞争中,也会成为影响银行竞争力的因素之一。同时,银行业语言服务的水平与质量对其他服务行业语言服务的发展也有着借鉴意义。

一 调查设计

在本次调查中,调查对象主要包括银行从业人员和储户两类,调查时间为2016年2—4月。其中,对储户的调查共发放问卷140份,回收有效问卷128份。储户的样本构成如下:

表1 年龄构成

年龄	比例(%)
21—30岁	78
31—40岁	13
40岁以上	9

表2 学历构成

学历	比例(%)
大学及以下	68
研究生及以上	32

---

* 本报告系2018年度北京市教委高校智库与社会服务能力建设项目"城市人文形象建构下的行业语言服务研究"的阶段成果。

① 陈鹏《行业语言服务的几个基本理论问题》,《语言文字应用》2014年第3期。

表 3　收入构成

月收入	比例（%）
2000 元以下	7
2001—3000 元	31
3001—4000 元	42
4000 元以上	20

对银行从业人员的调查共发放问卷 120 份，回收有效问卷 103 份。调查地点为中国工商银行花园桥支行、万寿路支行、魏公村支行、甘家口支行、首体支行、燕莎支行，中国建设银行紫竹桥支行、万寿路支行和白石桥支行，中国交通银行西三环支行、公主坟支行和五棵松支行，中国银行魏公村路支行、中关村支行、苏州桥支行、万寿路支行，中国农业银行万寿路支行、玉渊潭支行和白石桥支行等。调查对象中，女性的比例相对较高；年龄主要分布在 21—40 岁；大学及以上学历居多。银行从业人员的样本构成如下：

表 4　性别构成

性别	比例（%）
男	44
女	56

表 5　年龄构成

年龄	比例（%）
21—30 岁	40
31—40 岁	48
40 岁以上	12

表 6　学历构成

学历	比例（%）
大专	9
大学本科	50
研究生及以上	41

表 7　工作岗位构成

岗位	比例（%）
客户经理	19
前台人员	37
大堂经理	29
其他岗位	15

表 8　就职的银行构成

银行	比例（%）
中国工商银行	31
中国建设银行	17
中国交通银行	13
中国银行	26
其他银行	13

二　调查数据分析

1. 所能提供的语言服务的种类、水平已经成为商业银行竞争的一个重要内容

在此次调查中，多数储户选择国有银行的服务，包括中国银行、中国工商银行、中国建设银行、中国农业银行等。具体如下表：

表 9　储户选择银行的状况（多选）

银行	比例（%）
中国工商银行	81
中国银行	62
中国建设银行	58
中国交通银行	53
中国农业银行	49
中信银行	25
招商银行	21
中国光大银行	18
中国民生银行	16
其他银行	11

表 10　储户选择银行服务的因素（多选）

因素	比例（%）
银行的语言服务水平与质量	91
产品能够满足自身的需求	75
银行的品牌形象与经营实力	69
网点较多，较为方便	44

表 11　储户看重的语言服务类型（多选）

选项	比例（%）
业务办理中的口头语言	95
姿态语言	68
着装礼仪	52
宣传册等书面语言服务	30

因为目前各商业银行所提供的服务内容大致相似，对储户来说，银行员工的语言服务水平就成了选择哪家银行办理业务的首要因素。在本次调查中，储户选择最多的银行是中国工商银行，这在很大程度上与工商银行的许多网点能够提供特色语言服务有关。例如：工商银行的燕莎支行要求员工具备外语交流能力，为了提升全员的英语水平，该支行每季度会进行一次全员的英文培训，培训范围涉及常用口语、银行英语词汇等，并将柜台常用英文印发至大堂和每一名柜员，鼓励员工在接待外籍客户时直接使用英语；工商银行花园桥支行在大堂中专门设立了一个便民服务角，将可以提供外语、手语服务的柜员照片予以公示，方便储户选择相应的柜员提供语言服务，此外，该支行还配备了盲文服务。

可以说，语言服务意识与能力、所提供的语言服务的种类等已经成为商业银行竞争的一个重要内容。并且，随着储户对银行服务体验的要求越来越高，这种竞争还会更趋激烈。

表 12　储户对银行语言服务的预期（多选）

选项	比例（%）
满足业务办理需求	90
提升服务体验	78
愿意继续与这家银行合作	41
形成与银行的双向互动关系	30

2. 储户对银行业语言服务的整体满意度较高

在对银行语言服务的满意度方面，45% 的储户对银行的语言服务水平表示比较满意，28% 的人表示非常满意，整体满意度达 73%。这与银行对语言服务重视度的提升有关，一些银行相关部门已经意识到语言服务的必要性，并出台了相关的政策；同时，与银行从业人员受教育程度整体较高也具有相关性，从被调查对象的学历构成来看，大学本科及以上学历者合计达到 91%，如果按大专以上学历统计，则为100%；此外，办事类型相对简单、取号制度完善、等候环境舒适等都使得银行不同于大多数医院、餐馆、车站等提供窗口服务的场所（行业），在语言服务方面，成为顾客满意度较高的行业。

由此可见，商业化程度高以及由此带来的对语言服务质量优化的重视、从业人员受教育程度整体提升、改善硬件服务环境、改进配套服务制度等，都与窗口行业语言服务质量的整体完善直接相关。

3. 员工沟通能力的性别差异也是语言服务培训中应关注的问题之一

尽管对银行语言服务的满意度较高，但表示在与银行从业人员的交流中有过不愉快经历的储户占到了56%，遇到的问题依次为"业务未能及时办理""与银行从业人员沟通不畅""产生矛盾冲突"。具体如下：

表13 储户经历过的因银行从业人员语言使用不当而出现的问题（多选）

选项	比例（%）
业务未能及时办理	63
与银行从业人员沟通不畅	28
产生矛盾冲突	12

90%的储户认为应将"与业务办理相关的规范用语"作为银行从业人员语言服务培训的重要内容，此外还包括与职业道德相关的用语，随后依次为礼貌用语、姿态语言、表达技巧等。具体如下：

表14 储户认为银行工作人员语言服务需要培训的内容（多选）

选项	比例（%）
与业务办理相关的规范用语	90
与职业道德相关的用语	73
礼貌用语	60
姿态语言	48
表达技巧	29

超过半数的银行工作人员希望得到更具体的语言服务培训，具体包括：灵活的表达技巧（占比为81%），适宜的礼仪规范（占比为64%），行业文明用语和禁忌语（占比为55%）。

从调查来看，影响银行工作人员语言服务状况的因素包括入职时间长短、所处工作岗位等，同时，令人关注的是，性别因素也会对银行员工的语言服务产生一定影响。

入职5年以上的员工分别有32%、40%的人对自己的语言服务"非常满意"和"比较满意";入职3年以内的员工多认为自己的语言服务较为"一般",有待提高。不同岗位涉及的语言服务也会表现出一些差异。关于所在岗位涉及的语言服务内容,所有调查对象都选择了"介绍所在岗位的基本业务""对顾客以礼相待"。在此基础上,选择"了解及满足顾客的需求"的调查对象多为客户经理,选择"得体的姿态语言"的调查对象以柜员居多。

对于"您在日常工作中因语言使用不当而出现过下列哪些问题",调查对象的选择具体如下:

表15 银行从业人员因语言服务使用不当而出现的问题(多选)

选项	比例(%)
顾客不理解、不清楚	71
业务表述不清楚	62
与顾客无法进行有效的沟通	47
业务未能及时办理	25
引发矛盾冲突	9

调查还发现有47%的被调查者选取"与顾客无法进行有效的沟通",其中,男性员工比例占60%;选取"引发矛盾冲突"的男性员工占比也较高。从此次调查的银行员工样本的性别构成来看,男性(44%)低于女性(56%),男性员工样本比例低,在与储户沟通中出现问题的比例却高于女性员工,这一问题值得关注。在语言服务培训中,应将员工的性别因素考虑进去,针对男女语言表达特点、特性等设置有针对性的培训内容。

从调查结果来看,银行是否有语言服务方面的培训、考核制度与储户满意度之间有着较强的关联性,各家银行对语言服务问题也越来越重视,但需要看到,部分银行缺少相关的培训、考核机制,甚至对语言服务的内涵、要求认识模糊等问题也客观存在,这无疑将成为其竞争与发展中的短板。

三 总结与思考

从此次调查结果看,虽然部分银行从业人员的语言服务意识与能力有待提高，但总体来看储户对银行的语言服务水平都较为满意。银行作为服务行业之一，其行业语言服务的水平与质量对其他服务行业语言服务的发展有借鉴意义。

1. 提高行业从业人员准入门槛

在银行本身差异化越来越小的情况下，提供优质的语言服务是提升竞争力的重要因素之一。而从业人员是提供优质服务的主体，高素质人才就成了银行业竞争的重要资本。通过查阅近年来银行从业资格考试的政策变化可以发现，从2014年起，中国银行业从业人员资格认证（Certification of China Banking Professional，简称CCBP）对报考者学历的要求发生了变化：2014年之前，中国银行从业资格考试的报考者只需要高中以上文化水平；从2014年起，需取得国务院教育行政部门认可的大学专科以上学历或者学位的人员才有资格报考。可见，随着银行业的不断发展以及服务市场的需求，对银行从业人员的准入标准也在不断提高。提高行业准入标准，吸纳高素质人才是提高行业语言水平与质量的保障。近年来，医疗行业语言服务也成为民众竞相关注的话题。然而，医疗业语言服务发展的中的突出问题也日益显露，甚至有医师无证上岗的情况发生。因而，提升窗口服务行业从业人员的准入标准，建立符合社会需求的人才培养机制势在必行。

2. 加强行业语言服务的规范化

需要建立包括口头语言、书面语言、姿态语言在内的行业语言服务的规范、标准，并将其落实到服务行为的各个环节当中，使银行业语言服务实现规范化与标准化。

在调查中发现，许多银行考虑到储户多语种服务方面的需求，相继在中、英双语服务的基础上增加了俄语、朝鲜语/韩语、日语等多种服务语言；部分银行还鼓励从业人员学会说当地方言，便于与当地的顾客沟通；也有一些银行已将手语服务纳入银行语言服务的体系当中，并开始在不同网点试行与推广，这一举动得到了许多储户的高度认可，认为这是银行关爱特殊顾客群体的具体体现。对于其他行业，如旅游业来说，也可考虑游客对多语种服务方面的需求。并按照顾客对多语种服务的需求制定规范与标准，一方面能够提供给游客更多服务上的便利，另一方面也能促进旅游业语言服务的水平。

3. 建立、健全行业内部的考核机制

在调查中发现，一些银行建立了与行业语言服务相关的考核机制。这部分银行的储户对语言服务的满意度高，从业人员自身的语言服务水平也高。考核机制是对服务人员在服务过程中实现服务成果的考察与激励，与服务人员的工作效益息息相关。考核机制对从业人员提出了更高的要求和规定，使其能够遵守行业语言服务的规章与制度，全面促进语言服务工作的深入开展，能有效地调动从业人员的积极性、主动性、创造性。建立健全相关的内部考核机制既能够不断督促与激励服务人员对行业语言服务的实践，又能完善银行自身的行业系统机制。因而，对银行以及其他一些服务行业来讲，可制定出针对行业语言服务能力和行业语言服务行为的评价标准，建立起一套系统化、可操作化的内部考核机制，加强对行业语言服务能力和行业语言服务行为的考核。倡导服务人员的道德自律的同时，用考核机制来监督服务人员的行为，提高行业语言服务的质量。

（刘　敏）

新型投资银行员工语言能力要求状况调查

伴随着资本市场的不断扩张，传统大型投资银行的收益贡献度越来越低，因此出现了一批聚焦于细分领域、具有较高的独立性与专业性的新型投资银行，这类投资银行在美国金融发展史上被称为精品投资银行。在中国经济飞速发展与全球化进程不断加速的过程中，中国企业，尤其是中小企业对于资本的渴求导致了其对资本市场的需求日渐多样化，在这一背景下，催生了一大批具有本土特色、专注于为高成长型企业提供更专业、更全面的融资与并购服务的新型投资银行。

新型投资银行并不是一个有标准定义的概念，但它们通常有这样的特征：既可以是全面金融解决商，也可以是某一业务链上做深做细的投资银行；以顾问业务为核心，主要服务于新兴经济体中的高成长企业；没有承销商资质，不能参与资本市场首次公开募股或再融资当中的承销；其自身的成长，更多的是依托了国际资本与中国企业，以及中国经济本身的全球化进程。[①]

语言在人类交流和社会经济活动中扮演着至关重要的角色，企业员工的语言能力无疑对企业的发展也有着重要的影响。本报告将以北京某新型投资银行为个案，研究企业在招聘时衡量与考核员工语言能力的标准，以此为基础，探究企业语言管理的现实需要和战略方向，并提出思考与建议。

一 新型投资银行对员工的语言能力要求

投中网根据企业当年正式披露的交易案例数量总和，以交易案例数量占30%权重、交易案例金额占70%权重的评选标准，选出了"2017年度中国最佳新型投资银行TOP10"，分别为：华兴资本、汉能投资、泰合资本、光源资本、易凯资本、华峰资本、投中资本、以太创服、北拓资本、青桐资本。

---

① 《中国式新型投行的七大挑战》，参见 http://tech.163.com/08/0322/08/47KHFL7H000915BF.html。

表1 "2017年度中国最佳新型投资银行TOP10"招聘要求摘录

企业名称	招聘时对员工的语言能力要求
华兴资本	1. 有良好的语言表达能力，乐于与人交流；2. 拥有优秀的沟通能力和谈判能力；3. 具有熟练的英语口语和书面表达能力
汉能投资	1. 具备良好的书面及口头表达能力；2. 出色的协调与谈判能力；3. 通过大学英语六级，有海外学习或工作经验者优先
泰合资本	1. 具有优秀的学习能力、协调能力和沟通能力；2. 有良好的中英文阅读能力
光源资本	1. 有优秀的学习研究能力、团队协作精神和沟通表达能力；2. 英文听说读写流利
易凯资本	1. 有良好的沟通能力和团队合作精神；2. 英文听说读写流畅
华峰资本	1. 具有较强的沟通能力和人际交往能力；2. 英文听说读写流畅
投中资本	1. 具有良好的表达能力、组织能力和协调能力；2. 熟练使用中英文
以太创服	1. 具备较强的沟通协调能力；2. 优秀的英文能力
北拓资本	1. 沟通表达能力较强；2. 英文听说读写流利
青桐资本	1. 较强的沟通能力与抗压能力；2. 英文听说读写流利

通过收集以上10家企业的招聘信息，发现将良好的语言沟通能力和英文听说读写能力作为招聘的标准之一已经成为该类企业的共识。首先，良好的语言表达能力和沟通能力是员工间协作的基础，企业协作小至两个人之间的配合，大至跨部门之间的团队合作，都需要借助语言这一基本的工具，企业内部信息传递的有效性和准确性可以大大提升工作效率、减少沟通成本，降低不必要的损失。其次，语言也是企业进行跨境交易，争夺更大的市场份额与全球话语权的重要条件。因此，在招聘面试时，面试官会用大量的时间来与应聘者进行问答、交流，除了考察其专业能力、市场洞察力和应变能力外，很重要的一点就是了解应聘者的沟通与表达能力。

由于英语是世界上使用地区最为广泛的语言，也是许多国际场合的沟通媒介，许多企业在招聘时都将英文能力作为招聘的标准之一。具体到招聘的操作层面，许多企业都以英语证书作为衡量标准，要求大学英语四级考试425分以上，或提供具备相应英语能力的资格证明，如托业听读公开考试630分以上、托福网考70分以上、雅思考试5.5分以上；主修语种为其他外语，通过相应外语水平考试的，可适当放宽上述英语等级要求。而在具体的工作中，因为以上大部分企业的工作书面语言都以英文为主，所以英文的阅读、书面写作能力比口语能力更为重要。

二 个案分析

为了叙述方便，本报告将所调查的个案称为 H 新型投资银行。根据 IT 桔子收录数据，2017年1—11月，国内融资事件2829起，公布融资金额近600亿美元；并购事件590余起，并购总额达660亿美元。H 新型投资银行对外公布的2017年度盘点业务规模显示：本年度共完成私募融资交易55个，私募融资额超过120亿美元，约占中国私募融资总额20%；完成并购交易5个，交易总规模超过80亿美元，约占中国 TMT（科技 Technology、媒体 Media 和电信 Telecom）领域并购总额12%。因此选取 H 新型投资银行作为研究个案，以期管中窥豹，探究新型投资银行语言管理的现实需要和战略方向。

在调查中，将该企业2017年校园招聘的28名新入职员工列为研究对象，同时，以该企业人力资源部门的11名员工为访谈对象。通过对人力资源部门管理人员的访谈、员工档案资料分析、实地调研，对以下三个问题进行了探讨：应聘者的外语语言能力要达到什么样的水平才能符合该企业的要求？该企业交际语言与文本语言使用情况如何？企业对语言管理和语言政策的态度如何？

1. 对员工语言能力的衡量标准

通过访谈该企业人力资源部门负责招聘工作的经理以及对员工档案进行数据分析得知，招聘者对员工语言能力的考察体现在招聘的每一个环节当中。2017年通过校园招聘新入职的28名员工的情况如下：学士6人，硕士21人，博士1人，其中11人有海外留学经历；获得大学英语四、六级证书的有26人；有15人的简历上有托福或雅思成绩。

企业不同岗位对员工语言能力的要求也有所不同，如表2所示：

表2　H 新型投资银行不同部门的岗位要求

部门	岗位要求
财务顾问事业部	对跨境和跨市场收购部门的员工要求有较强的金融背景，也要有过硬的外语能力
财务法务部	既需要精通法律文书，也需要熟知跨境、跨市场的法律条文，做好公司跨境交易的法律支持
医疗与生命科技事业部	既需要扎实的金融财务知识和敏锐的医疗行业洞察力，更需要专业性的外语表达与书写能力
公共关系部	既需要有专业的新闻传播能力、公共关系维护能力，也需要有跨文化传播的能力
人力资源部	既需要有人才招聘、管理、培训等能力，也需要有招聘、管理外籍员工的能力

因此，在简历筛选环节中，外语水平证书只是一项最基本的衡量指标，应聘者如何用简洁有力而又真诚的语言表现自己，也是在千军万马中突围的关键因素。该企业招聘面试工作的负责人认为，"在金融行业里，尤其是在投行和证券公司，外语能力已经不再是加分项，因为我们已经默认这是应聘者必须有的基本素养。"

在笔试考核时，语言测评包括考核应聘者用外语进行阅读理解、数理逻辑分析以及回答专业知识、翻译前沿报告等方面的能力，许多学生在用英语来回答自己所学专业的问题时往往不尽人意，有相当比例的应聘者因此未能通过笔试，这也反映出大学英语教学模式与市场需求的对接有待加强。对于通过笔试的应聘者，在面试环节，人力资源部门的面试官则会侧重考察应聘者的语言组织能力、逻辑能力、口语表达能力以及在复杂语境中的语言理解与沟通能力。面试负责人在接受访谈时认为，"现在大多数的学生还充满稚气，校园里的氛围与职场的复杂环境还是有很大的出入，许多人在职场里并不能如鱼得水，很大的原因就是学不会职场中的人际、组织交际。"同时，在访谈中，有4名面试官明确表示在实际的招聘工作中，良好的沟通能力是他们对应聘者做出评价的第一要素。郭景泉、董亚红等研究者的调查也有相似的发现，他们通过实证调查发现，银行和非银行金融机构从应届大学毕业生中招聘员工时，特别看重他的人际沟通能力。[①]

2. 语言管理及语言使用情况

企业的持续发展需要有效地配置、开发与利用人力资源，企业间竞争的实质就是人才的竞争。企业如何创造竞争优势、形成战略优势，取决于人才管理战略。语言管理由以色列语言学家斯波斯基提出，是指某些拥有或声称拥有特权的人或团体为了改变语言域中人们的语言实践或语言信仰而付出的显性的或可见的努力。[②]企业语言管理指企业为提高工作效率，提高顺应市场变化分配和管理员工语言资源的效率，实施企业语言政策。

依据表达媒介的不同，本报告将H新型投资银行的交际语境大致分为以下五种：一是工作会议用语，二是工作电话用语，三是工作交流用语，四是工作邮件用语，五是日常对话交际用语。

---

① 郭景泉、董亚红《现代金融企业对大学本科生能力素质要求的调研》，《哈尔滨金融学院学报》2014年第2期。

② 博纳德·斯波斯基《语言管理》，张治国译，商务印书馆2016年版。

通过访问与实地调研，发现虽然该企业的工作语言为英语，但是在交际语境中，汉语依然是强势语言，使用频率在各交际语境中都很高。英语的使用呈现出明显的语境相关性，即使用英语的频率随着语境类型和语境属性的改变而改变。在文本语境中，该企业采取英语和汉语双语并用的模式来实施书面语言管理，如公司合同、法务合规、正式邮件、官方网站、企业文化手册、入职指引、技术文件、会议文件、研究报告、活动说明等都是中英双语共用。

3. 员工语言能力再培养机制

培训与发展是现代企业人力资源管理的一项重要工作内容，企业需要降低人力资源成本，更重要的是提升员工的素质，挖掘其潜能，充分发挥其主观能动性。通过对该金融机构的人力资源部培训负责人访谈得知，该企业会定期组织员工培训。培训类型包括：业务类，如财务报表分析与并购估值建模培训等；领导力类，如"领导力"沙龙等；通用技能类，如职场"加油站"等；新员工类，如新员工培训等；公开课类，如《战略罗盘——洞察战略规划与执行》等。

以该企业2017年全年培训情况来看，其中旨在提升员工语言表达能力与沟通技巧的培训占了一定比例，如"演讲的力量""大咖说——对话CEO""关键对话：高效能沟通艺术""Present with Impact""让思想说话，带听众旅行"等，可以看出，该企业对员工语言能力的再培养主要是帮助员工提升用语言来传达自己思想价值的能力。

该企业的人力资源部门培训负责人表示，"在金融行业，作为金融分析师，最基本也是最重要的技能有三类：财务会计类技能、法律法规类技能和沟通技能。我们从小到大的学习过程中没有哪一门课教大家如何说话，好好说话并不是一件容易的事情。在许多重大商业场合中，你的每一个眼神、每一个肢体语言、每一句话都会在不同程度上影响客户对你的判断，从而影响客户对公司的判断。"思想和语言的力量可以让好的观点体现真正的价值。员工通过有品质感的表达更加真实出色地表现自己；领导者用前沿理念和洞察力汇聚思想，展现个人魅力；而企业则需要用语言的力量向世界传达自己的企业思想价值，从而彰显价值，构建品牌，赢得市场。

三　思考与建议

调查表明，目前金融行业招聘时对员工语言能力的要求已经成为行业共识，并且已经不再局限于外语的技能需求，而是有着更高的专业外语能力要求和良好的中文沟通与演讲能力要求。尽管如此，仍然存在一些问题：员工在细分的行业领域中无法将外语和业务能力相结合，缺乏有效的沟通技巧与谈判能力。因此，从员工个体角度，提出几点建议：

1. 将外语与应聘岗位的业务能力相结合，提升就业竞争力

通过调查得知，在金融行业中人才竞争已日趋白热化，对员工的外语能力要求已经不仅仅局限在标准化考试中获得证书，更要求应聘者将外语与应聘岗位的业务能力相结合，以更好地服务国际化的市场。大学生们在英语学习过程中应结合自己的职业规划，进行强化训练。如何在上千份简历中脱颖而出？H新型投资银行人力资源部门的招聘经理认为，"在校园招聘期间，我们每天收到的简历达数百份，每一个学生都非常优秀，甚至优秀得有些'雷同'。这时我们筛选的标准就是寻找学生的多面性和可塑能力，企业需要复合型人才来满足市场多层次的需求。"大学生的外语学习只有不断地弥合外语实战能力和市场需求之间的差距，才能提升自己的就业竞争力，获得理想的岗位以及职业晋升的机会。

2. 把握不同文化的敏感度，提升跨文化沟通能力

在日益激烈的市场竞争和全球化进程的加速发展中，企业面临的市场环境越来越多元化，雇用外籍员工、跨国业务交往等行为日益普遍。企业和员工都面临着不同文化之间的各种社会关系与社会交往的复杂现实，以及其背后的社会结构、社会规范、价值观、思维方式和生活方式等方面的调试与变迁。为避免传播双方在跨文化交往的场景中出现文化误读与冲突，需要在掌握对方语言的基础上剖析其文化内涵，把握不同文化的敏感度，理解文化差异，从而达到双方的互惠性理解。

3. 提高自我语言表达能力，用高效能的沟通提升个人人力资本

工作中有许多失误与损失大多不是技术和操作上的原因，而是缺乏有效的沟通。在企业中，团队协作的兵团比单枪匹马的英雄更重要，当需要跨部门协作时，如何取得他人真诚相助？如何化解矛盾冲突？如何消除分歧达成共识？应该如何领会上级的意图？如何向上级建言献策？当出现意见相左时，应该如何与上级沟通？应该如何面对下级的特别请求？如何布置任务与执行政策？如何批评员工？这些职场上人际关系处理需要良好的语言表达能力，需要掌握平

行沟通、向上沟通、向下沟通的沟通技巧，只有这样才能获得信任与支持，从而提升个人的人力资本。在校大学生可以多参加企业实习，在实际工作过程中观察与学习职场交际技巧。

4. 学习谈判与说服技巧，提高商务谈判技能

职场中，商务谈判无处不在。所谓商务谈判，是指人们为了协调彼此之间的商务关系，满足各自的商务需求，通过协商对话以争取达成某项商务交易的行为和过程。通过掌握富有影响力、权威感、专业性的语言技巧和冲突性沟通技能来提高自己的商务谈判技能，更好地与客户建立伙伴关系，达到影响客户、拓展业务的目标。

（杨鑫颖）

第三部分

教 育 篇

在京高校外语非通用语教育状况调查[*]

语言既是交流的工具、文化的载体,也是国家和民族认同的重要标志。在高校中讲授一门外语,特别是使用范围较小、教学规模有限的"非通用语",不仅是为了满足对外交往的实际需要,其本身也是我国政治态度和外交立场的体现,对于促进民心相通、构建人类命运共同体有着非同寻常的意义。本报告中所指的"非通用语"沿用了我国外语教育界较普遍接受的定义,即"那些在国际交往中使用范围不很广泛的外国语言,它的特定含义是指英语、俄语、德语、法语、西班牙语、日语和阿拉伯语之外的其他所有语种"[①]。

北京作为我国的政治、文化、国际交往和科技创新中心,对外语人才的需求具有极大特殊性。在供需环境、资源配置、政策支持等方面,在京高校依托其他地区无法比拟的优势,为新中国非通用语人才培养做出了不可磨灭的贡献。"一带一路"建设倡议提出后,国家外语能力建设的要求日趋多元,非通用语教育在全国各地受到前所未有的重视,在京高校对很多语种的"垄断"地位也被打破。如何在保持传统优势的同时顺应新形势,积极调整人才培养目标,改进人才培养模式,成为相关高校必须面对的问题。因此,有必要对在京高校开展非通用语教育的历史和现状进行全面梳理,总结经验,寻找问题并提出建议,从而促进相关专业健康、有序、可持续地发展,更好地为首都核心功能服务,为国家战略需要服务。

一 在京高校非通用语种教育概况

根据2017年3月官方公布的数据,教育部备案的本科专业共涉及77种非通用语,专业布点总数多达467个。除世界语之外,上述所有语种在北京外国

---

[*] 本文系教育部人文社会科学研究青年基金项目"中东欧国家语言政策对我国非通用语人才规划的影响"(16YJC740014)的阶段性成果。

[①] 戴炜栋、胡文仲《中国外语教育发展研究(1949—2009)》,上海外语教育出版社2009年版,第412页。

语大学（简称北外）均有开设，开设非通用语本科专业较多的在京高校还有北京大学（简称北大）、中国传媒大学（简称中传）、对外经济贸易大学（简称外经贸）、北京第二外国语学院（简称北二外）、北京语言大学（简称北语）等，北京工业大学（简称北工大）曾一度开设朝鲜语/韩语专业。部分高校已将非通用语人才培养延伸到了研究生层面，此外还有一些语种被作为选修或复语课程开设，或拥有师资储备。基于文献查阅、数据积累，以及对相关院校的实地调研，现将在京各高校开展非通用语教育的情况概述如下。

1. 北京大学

表1 北京大学开设的非通用语种专业和课程（截至2016年）

人文学部	外国语学院	西葡语言文学系	本科	葡萄牙语
		南亚学系		梵语巴利语、乌尔都语、印地语
		东南亚语言文化系		菲律宾语、缅甸语、泰语、印尼语、越南语
		西亚语言文化系		波斯语、希伯来语
		朝鲜/韩国语言文化系		朝鲜语/韩语
		亚非语言文化系		蒙古语
		研究生	印度语言文学（国家重点学科）	
			亚非语言文学（国家重点学科）	
		开设课程	阿卡德语、阿拉米语、赫梯语、拉丁语、马来语、孟加拉语、斯瓦希里语、苏美尔语、西里尔蒙古语、伊博语、中古波斯语（巴列维语）	
		师资储备	格鲁吉亚语、古冰岛语、古叙利亚语、《圣经》希伯来语、吐火罗语、于阗语	

北京大学的非通用语教育历史可以追溯到1942年建立于云南的国立东方语文专科学校，当时设有印地语（1942）、越南语（1942）、朝鲜语（1945）等专业。1946年，北大成立东方语言文学系。1949年，南京东方语文专科学校合并到北大东语系。

目前，北大拥有印度语言文学和亚非语言文学两个国家重点学科，是我国较早设立的博士学位授予点。此外，还有国家外语非通用语种本科人才培养基地和以非通用语种教师为主体的教育部高等学校人文社科重点研究基地（东方文学研究中心）作为教学和科研工作的支撑。

2015年，北大依托学科优势启动了"一带一路"外国语言与文化系列公共课程项目。该项目由教务部、国际合作部及外国语学院共同筹划，外国语学院负责具体实施,第一个学期就吸引了3000余名学生,并获得了良好的反馈。在该项目开设的40门语言课程中,涉及的非通用语有希伯来语、土耳其语、伊博语、斯瓦希里语、西里尔蒙古语、孟加拉语、菲律宾语、越南语等。每个语种建设项目为一个或两个班,向北京大学所有学生(含本科生及研究生)开放,学习时间为一年或半年,全部由来自母语国家的外教授课,北京大学在校生3人选课即可开班。项目优先满足本校学生的选课要求,本校学生未选满的情况下可以对北京市高校学生开放。每个语种均有严格的教学大纲和明确的教学目的。除了入门阶段的语音教学,其余时间全部采用母语授课的方式,以学习语言作为途径,将文化内容作为课程重点,与语言教学相融合。学生每学期应掌握单词约500个,在课程结束时能熟练应用基本用语进行自我介绍,并就家庭、社会、兴趣爱好、民族风情等话题进行交流。①

2. 北京外国语大学

表2　北京外国语大学非通用语教育状况(截至2016年)

本科	欧洲语言文化学院	阿尔巴尼亚语、爱沙尼亚语、保加利亚语、冰岛语、波兰语、丹麦语、芬兰语、荷兰语、捷克语、克罗地亚语、拉丁语、拉脱维亚语、立陶宛语、罗马尼亚语、马其顿语、马耳他语、挪威语、瑞典语、塞尔维亚语、斯洛伐克语、斯洛文尼亚语、希腊语、匈牙利语、意大利语
	亚非学院	阿非利卡语、阿姆哈拉语、阿塞拜疆语、波斯语、朝鲜语/韩语、茨瓦纳语、恩德贝莱语、梵语巴利语、菲律宾语、格鲁吉亚语、豪萨语、柬埔寨语、科摩罗语、克里奥尔语、库尔德语、老挝语、马达加斯加语、马来语、蒙古语、孟加拉语、缅甸语、尼泊尔语、普什图语、僧伽罗语、绍纳语、斯瓦希里语、索马里语、泰米尔语、泰语、提格雷语、土耳其语、乌尔都语、希伯来语、亚美尼亚语、印地语、印尼语、约鲁巴语、越南语、祖鲁语
	西葡语系	加泰罗尼亚语、葡萄牙语
	俄语学院	白俄罗斯语、哈萨克语、吉尔吉斯语、塔吉克语、土库曼语、乌克兰语、乌兹别克语
	英语学院	爱尔兰语、毛利语、萨摩亚语、汤加语
研究生	欧洲语言文学(北京市重点学科)	
	亚非语言文学(北京市重点学科)	
	翻译硕士专业学位(以下简称MTI)(朝鲜语/韩语、泰语)	

北京外国语大学是新中国非通用语高端人才培养的重镇,也是我国当前开

---
① 王晓珊《"一带一路"战略带动北大非通用语种学科建设》,《21世纪英语教育》第266期。

设外语语种最为齐全的高等院校。北外的非通用语本科教育始于建国初期，并逐渐形成了欧洲和亚非两大语种群。截至2016年年底，北外开设有教育部正式公布备案的非通用语本科专业76个，涉及欧、亚、非、大洋洲各个地区，分布在5个院系，其中以欧洲语言文化学院和亚非学院最为集中。目前，语种数量仍在不断增长中，到2020年，北外开设的外语语种（含7个通用语种）数量有望突破百种。

北外欧洲语言文化学院的前身可以追溯到1954年创办于北大的波兰语和捷克语专业，以及1956年创办于北京外国语学院的罗马尼亚语专业。1959年，波兰语和捷克语专业并入北京外国语学院，并与原属该校法语系的罗马尼亚语专业共同组建波捷罗语系。1961年，随着更多原东欧国家语种的建立，波捷罗语系更名东欧语系，后更名为欧洲语言系，并在此基础上于2007年9月成立了欧洲语言文化学院。进入21世纪以来，随着中国与欧洲国家交往的不断深化，欧洲语言文化学院大大加强了新语种建设力度，实现了在中国开齐全部欧盟国家官方语言这一战略构想，从而使北外在中欧人文合作交流机制以及中欧民间外交领域都发挥着难以替代的作用。北外1984年开始招收罗马尼亚语专业硕士研究生，1998年获批设立欧洲语言文学二级学科硕士点和博士点，2010年获准增列为北京市重点学科。此外，北外欧洲语言文化学院还在2001年被教育部列为国家外语非通用语种本科人才培养基地，2007年经教育部和财政部批准设立高等学校第一批特色专业建设点。[1]

北外亚非学院（2007年4月成立）的前身是20世纪60年代初建立的亚非语系。为了加强与相关国家的友好往来，北外亚非语系设立了柬埔寨语、老挝语、僧伽罗语、斯瓦希里语和阿拉伯语（1981年独立为阿拉伯语系）5个专业，之后又逐步增设了马来语、印尼语、越南语、缅甸语、泰语等众多专业。除了相关国家的官方语言外，还包括一些地区通用语（如豪萨语）和古代语言（如梵语、巴利语）。2001年，教育部批准北外亚非语系成立了国家外语非通用语种本科人才培养基地，2007、2008年亚非学院分别获批教育部和北京市高等学校特色专业建设点。目前，本科开设的主要课程分为外语技能课程、外语专业课程和院系平台课程。硕士研究生培养涉及亚非语言文学和亚非地区研究两个二级学科，此外还设有应用型翻译专业硕士（朝鲜语/韩语、泰语）。在亚非语言

---

[1] 梁敏和主编《中国外语非通用语种类专业建设和发展报告（2013）》，外语教育与研究出版社2015年版，第37、38页。

文学二级学科下还设有翻译研究、亚非文学研究、亚非社会研究等博士生培养方向。

近年来北外增设的语种涉及东欧（如乌克兰语、白俄罗斯语）、中亚（如哈萨克语、吉尔吉斯语、塔吉克语、土库曼语、乌兹别克语）、西欧（如爱尔兰语、加泰罗尼亚语）、太平洋诸国（如毛利语、萨摩亚语、汤加语）等广大地区，以往主要从事通用语教学的俄语学院和英语学院也积极参与到非通用语人才培养进程中，在培养复合型、复语型人才方面进行了有益的探索。

3. 中国传媒大学

表3　中国传媒大学非通用语教育状况（截至2016年）

外国语学院	本科	亚非语系	朝鲜语/韩语、马来语、孟加拉语、尼泊尔语、普什图语、斯瓦希里语、泰米尔语、土耳其语、印地语	正常招生
			菲律宾语、僧伽罗语、乌尔都语、希伯来语、印尼语、越南语	暂时停招
		欧洲语系	荷兰语、葡萄牙语、瑞典语、世界语、匈牙利语、意大利语	

中国传媒大学的前身北京广播专科学校，是中央广播事业局成立的第一所直属高等院校，1958年建校时便开设了波斯语专业，其后又在全国率先开设了斯瓦希里语、土耳其语、葡萄牙语等非通用语专业，在校非通用语本科班最多曾达到30个。1959年，该校更名为北京广播学院，2004年更名为中国传媒大学，并被教育部列为国家外语非通用语种本科人才培养基地。泰米尔语、孟加拉语、尼泊尔语、斯瓦希里语为该校特色专业。目前，该校的非通用语种教学在亚非语系和欧洲语系两个院系中开展。

中传亚非语系曾一度中断招生，自2000年恢复后，与欧洲语系一起，逐渐形成了较为完整的具有鲜明特点的复合型、复语型人才培养体系和成熟的"3+1"人才培养模式。目前除了开设本科专业外，还面向全院、全校开设部分语种的第二外语课程及公共外语选修课程。

4. 对外经济贸易大学

学校前身为创建于1951年的高级商业干部学校，受贸易部和教育部双重领导，先后更名为北京对外贸易专科学校（1953）、北京对外贸易学院（1954）、对外经济贸易大学（1984），2000年划归教育部直属。该校的非通用语专业旨在培养具有扎实的外语基础和熟练的外语技能，具有较强的跨文化交流能力和创新精神，能从事国际商务、外交、外事、新闻、文化等领域工作的国际化、复合型高素质专门人才。①

表4　对外经济贸易大学非通用语教育状况（截至2016年）

外国语学院	本科	亚非语系	朝鲜语/韩语、越南语、波斯语
		欧洲语系	葡萄牙语、希腊语、意大利语
	研究生	亚非语言文学（朝鲜语/韩语）	
		欧洲语言文学（意大利语）	
		MTI（朝鲜语/韩语口译、中朝/韩同声传译）	

外经贸大学现开设有朝鲜语/韩语、意大利语、越南语、葡萄牙语、波斯语、希腊语六个非通用语本科专业，其中朝鲜语/韩语专业创建于1952年，历史最为悠久。1954年，该校创立了我国第一个意大利语本科专业。目前，朝鲜语/韩语和意大利语分别在亚非语言文学和欧洲语言文学二级学科下招收学术型硕士研究生。2007年，面向外国留学生在国内首次开设了中朝/韩同声传译硕士课程，2013年开始招收MTI同声传译方向研究生。此外，该校区域国别所还建有葡语国家研究中心。

5. 北京第二外国语学院

北京第二外国语学院是在原新华社外文干部学校基础上于1964年10月成立的，先后隶属于国家对外文化联络委员会、外交部、北京市人民政府、教育部和国家旅游局，2000年2月划归北京市人民政府管理。北二外曾在1965—1972年间开设过一些前东欧社会主义国家的语种，后来长期中断。2015年，该校成立了东欧语学院，并于同年在朝鲜语/韩语专业的基础上建立了东方语学院。

表5　北京第二外国语学院非通用语教育状况（截至2016年）

本科	西欧语学院	葡萄牙语、意大利语
	中欧语学院（2015年后复建）	波兰语、捷克语、罗马尼亚语、塞尔维亚语、匈牙利语
		爱沙尼亚语、波兰语、捷克语、拉脱维亚语、立陶宛语、罗马尼亚语、塞尔维亚语、匈牙利语
	东方语学院	波斯语、朝鲜语/韩语、土耳其语、希伯来语、印地语
研究生	亚非语言文学（朝鲜语/韩语）	
	MTI（朝鲜语/韩语口译）	

近年来，北二外非通用语专业建设呈现出飞速发展的势头，语种数量不断

---

① 梁敏和主编《中国外语非通用语种类专业建设和发展报告（2013）》，外语教育与研究出版社2015年版，第73页。

增长，并积极响应北京市在"一带一路"建设背景下推出的新举措，采取"双培""外培""贯培"等多元化人才培养模式。"双培计划"招生是指由北京市属高校与在京中央高校共同培养优秀学生的一项举措，北京市属高校每年将按照"3+1""1+2+1"等培养机制，输送优秀学生到20多所在京中央高校进行为期2—3年的中长期访学；同时每年遴选部分学生到开设有北京社会急需专业的在京中央高校，开展为期1年的短期访学，或者修习辅修专业。"外培计划"招生是由北京市属高校与海外、境外知名高校共同培养优秀学生的一项举措，市属高校每年将输送部分学生到海外、境外开展为期两年左右的访学活动。①"贯培"则是北二外按照北京市关于开展高端技术技能人才贯通培养试验计划的精神，针对应届初中毕业生开办的七年贯通人才培养项目。上述三类计划均涉及部分非通用语种。

6. 北京语言大学

表6　北京语言大学非通用语教育状况（截至2016年）

外国语学部	本科	西方语言文化学院	葡萄牙语、意大利语
		东方语言文化学院	朝鲜语/韩语
		中东学院	英语、土耳其语复语
	研究生	亚非语言文学（朝鲜语/韩语）	
		欧洲语言文学（意大利语）	
		MTI（朝鲜语/韩语口译、笔译）	

北京语言大学开设的非通用语专业数量较少，但该校借助自身优势，依托数量众多的外国留学生营造良好的语言氛围，例如朝鲜语/韩语专业的学生可以不出国门就深入体会韩国语言文化。此外，北语还充分利用国际交流平台，多方位开展国际合作办学。例如葡萄牙语专业凭借"1+1+1+1"的合作办学模式突出中外文化交流的专业特色。学生第一年在北语学习，第二年在澳门理工学院学习，第三年在葡萄牙雷利亚理工学院学习，第四年回到北语学习，符合毕业条件者，可获得北语葡萄牙语专业毕业证书和学位证书。

二　在京高校非通用语教育的主要特点

北京拥有悠久的教育传统，高校云集，为非通用语教育创造了良好的学术

---

① 参见 http://www.beijing.gov.cn/bmfw/zxts/t1438191.htm。

环境。另一方面,北京作为我国的国际交往中心,涉外单位密集,在非通用语人才供需对接方面有着明显的区位优势。在我国的非通用语教育事业中,特别是在本科以上教育层次,在京高校扮演着极其重要的角色(见表7)。

表7 在京高校非通用语教育在全国的地位(截至2016年)[①]

序号	专业名称	布点数量 全国	布点数量 北京	高校	招生频次	招生规模	对口就业率
1	阿尔巴尼亚语	1	1	北外	每4年1班	≤24	38%
2	阿非利卡语	1	1	北外	复语	不定	尚无毕业生
3	阿姆哈拉语	1	1	北外	复语	不定	尚无毕业生
4	阿塞拜疆语	1	1	北外	复语	不定	尚无毕业生
5	爱尔兰语	1	1	北外	人才储备	零星培养	尚无毕业生
6	爱沙尼亚语	2	2	北外	按需招生	≤24	尚无毕业生
				北二外	按需招生	≤24	尚无毕业生
7	白俄罗斯语	2	1	北外	人才储备	零星培养	尚无毕业生
8	保加利亚语	1	1	北外	每两年1班	≤24	41%
9	冰岛语	1	1	北外	按需招生	≤24	25%
10	波兰语	9	2	北外	每两年1班	≤24	63%
				北二外	按需招生	≤24	尚无毕业生
11	波斯语	10	5	北大	每4年1班	10左右	40%
				北外	每4年1班	≤24	36%
				中传	近年未招生		
				外经贸	每3年1班	≤14	尚无毕业生
				北二外	按需招生	≤24	尚无毕业生
12	朝鲜语/韩语	129	7	北大	每年1班	15左右	50%
				北外	每年	≤25	15%
				中传	每两年1班	<20	40%
				外经贸	每年1班	≤20	约70%
				北二外	每年2班	40—50	70%—80%
				北语	每年2班	70左右	不详
				北工大	暂停		

① 大多数非通用语专业的招生频次和规模不固定,本表中除北外提供了2006—2016年的数据外,其他数据仅为2011—2016年的约数。"按需招生"表示有招生计划,但招生周期不确定;"复语"表示另有主修外语专业;"复合"表示另有主修非外语专业;"人才储备"表示暂不进行规模化招生,只作为师资储备零星培养。对口就业包括赴对象国留学。本表中的数据由相关院校友情提供,对就业率的统计标准有所差异,仅供参考。

（续表）

13	茨瓦纳语	1	1	北外	复语	不定	尚无毕业生
14	丹麦语	1	1	北外	每4年1班	≤24	33%
15	恩德贝莱语	1	1	北外	人才储备	零星培养	尚无毕业生
16	梵语巴利语	2	2	北大	每4年1班	10左右	50%
				北外	人才储备	零星培养	尚无毕业生
17	菲律宾语	4	3	北大	三四年1班	10左右	40%
				北外	按需招生	≤24	尚无毕业生
				中传	近年未招生		
18	芬兰语	3	1	北外	每两年1班	≤24	18%
19	格鲁吉亚语	1	1	北外	复语	不定	尚无毕业生
20	哈萨克语	3	1	北外	复语	不定	尚无毕业生
21	豪萨语	3	1	北外	按需招生	不定	40%
22	荷兰语	3	2	北外	每两年1班	≤24	26%
				中传	每4年1班	<25	75%
23	吉尔吉斯语	1	1	北外	复语	不定	尚无毕业生
24	加泰罗尼亚语	1	1	北外	复合	不定	尚无毕业生
25	柬埔寨语	8	1	北外	每4年1班	24左右	40%
26	捷克语	6	2	北外	每两年1班	≤24	44%
				北二外	按需招生	≤24	尚无毕业生
27	科摩罗语	1	1	北外	复语	不定	尚无毕业生
28	克里奥尔语	1	1	北外	复合	不定	尚无毕业生
29	克罗地亚语	1	1	北外	每4年1班	≤24	50%
30	库尔德语	1	1	北外	复语	不定	尚无毕业生
31	拉丁语	1	1	北外	每4年1班	≤24	尚无毕业生
32	拉脱维亚语	2	2	北外	按需招生	≤24	尚无毕业生
				北二外	按需招生	≤24	尚无毕业生
33	老挝语	8	1	北外	按需招生	16左右	60%
34	立陶宛语	2	2	北外	按需招生	≤24	尚无毕业生
				北二外	按需招生	≤24	尚无毕业生
35	罗马尼亚语	3	2	北外	每两年1班	≤24	42%
				北二外	按需招生	≤24	尚无毕业生
36	马达加斯加语	1	1	北外	复语	不定	尚无毕业生
37	马耳他语	1	1	北外	人才储备	零星培养	尚无毕业生

（续表）

				北外	每一两年	≤24	47%
38	马来语	8	2①	中传	每4年1班	<20	69%
39	马其顿语	1	1	北外	人才储备	零星培养	尚无毕业生
40	毛利语	1	1	北外	复语	不定	尚无毕业生
41	蒙古语	3	2	北大	每4年1班	10左右	40%
				北外	按需招生	不定	尚无毕业生
42	孟加拉语	6	3	北大	人才储备	零星培养	尚无毕业生
				北外	复合	不定	尚无毕业生
				中传	每4年1班	<20	60%
43	缅甸语	16	2	北大	每4年1班	10左右	60%
				北外	每4年1班	≤20	81%
44	尼泊尔语	3	2	北外	按需招生	≤24	尚无毕业生
				中传	每4年1班	16	25%
45	挪威语	1	1	北外	每4年1班	≤24	27%
46	葡萄牙语	28	6	北大	每4年1班	10左右	40%
				北外	每年1班	22—24	96%
				中传	每年1班	15左右	90%
				外经贸	每4年3班	12—17	90%
				北二外	每年1班	≤24	不详
				北语	每年1班	≤24	100%
47	普什图语	3	2	北外	复语	不定	尚无毕业生
				中传	每4年1班	≤24	83%
48	瑞典语	3	2	北外	每两年1班	≤24	70%
				中传	近年未招生		
49	萨摩亚语	1	1	北外	复语	不定	尚无毕业生
50	塞尔维亚语	3	2	北外	每两年1班	≤24	67%
				北二外	按需招生	≤24	尚无毕业生
51	僧伽罗语	3	2	北外	每4年1班	≤24	90%
				中传	近年未招生		
52	绍纳语	1	1	北外	人才储备	零星培养	尚无毕业生
53	世界语			中传	近年未招生		
54	斯洛伐克语	1	1	北外	每4年1班	≤24	24%
55	斯洛文尼亚语	1	1	北外	按需招生	≤24	尚无毕业生

① 北大称为"马来—印尼语"专业，但只招印尼语本科生，所有教师均为印尼语背景。

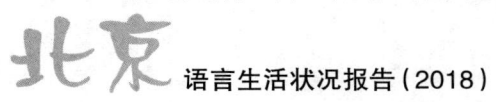

（续表）

56	斯瓦希里语	3	2	北外	每4年1班	≤24	27%
				中传	每4—6年1班	<20	50%
57	索马里语	1	1	北外	复合	不定	尚无毕业生
58	塔吉克语	1	1	北外	复语	不定	尚无毕业生
59	泰米尔语	3	2	北外	按需招生	≤24	尚无毕业生
				中传	近年未招生		
60	泰语	38	2	北大	三四年1班	10左右	50%
				北外	每两年1班	16左右	38%
61	汤加语	1	1	北外	按需招生	≤24	尚无毕业生
62	提格雷尼亚语	1	1	北外	复语	不定	尚无毕业生
63	土耳其语（北语为英土复语专业）	8	4	北外	每4年1班	≤24	29%
				中传	每4年1班	16	60%
				北二外	按需招生	≤24	尚无毕业生
				北语	每年1班	15	尚无毕业生
64	土库曼语	1	1	北外	复语	不定	尚无毕业生
65	乌尔都语	9	3	北大	每4年1班	10左右	50%
				北外	每4年1班	≤24	55%
				中传	近年未招生		
66	乌克兰语	4	1	北外	复语	不定	尚无毕业生
67	乌兹别克语	2	1	北外	复语	不定	尚无毕业生
68	希伯来语	7	4	北大	每4年1班	10左右	50%
				北外	按需招生	≤24	尚无毕业生
				中传	近年未招生		
				北二外	按需招生	≤24	尚无毕业生
69	希腊语	4	2	北外	每两年1班	≤24	29%
				外经贸	每3年1班	≤14	尚无毕业生
70	匈牙利语	6	3	北外	每两年1班	≤24	52%
				中传	近年未招生		
				北二外	按需招生	≤24	尚无毕业生
71	亚美尼亚语	1	1	北外	复合	不定	尚无毕业生
72	意大利语	21	5	北外	每年1班	≤24	52%
				中传	每两年1班	<20	50%
				外经贸	每年1班	≤18	约30%
				北二外		≤24	不详
				北语	每年1班	20左右	不详

（续表）

				北大	每4年1班	10左右	50%
73	印地语	10	4	北外	每4年1班	≤24	22%
				中传	每4年1班	<24	70%
				北二外	按需招生	≤24	尚无毕业生
				北大	每4年1班	10左右	50%
74	印尼语	15	3	北外	每4年1班	≤24	71%
				中传	近年未招生		
75	约鲁巴语	1	1	北外	人才储备	零星培养	尚无毕业生
				北大	每4年1班	≤12	40%
76	越南语	26	4	北外	每4年1班	≤24	44%
				中传	近年未招生		
				外经贸	每两三年1班	≤12	不详
77	祖鲁语	1	1	北外	复语	不定	尚无毕业生

通过表7可以发现，与国内其他地区相比，在京高校的非通用语教育呈现出以下特点：

1. 教育资源丰富

在京高校非通用语教育资源之丰富首先体现在师资上。中华人民共和国成立后，相关专业主要有三大师资来源：（1）来自民国时期的师资储备。例如1946年成立的北大东方语文系只有几位教师，1949年国立东方语专并入该系后，师资力量大为加强，并为中华人民共和国的东方语文学科奠定了良好的基础。（2）境外培养。中华人民共和国成立之初百废待兴，以苏联为首的社会主义国家成为我国外交的主要盟友，直接影响到了国内外语教育的取向，向国外派遣留学生也成为培养非通用语师资的主要模式。1950年9月，新中国向波兰、捷克、匈牙利、罗马尼亚、保加利亚5国各派5名留学生，专攻语言文字和历史，拉开了新中国派遣留学生的序幕，也为国内后来开展相关语言的教学培养了首批师资。[①]（3）人才流通。我国在非通用语人才流通方面曾有过成功的经验，有力促进了相关专业的师资队伍建设。例如，在20世纪50年代到60年代中期，承担着大量新语种建设任务的北京外国语学院尚归外交部领导，很多外交官走上讲台，而教师被临时借调到对象国使领馆工作，亦是常事。非通用

---

① 丁超《中国非通用语教育的前世今生》，《神州学人》2016年第1期。

语人才培养的另一重镇北京广播学院当时则与中国国际广播电台等单位有着频繁的人员交流。[①] 北京作为我国的政治、文化中心，政令通达且文化底蕴深厚，在京高校不仅拥有良好的非通用语教育基础，且与各大中央机关、政府部门、新闻媒体联系紧密，在相关专业师资的培养和储备方面具有先天优势。

除师资外，在京高校在非通用语图书资料建设和语言环境构建方面也具备一定的优势。所有与我国建交的国家都在北京设有外交、领事、商务、文化代表机构，便于开设相关语种的院校与对象国建立联系，获取资料，交流信息。以北外欧洲语言文化学院为例，仅2016年、2017年两年就先后接待了中东欧国家可持续发展考察团、爱沙尼亚大使、中东欧高校联合会代表团、罗马尼亚教育部部长、希腊大使、克罗地亚大使、保加利亚大使、匈牙利大使、希腊总理、罗马尼亚大使等高级别团组。此类访问往往伴随着赠书、签订交流协议等活动，为非通用语教学提供了丰富的资源和广阔的平台。相关专业学生在读期间不仅有机会赴对象国留学，还经常参加对象国驻华外交和文化机构组织的活动，或在相关机构中实习。

2. 供需关系稳定

在京高校的非通用语人才培养目标与国家战略需要和首都核心功能息息相关，传统的人才去向多为国家部委（如外交部、文化部、商务部、科技部）、新闻媒体（如中国国际广播电台、新华社）、科研机构（如社科院）、金融机构（如中国银行、国开银行、建设银行）、大型企业（如中远、中国路桥、中交建）等。"一带一路"倡议提出后，全国各地开设非通用语的院校越来越多，对师资的需求随之增长，高校教师正在成为相关语种毕业生青睐的行业之一。总的来说，人才需求具有较强的政策导向性，以长期需求为主，较为稳定。人才需求涉及的国别和领域虽广，但总体需求数量有限，不太可能像某些沿边地区那样，因边贸繁荣而出现某一语种培养规模急剧膨胀的现象。以越南语为例，与越南相邻的广西、云南两省共有18所院校开设，除本科和专科学历教育外，还开设有大量的培训课程，有时一所高校每年招收的越南语学生（包括学历教育和非学历教育）规模就可超过千人。而北大和北外的越南语专业每4年才招一个本科班，每班人数上限分别为12人和24人，外经贸大学的越南语专业则采取不定期招生的模式，每班人数不超过12人。

---

① 董希骁《高校应成为非通用语人才储备库》，《语言战略研究》2016年第5期。

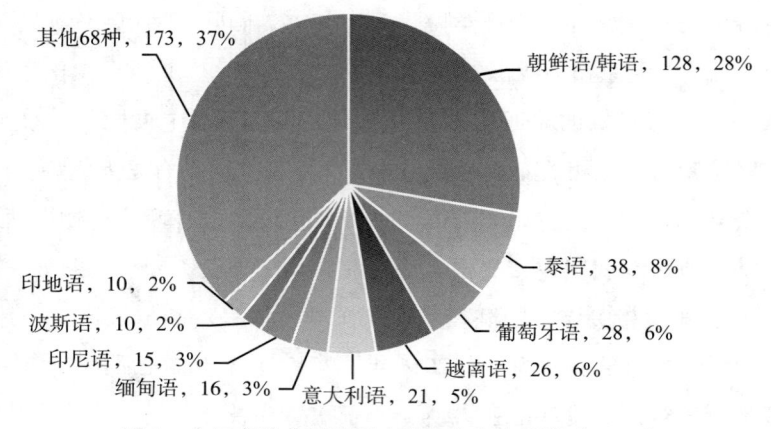

图 1　全国高校非通用语本科专业布点情况（2016）

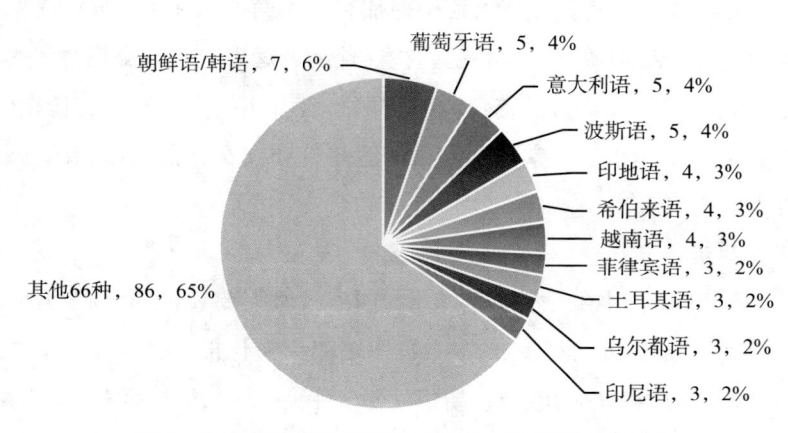

图 2　在京高校非通用语本科专业布点情况（2016）

从本科专业布点情况看，各语种的布点数量较为均衡，个别语种一枝独秀的现象并不明显。比较图 1 和图 2 可以看出，在全国范围内异常火爆的朝鲜语/韩语专业（129 所高校开设，占布点总数的 28%）在北京只有 7 所院校开设，占比仅为 6%。绝大多数语种在北京的布点数量不足 5 个，且有 37 个语种为全国唯一布点（除世界语专业由中传开设外，其余均在北外）。

由此可见，在京高校非通用语专业的布局更为全面、均衡，受市场因素的影响相对较小，充分体现了在新形势下增强各语种人才战略储备、完善国家外语能力构成的需要。

3. 坚持高端路线

上述供需关系决定了多数在京高校在非通用语人才培养方面坚持走高端路线，呈现出"少而精"的特点，具体表现为"招生频次低、培养规模小、学历层次高"。例如北外开设的所有 76 个非通用语本科专业中，仅有朝鲜语/韩语和葡萄牙语每年招生，意大利语专业计划从 2018 年起改为每年招生，其余大多数专业采取隔年招生或按需招生的方式。为了防止因同届毕业生数量过多而导致人才过剩，一些开设相同专业的院校已达成默契，提前规划，有意错开招生周期。这样既保证了人才供给的持续性，也有效避免了兄弟院校间的恶性竞争。从培养规模看，多数在京高校沿用小班授课模式，将非通用语本科班人数控制在 30 人以下，注重精讲细练，确保相当一部分学生在读期间有机会获得国家留学基金资助，或通过校际交流项目赴对象国学习。从学历层次看，除希腊语专业（上海外国语大学 1972 年首次开设，并于 2004 年开始招收硕士研究生）外，在京高校涵盖了所有具备研究生培养能力的非通用语专业。虽然近年来全国各地出现了建设非通用语本科专业的热潮，但是在可以预见的未来，大多数专业的高端人才的培养任务仍需依靠在京高校来完成。

三 今后发展中应重点关注的问题

综上所述，在京高校在非通用语教育方面具有良好的基础和天然的优势。在新时期如何兼顾国家需要、首都特点和学科发展需求，在保持优势的同时积极改革人才培养模式，是值得认真思考的问题。笔者认为，应重点关注以下几个方面：

1. 厘清关键概念，提升教育规划精确程度

非通用语是为了便于教学的组织管理而提出的，一个不乏中国特色的分类概念，接近于英语中 less commonly taught languages（可直译为"非通授语"）。这一说法最早是由周恩来总理（当时兼任外交部部长）提出的。1962 年，他在批阅北京外国语学院（北京外国语大学的前身）的课程开设计划时，将通篇的 3 处"小国语"（指英、俄、法、西、阿拉伯语以外的语种）全部改为"非通用语"，并批示今后不使用"小国语"。[①]1997 年 12 月，教育部高等学校外语专业教学指导委员会成立了非通用语组，标志着我国教育界对这一概念的正式认可。上述定义的外延较为模糊，可将世界上的几千种语言涵盖在内，致使我国在外语教育规划的制定和实施过程中常会出现一刀切的现象。因此，有必要对语种、外语和非通用语等关键概念加以澄清。

---

① 戚义明《周恩来与新中国的外事翻译工作——丛文滋访谈录》，《党的文献》2006 年第 5 期。

"语种"即"语言按语音、词汇和语法特征、性质的不同而划分的种类"①。我国目前已开设或计划开设的非通用语专业不仅涉及各国的官方语言,还包括一些地域方言(如拥有约 5000 万使用者的豪萨语)或人工语言(如世界语)。

外语(或外国语)通常被理解为外国的语言,但语言的边界并不总是与国家或民族的边界重合,我国高校中开设的外语类专业或课程涉及:(1)典型的外国语,即"中国境内的本土居民不作为母语使用的语言",除了诸多现代外语之外,还包括拉丁语、梵语、《圣经》希伯来语等古典语言。(2)跨境民族语言,例如朝鲜/韩国、蒙古国、哈萨克斯坦、吉尔吉斯斯坦等邻国的官方语言与我国境内朝鲜族、蒙古族、哈萨克族、柯尔克孜族(也称吉尔吉斯族)等少数民族使用的语言基本雷同,它们具有少数民族语言和外语双重身份。(3)此外还有一些特例,如吐火罗语(包括焉耆语和龟兹语)和于阗语是两种在古代西域使用的印欧语系语言,更接近古代少数民族语言或跨境民族语言。②在外语类院系中讲授或研究这些语种,更多是出于语言谱系的考虑。

一种语言是否被列为非通用语,是结合使用人口、流通范围、官方地位、对象国综合国力等因素全面考量的结果。例如印地语和乌尔都语(两者高度雷同,但书写系统有异)分别为印度和巴基斯坦的官方语言,使用者总数超过 5 亿,仅次于汉语。由于英语也是印、巴两国的官方语言,从而削弱了印地语和乌尔都语成为国际通用语的可能性。此外,语言的通用性处于动态变化中。例如:梵语、古希腊语、阿拉米语都曾有过作为区域通用语的辉煌;拉丁语的通用性时至今日仍在宗教领域和化学、生物学、医学术语中有所体现,做到了"死而不朽";直至 20 世纪 50 年代,英语才刚刚开始具有全球通用性。从教学管理的角度看,我国当前开设朝鲜语/韩语专业的高校已超百所,朝鲜语/韩语完全具有成为第八种通用语的可能性。因此,我们今天所说的通用语与非通用语,仅仅是人们在某种特定背景下的一种简单归类。③在制定相关语种的人才培养规划时,必须立足对语言本体和对象国语言生活的深入认识,一国一策、一语一策,切忌不分主次,一哄而上。作为地处首都的高校,在处理相关问题时应具有更严谨的学术态度和更高的政治敏感度。

---

① 《现代汉语词典》(第 7 版),商务印书馆 2016 年版。
② 目前学界倾向于将吐火罗人比定为大月氏人,鉴于吐火罗古国疆域延伸至今阿富汗北部地区,我们认为可将吐火罗语称为一种跨境民族语言。参见《中国大百科全书(第二版)·第 22 卷》,中国大百科全书出版社 2009 年版,第 431、432 页。
③ 丁超《中国非通用语教育的前世今生》,《神州学人》2016 年第 1 期。

2. 强化院校特色，重点服务首都核心功能

早期，在京高校的非通用语人才培养大多采用定向委培模式。由于各院校的隶属关系不同，专业设置和人才培养目标也各具特色。例如：曾属外交部的北外与外交部、中联部等单位保持着长期稳定的供给关系，以培养高层次外事翻译为主；由中央广播事业局创办的北京广播学院为中国国际广播电台等单位输送了大量人才；外经贸大学根据我国开展对外贸易的需要，于1954年率先开设了意大利语专业；旅游外语人才培养则是北二外的一大特色。后来，由于全国高校管理体制的调整，这些学科特色鲜明的院校均被划归教育部或北京市管理，人才供需关系也开始发生变化。20世纪90年代中期，随着我国从计划经济向市场经济转型，大学毕业生择业模式也从"包分配"变为"双向选择"。非通用语作为一个非常边缘的学科行业，在市场经济主导、价值选择多元、国内外形势复杂多变的时代，其生存和发展也遭遇了许多困境和艰难。[1] 当前，首都核心功能正在向政治、文化、国际交往、科技创新中心转变，在京高校的非通用语人才培养也应顺应这一变化，进行适时调整。在"一带一路"倡议不断推进，全国高校建设非通用语专业的热情持续高涨的大背景下，在京高校更应保持清醒的头脑，不忘服务国家战略需要的初心，牢记服务首都核心功能的使命，巩固并强化自身特色，坚持走精英化路线，切忌为了争取资源而一味追求数量、扩大规模，甚至不惜以牺牲人才培养质量为代价。

除了合理控制人才培养规模之外，相关院校还应巩固和强化自身特色，突出各自优势，积极完善人才培养模式，实现差异化发展。很多高校都将服务国家战略需要，培养复合型、复语型人才作为目标，但对于具体服务于何种战略需要，如何确定复语、复合模式却缺乏深入的思考。绝大多数非通用语专业学生入学时均为零起点，要在短短4年的本科学习阶段熟练掌握一门外语，达到较高翻译水准，并同时学习另一门外语，或辅修其他非外语专业，难度可想而知。泛泛的复合、复语可能引发低水平重复建设，不仅会给学生造成巨大压力，导致主修外语能力下降，还可能使各院校间同质化竞争加剧，最终造成高端人才供不应求，低端人才大量淤积的局面，这显然与首都核心功能的定位背道而驰。针对这一问题，一些院校已经开始进行积极的探索和尝试。例如：北大作为我国顶尖的综合性大学，凭借广阔的学科平台，已通过广泛开设选修课将非通用语教育纳入该校的通识教育体系中。北外借助多语种优势，引导学生学习

---

[1] 丁超《中国非通用语教育的前世今生》，《神州学人》2016年第1期。

与主修专业谱系相近（例如让丹麦语专业学生选修同属日耳曼语族的德语）或用途相关（例如学习吉尔吉斯语、塔吉克语、土库曼语、乌兹别克语的学生兼修在对象国通用性极强的俄语）的语种。中传、外经贸、北二外、北语等院校亦可结合新闻传播、国际商务、旅游管理、对外汉语等学科的优势，打造各具特色的复合型非通用语人才。

3. 促进人才流通，建立健全旋转门机制

除部分在京部委、事业单位和企业的长期需求外，还存在大量中短期需求，例如中资企业在海外开展基建项目、国际性体育赛事（大运会、奥运会）、大型国际会议（APEC 峰会、"16+1"峰会、"一带一路"峰会）等，均需要大量非通用语人才提供翻译服务。并不是所有用人单位都具有"养兵千日，用兵一时"的能力和必要，因此必须提升相关院校的人才蓄积能力，使其真正成为非通用语人才的储备库。

上文曾提到，早在 20 世纪 50 年代到 60 年代中期，鼓励不同单位间人员流动的旋转门机制就已具备了雏形。遗憾的是，良好的发展势头被"文革"阻断。在之后的改革开放大潮中，人们的价值取向发生变化，加之外语教育规划缺失，非通用语一度备受冷落。进入 21 世纪后，尽管高校讲授语种数量不断增加，但教师编制受"生师比"的制约，不增反降。目前，大多数非通用语专业的中国教师数量不足 5 名，其中还包括大量仅靠一两名教师唱"二人转"或"独角戏"的专业。他们除了日常教学和科研工作外，还要在国家急需时提供翻译、咨询服务，人员使用捉襟见肘。例如 2015 年斯洛文尼亚总理访华时，北外不得不将唯一一名在国外进修的斯洛文尼亚语教师临时召回，为国家领导人担任口译。

2014 年 2 月，教育部印发了《中国特色新型高校智库建设推进计划》（教社科〔2014〕1 号），其中将外交与国际问题确定为主攻方向之一，涉及周边环境与周边外交、新兴国家崛起、海洋战略与海洋强国政策、反恐维和、全球治理、公共外交等重点领域研究。在京高校应以此为契机，参照美国等发达国家的成功模式，以国家战略需要为导向，将非通用语教学与国别、区域研究紧密结合，从加强师资队伍建设做起，逐步建立起一支"召之即来，来之能战"的非通用语人才预备队。[①]

4. 制定评估标准，在全国范围树立行业标杆

"一带一路"倡议提出后，在国家政策的激励下，在京高校的非通用语教育

---

① 董希骁《高校应成为非通用语人才储备库》，《语言战略研究》2016 年第 5 期。

进入了高速发展期，主要体现为语种结构日趋完善、布点数量快速增长、培养模式不断创新。与此同时，我们不能否认新老专业在师资力量、课程设置、教材建设等方面存在不小差距，各院校的办学理念和水平不尽相同，一些全新的人才培养模式也有待时间的检验。教学随意性大、测评体系不健全、人才培养质量参差不齐的问题日益凸显。要确保相关学科健康、有序、可持续发展，必须在规模发展的同时重视质量管理。通过语言能力量表来确立全国统一的评估标准，是保障人才培养质量、优化教育资源配置最为公平有效的途径。采用何种量表不仅是语言教学问题，还事关教育主权，不可贸然采用"拿来主义"。目前，我国已引进了一些根据国外量表（如《欧洲语言共同参考框架》）开发的考试和教材，从测评和教学内容上看，与我国的非通用语人才培养目标存在较大差异。因此，开发一套切合中国国情的非通用语能力等级量表势在必行，且正当其时。

在非通用语教育方面，在京高校拥有最悠久的办学历史、最完备的语种结构、最丰富的教育资源、最高端的培养层次、最迅捷的政策反应能力，理应成为行业标准的制定者和引领者。在经历了一段时间的规模化发展后，在京高校应更多着眼于人才培养质量的把控，整合各校专家资源，群策群力，主动承担起研制非通用语能力等级量表的重任，并据此开发和推行全国通用的课程标准、考试大纲，建设具有科学性、时代性、权威性的教材体系。

（董希骁）

北京高校社区语言文化建设状况调查

社区是在相对独立的区域内，具有一定人口和建筑规模，能满足人们日常文化需要的、能够感觉到的、具体化了的社会。文化是在一定的空间范围和时间向度上生成的，社区是文化的土壤，社区文化是一定区域、一定条件下，由社区成员共同创造的精神财富及其物质形态，包括价值观、社区精神、道德规范、行为准则、公众制度、文化环境等。

社区语言文化建设，是通过科学的语言规划、有效的培训引导，解决社区居民在生活与交往中遇到的语言问题、产生的语言矛盾，实现提升居民语言文化素质、构建和谐社区语言生活的目标。具体内容包括四方面：一是社区语言环境建设，包括社区范围内的橱窗、条幅、展板、提示牌等用语的规范、得体，构建文明规范、令人舒心的社区语言环境。二是社区语言行为建设，即社区居民在日常交往中的语言运用要处理好各种语言之间的关系，如普通话与方言、汉语与少数民族语言、中国语言与外语等，在书面用语上，还要处理好简体字与繁体字的关系。三是社区语言制度建设，包含两个层面的含义：在社区各项规章制度的阐述中，要规范用语，并且体现对使用不同语言的不同民族、不同国家的居民的尊重；要根据社区语言文化建设的需要，建立相应的语言指导规范，使社区语言建设与发展有章可循。四是在精神文化层面，以和谐的社区语言生活为基础，提升社区居民的整体认同感，并且，在提升社区形象的同时，提高社区居民的自豪感，使社区建设形成一个良性循环。

城市中的社区可以分为不同类型，包括老城区的传统社区、新建大型商品住宅区（含国际化社区）、城乡接合部自发形成的社区等，本调查将高校社区作为重点调查对象，主要源于四方面考虑：一是语言生态的特殊性，高校社区除北京当地居民外，还拥有数量众多的学生群体以及外来经商者和打工者，社区成员构成的复杂性，带来了特殊的语言生态。二是语言文化氛围的示范性，受过高等教育的社区成员比例较高，使得该类社区的语言使用能力和语言文化氛围具有先天优势，通过对问卷调查、深度访谈进行分析所得出的结论，对其他类型的社区具有一定的借鉴意义和示范作用。三是语言文化冲突的紧迫性，由于社区成员身份和地域构成复杂而产生的语言、文化多样性，文化素质差异性明显等问题，增加了社区内文化冲突、语言交流障碍、地域歧视等问题的发生频率，甚至可能导致社区成员间形成心理层面上的语言交流隔阂，语言不同、情感记忆不同的社区成员如果不能在良好互动的基础上，形成具有共同诉求的情感共同体、信念共同体的话，即便硬件设施再好的社区，也无法满足人们内心深处对归属感、认同感的追求。四是校社互动的现实必要性，长期以来，大多数高等学校偏重学术研究和人才培养，在为社会提供服务方面还有待提升，另一方面，社区在满足居民精神文化需求方面又有局限，因此，加强高校与社区的互动，具有现实紧迫性和必要性。

一 调查设计

在北京高校社区中，居民构成较为多元，既有常住居民，也有暂住人员；常住居民中，既有"老北京人"，也有"新北京人"；暂住人员中，既有在读学生，也有店铺经营者，还有其他因各种原因在此租房居住者。其中，高校教师家庭占比较高，他们中有相当一部分是1978年恢复高考后陆续到北京安家落户的"新北京人"；与北京大多数传统社区一样，父辈或者祖辈在1949年之前就已在北京生活的"老北京人"在居民中也占有一定的比例。有的高校社区中，教学区、学生的住宿区与居民区是套叠在一起的，只是在功能分区上以一道开放式的门栏来划分出教学区、家属区两大块区域，在一个整体的校园社区中，学生可以到位于居民区的店铺购买食物，打印资料，家属区的居民也可以到位于教学区的操场锻炼，到学生食堂打饭。来自全国各地的学生群体，再加上社区内为居民、师生提供餐饮、打印、快递以及其他服务的经商、务工群体，使得社区居住者的构成比较多元，在社区语言文化建设中需要应对的问题也相对复杂。

高校社区中的语言交际主体主要包括社区居民、社区工作人员、学生、外来经商与务工人员等。调查以首都师范大学社区（以下简称为首师大社区）和中国劳动关系学院社区（以下根据通常的称法，简称为工运社区）为个案，这两个社区居住者的构成情况如下：社区居民区构成以教职工家庭为主，工运社区教职工及其家属占社区居民总人口的二分之一以上，首师大社区教职工家庭占比约三分之二；工运社区的外来务工人员占居住者总数的比例约为20%，首师大外来人口目前达900多人。

调查中,对社区居民和学生采用问卷调查的方式,对社区工作人员、外来经商与务工人员采用了一对一访谈的方式。问卷调查主要涉及社区成员语言交际、语言冲突、语言需求、语言文化活动参与状况,截至2017年1月10日,在两个社区各发放问卷200份,共回收问卷395份。其中首都师范大学社区学生、社区居民有效问卷均为100份;工运社区学生有效问卷100份、社区居民有效问卷95份。受访对象的职业、户籍、年龄构成如下:

表1 职业、户籍构成

社区	高校老师及其家属(%)	非高校教师家庭 北京居民(%)	非高校教师家庭 非京居民(%)
工运社区	40.1	47.4	12.5
首师大社区	48.3	40.0	11.7

表2 年龄构成

社区	少年（18岁以下）(%)	中青年（18—59岁）(%)	老年（60岁以上）(%)
工运社区	10.2	37.1	52.7
首师大社区	11.6	35.2	53.2

对社区工作人员的访谈涉及语言指导规范的制定和推行情况、语言文化活动的组织开展情况、普通话的推广情况、语言交流障碍和语言矛盾的处理方式、语言类服务的提供情况等;对外来经商与务工人员的访谈主要围绕语言交际、社区文化氛围对其语言使用的影响、语言培训需求等,访谈对象来自于社区内的快递店、超市、餐饮店、眼镜店、水果店、文具店、复印店等。

二 调查结果分析

调查内容主要着眼于社区居民相互之间以及与社区中的其他主体的语言交际情况,社区居民参与语言文化活动情况、语言使用情况等。调查发现有以下亟待解决的问题:

1. 人际沟通的数量与质量双缺位

有效的互动沟通是社区和谐语言生态建设的基础和体现,但目前高校社区中，作为社区成员构成主体的学生与社区居民之间多处于"半隔绝"状态，交流较少。事实上，社区内的教学区和居民生活区之间实际上是可以通行的，学校内的休闲健身场所向居民开放，居民区内的店铺也是学生经常光顾的地方，但受地缘意识、身份意识等因素的影响，双方的交流互动频率较低；部分交际行为并非是出于情感沟通的需要，而是由于一些经济利益、功利目的的考量，如社区居民在学生中聘请家教等。

在"近一个月内您与社区内高校的学生交流频率如何（交际范围为日常语言交际，不包括学校内部、教学范畴内的互动）"问题上，首师大社区75.3%的受访居民表示从不交流，22.8%的受访者表示偶尔交流，表示经常与学生开展互动的受访者仅占比1.9%；工运社区表示从不交流的受访者占比70.2%，表示偶尔交流和经常交流的受访者分别占比25.8%、4.0%。社区各主体之间的交流频率如下：

表3　居民近一个月内与社区内高校学生的交流频率

社区	总是（%）	经常（%）	偶尔（%）	从不（%）
工运社区	0.0	4.0	25.8	70.2
首师大社区	0.0	1.9	22.8	75.3

表4　居民近一个月内与社区其他居民的交流频率

社区	总是（%）	经常（%）	偶尔（%）	从不（%）
工运社区	10.2	30.3	55.8	3.7
首师大社区	7.1	20.4	64.7	7.8

表5　高校学生近一个月内与社会居民的交流频率

社区	总是（%）	经常（%）	偶尔（%）	从不（%）
工运社区	0.9	4.2	38.7	56.2
首师大社区	1.8	4.1	45.6	48.5

注：表3、表4、表5"总是"5次及以上，"经常"3—4次，"偶尔"1—2次，"从不"0次。

由上表可以看出，这两个高校社区中，居民从不与高校学生进行交流的比例均超过70%；社区居民之间有较为频繁交流的比例分别为40.5%和27.5%。在调查中还了解到，将近80%的受访者表示会以社区居民中的北京当地居民为主要交流对象。对社区中的本地居民具有较强的亲近感，而对外来人员有一些排斥心理，这种心理直观表现在日常人际沟通中，并不断延伸、衍化。

对于学生群体和外来工作人员而言,互动障碍来源于薄弱的社区归属感与认同感,导致社区归属感与认同感薄弱的原因,既源于社区本身及居民没有对其展现出足够的热情与包容,也受到语言及文化差异的影响。双方在语言交际方式、价值理念以及生活习惯等方面存在差异,由此而产生的外来者身份的自我强化,又会加剧差异,使不同交际主体之间的语言与情感沟通受到阻隔。

中国劳动关系学院和首都师范大学分别有56.2%和48.5%的受访大学生从不与社区居民交流(不包括与居住于该社区的本院系教师的互动)。结合深度访谈,发现与社区居民交流频繁(表示"经常"或者"总是")的学生绝大多数是出于课外兼职的需要,如在为社区内的中小学生提供家教的过程中,与授课对象及其家长产生交流互动行为。通过数据对比我们发现,就交流频率而言,中国劳动关系学院学生与所在社区居民之间互动方式多样化,互动质量相对较高,比如担任社区活动的志愿者等,这有助于打破社区中不同主体间的交流屏障,促进社区成员社区认同感的形成。

整体来看,目前在高校社区中存在人际沟通数量与质量双缺位问题,社区成员交际频率总体偏低;同时,受地域、文化、语言等因素的影响,社区成员会将交际对象设置为具有相同或类似身份的主体,而不同身份背景的交际主体之间交流较少。

2. 社区语言文化活动参与度不足且参与主体不均衡

在调查中,将语言文化活动分为两大类:一种是以语言为工具的文化活动,包括朗诵、辩论、演讲、阅读等;另一种是以语言为内容的文化活动,包括书法展览、汉字听写大赛、成语大赛等。根据活动主办单位的不同,本调查从社区和学校两个角度对社区居民参与语言文化活动的状况进行了调查。社区各主体参与社区内语言文化活动的频率如下:

表6 社区居民近一年内参与社区或街道举办的语言文化活动的频率

社区	总是(%)	经常(%)	偶尔(%)	从不(%)
工运社区	0.0	14.8	34.6	50.6
首师大社区	0.0	0.0	13.1	86.9

表7 社区居民近一年内参与社区内高校举办的语言文化活动的频率

社区	总是(%)	经常(%)	偶尔(%)	从不(%)
工运社区	0.0	5.3	15.2	79.5
首师大社区	0.0	19.8	34.1	46.1

表8　高校学生近一年内是否参与过社区举办的语言文化活动的频率

社区	总是（%）	经常（%）	偶尔（%）	从不（%）
工运社区	2.0	5.3	18.1	74.6
首师大社区	1.2	4.1	11.8	82.9

注：表6、表7、表8"总是"10次以上，"经常"6—10次，"偶尔"1—5次，"从不"0次。

就高校一般类活动而言，首师大社区约70%的受访居民表示参与过学校主办的活动，且表示"经常"和"总是"的受访者占比接近34%。在"近一年内您是否参与过社区或者街道举办的语言文化活动"问题上，首师大社区86.9%的受访居民表示否定，仅有13.1%的受访居民表示偶尔参加；工运社区受访居民的活动参与度低于首师大社区，约为49.4%。据数据进一步分析发现，两项调查中表示肯定的受访者中，老年群体占比均超过90%。而在活动参与方式方面，首师大社区受访居民以应社区居委会、街道办呼吁参与为主，其次为主动参与或受他人影响而参与；工运社区受访居民以主动参与方式为主，占比超过二分之一。

两个社区的工作人员均表示，社区语言文化活动原则上面向全体社区成员，并不局限于社区居民。但在社区没有发出邀请或者开展进一步宣传的情况下，学生群体的活动参与积极性不足，工运社区和首师大社区分别有74.6%和82.9%的受访学生表示从未参加过此类活动；外来务工人员也不会主动参与其中。

社区活动通过培养互助合作精神与发挥活动自身的趣味性，能够在短时间内有效增进社区成员之间的语言交流与情感交流。因此，本调查以此作为衡量外来工作者与其他社区成员、社区居委会及学校之间互动沟通状况的标准之一。访谈结果显示，在社区活动参与问题上，无论活动主办方为学校还是社区居委会，受访对象普遍表示几乎不参与其中。导致外来人员活动参与度极低的原因，既包括来自工作方面的限制，也包括来自学校和社区内部的限制。很多受访对象表示无法获取关于学校和社区活动组织的相关信息，且对于是否具有参与资格没有得到过明确回复。其中一位受访者表示，"十多年前总是参加学校活动，后来学校重建活动中心，并加强管理，我们既不知道学校开展活动的相关信息，也没法得知是否允许参加。"

除了社区各类成员的语言文化活动参与度、参与频率较低外，还存在着活动参与主体分布不均衡的问题。从社区语言文化活动的成员构成来看，社区居民为参与主体,社区其他成员参与度低;从参与者的年龄层面来看,老年人是社区各类活动的主力军,其次为少年儿童,中青年群体的活动参与度普遍偏低。

针对社区居民自发组织的语言文化活动,两个社区的工作人员表示,此类活动的发起者与组织者主要为社区内的离退休老干部,活动类型多集中于书法、绘画、朗诵、诗词品鉴等。例如:工运社区离退休老干部管理处每周一定期组织书法、绘画培训课程;周五上午举行合唱活动,下午由劳动关系学院教师提供摄影培训。工运社区入口处的大型展板上也可以经常看到离退休老干部管理处成员的摄影作品,每幅作品配以精练、富有诗意的文字,对社区语言文化氛围的营造起到了积极的作用。

但是,从目前来看,社区语言文化活动在形式上对中青年群体缺乏足够的吸引力,中青年群体在社区活动中几乎处于缺位的状态,因此,应在保持语言文化活动自身特色的基础上,着眼于活动内容和方式的改进与创新,实现社区参与主体的均衡式增长。

3. 对社区语言环境的关注度与认可度有待提升

在"您如何评价社区内的橱窗、条幅、展板、提示牌等的语言使用"问题上,首师大社区、工运社区分别有40.0%和10.4%的受访居民表示"未关注",认为社区语言景观规范得体度有待提升的受访居民分别为26.8%和25.1%。

表9 社区居民对社区内语言环境的评价

社区	规范得体（%）	通俗易懂（%）	不够规范得体（%）	不够通俗易懂（%）	未关注（%）
工运社区	29.6	60.3	25.1	5.2	10.4
首师大社区	13.1	33.3	26.8	0.0	40.0

表10 高校学生对社区内语言环境的关注频率

社区	总是（每天）（%）	经常（11—15次）（%）	偶尔（1—10次）（%）	从不（0次）（%）
工运社区	4.0	7.9	68.7	19.4
首师大社区	10.2	5.3	59.0	25.5

在评价橱窗、条幅、展板、提示牌等社区景观用语问题上,就社区景观用语的规范得体度而言,首师大、工运社区分别有35.7%和24.2%的受访学生表

示肯定。就是否通俗易懂而言，首师大社区和工运社区受访居民对此的认可度分别为33.3%、60.3%。工运社区居民与高校学生对社区语言景观在规范得体、通俗易懂方面的认可度基本持平；首师大社区居民对于社区语言景观的认可度明显低于高校学生的评价，这或许与首师大社区居民区面积相对较大、人员构成更为多元有关。在"近一个月内您是否关注过社区内（不包括教学区内）的橱窗、条幅、展板、提示牌等"问题上，首师大社区10.2%的受访学生表示"总是关注"（每天），5.3%的受访学生表示"经常关注"，59.0%的受访学生表示"偶尔关注"，表示"从不关注"社区公告的受访学生占比25.5%；工运社区调查结果依次为4.0%、7.9%、68.7%、19.4%。

4. 语言生态和谐度有待提升

社区语言环境总体上处于相对稳定的状态，但和谐度有待提升。需要看到的是，目前社区中稳定的语言环境，更多是因为社区各个主体之间日常少有互动沟通，而不是因为彼此沟通顺畅、关系融洽。

本次调查对社区内的外来经商与务工者进行了访谈，具体包括快递店、超市、餐饮店、眼镜店、水果店、文具店，以及复印店的经营者和务工者。外来经商与务工者的交流对象主要集中于学生、家属区居民和社区居委会工作人员。但访谈发现，该群体在与社区成员的语言交际频率方面差异较大。其中，工运社区受访对象普遍表示很少与社区其他成员交流；首师大社区受访对象表示会较多地参与社区交流，但交流对象的选择一般取决于自身所提供的服务，例如，超市与水果店的受访对象主要以社区居民和学生为主要交流对象，复印店受访对象的交流对象以学生和教师为主。此外，该群体语言交际行为发生的场合和动因也会因交际对象的不同而有所差异，与学生群体的语言交际多源于工作需要，并集中于工作场合；与社区居民在日常生活中也会进行互动，但交流对象多为社区中的老年人。访谈对象对此的解释是：店铺更为靠近居民区，所以日常生活中的交流机会相对较多。

在"近一年内您是否与社区成员（社区居民、学生、外来经商与务工者）发生过语言冲突"问题上，首师大社区与工运社区分别约有7%和6%的受访居民表示曾发生过语言冲突，冲突对象以社区内的非京籍居民和外来经商、务工人员为多；两个社区分别有约2%和5%的学生与外来经商者、务工者或社区居民发生过语言冲突。

访谈发现，社区外来经商、务工者与其他社区成员的语言关系相对和谐，因自身为服务提供方,且交际对象语言素质普遍较高,因此语言冲突的发生概率较低。为数不多的语言冲突事件中多发生在收发快递的过程中。其中,工作时间10年以上的快递人员表示语言冲突发生概率逐年降低,入职时间较短的快递人员则感觉语言冲突呈上升趋势。快递员与学生、社区居民之间产生语言冲突的原因,与快递人员为顾客提供送货上楼等服务的可能性随着工作量的增加而相应减少有关,同时,工作量的增加可能会导致快递人员高负荷运转,出现情绪波动的可能性增加。

和谐语言生态的实现需要稳定的语言环境,同时更依赖于活跃、融洽的人际沟通。社区居委会在社区和谐语言生态构建上应发挥更强的主动性、更大的作用。目前,社区居委会及其工作人员对语言文化制度、语言景观建设相对较为重视,但对语言行为建设的重视有待加强。

5. 社区工作人员的语言意识与专业化水平有待提高

社区管理团队语言意识不足主要体现在对语言文化建设的内容及服务对象存在认知偏差,对普通话推广活动认识不足。首先,社区工作人员的语言文化建设意识薄弱,直观体现为语言文化活动组织频率低,语言制度建设尚未纳入正轨。其次,社区工作人员对语言文化概念认知模糊,将其简单归结于语言类活动,而实际上凡是以增进社区成员互动沟通、提升社区成员语言文明素质等为目的的事项都包含在语言文化建设范畴内。另外,社区语言文化建设应面向全体社区成员,既包括社区普通居民,也包括学生、外来务工人员、外籍和少数民族居民,还应包括社区内的语言交流障碍患者。

对于普通话推广的认知不足主要表现为活动组织自觉性不强、组织形式单一。部分工作人员认为普通话没有推广必要性,并将其视为一种强制性活动。社区管理团队专业化水平不高主要表现为外语能力、新媒体平台建设经验不足两方面。部分社区工作人员以自身外语能力不足作为不采取双语信息传播的理由,也是其服务态度与意识薄弱的一种体现。新媒体平台建设经验是衡量社区工作人员理念是否与时俱进的重要参考,就目前发展趋势而言,外语能力和新媒体平台建设经验应作为社区实现和谐语言生态的必备能力。

三 总结与思考

尽管高校社区在语言文化建设方面具有先天优势,但是调查结果显示,这

种优势并没有得到充分利用和发挥。要想解决这一问题，首先需要充分发挥高校社区各主体的作用，加强社区与学校的互动与合作。在此基础上，实现高校社区语言环境、语言行为、语言制度和语言文明建设的同步发展。

1. 充分发挥高校社区各主体的作用，加强社区与学校的互动与合作

生活区与教学区在空间上交叉、融合是高校型社区的显著特征之一，不同主体之间的互动、合作状况对创造和谐语言生态具有特殊意义。

首先，组织高校教师与学生为社区居民提供有偿或无偿的语言教学工作。在教学内容方面，既包括汉语、英语、写作、古诗词、书法等常规性语言教学，也包括以排解孤独、克服语言交流障碍等为目的的语言心理教学与专门性教学。为此，社区应对社区成员的语言文化需求类型进行系统分析与合理划分，提升语言教学活动的针对性与合理性。其次，为缓解资金问题可能导致的语言教学困境，社区还可通过定期组织社区义务活动的方式满足社区成员的语言文化需求，例如开展寒暑期高校志愿者活动，为社区成员，尤其是语言需求相对强烈的中老年群体与少年儿童提供集中性的语言教学与指导工作。最后，社区还可就学校开放图书馆、开放语言文化活动等事宜与高校商谈合作，通过增加语言文化资源接触与学习，促进社区成员语言文化能力及素质的提高。

高校也应积极主动寻求与社区的合作，建立高校与社区良好的沟通机制与互动体系，这是社区语言文化建设的重要途径，对于提高社区成员的语言文化素质、能力，提高社区治理团队语言文化建设自觉性，增强经验的积累均具有重要意义。从某种程度上来说，尽管高校与社区存在着功能属性的差异，但其丰富的语言文化硬件、软件优势，使其可与社区居委会或街道、社区成员并列为社区语言文化建设的三大主体。

2. 实现高校社区语言环境、语言行为、语言制度和语言文明建设的同步发展

社区语言环境的净化、美化，有助于潜移默化优化社区居民的语言行为；社区语言制度的完善、执行到位，有助于社区居民的语言行为得到有效的指导、引导；当语言文明已经内化到社区各个主体的观念之中，成为每个人的精神追求，那么，就会有更多的人自发、积极地参与到社区的语言环境、语言行为、语言制度建设之中，随着这方面建设的成效不断显现，社区的语言文明程度也会得以提升，四个方面的建设进入一个互相推进的良性循环状态。

（1）规范社区语言景观，建设优美语言文字环境

社区居委会在语言景观建设过程中，既要保证用语规范得体，又要发挥创

新与求变精神,适当提升用语的亲切性与可读性。此外,社区还应主动对社区成员构成开展调查,以此作为语言选择与使用的依据,不断促进社区语言景观的完善发展。

尤其需要关注的是,要对进入社区的各类广告进行监管,定期清理社区内用语失范的广告,对恶俗广告进行有效治理。

（2）通过丰富多样的语言文化活动,吸引社区成员广泛参与

在不受外部因素干扰的情况下,社区语言文化举办频率、活动内容的多样性,与成员参与积极性呈正相关性。语言文化活动的开展对社区成员具有多重积极作用。除发挥调动社区成员参与积极性与主动性的基础性功效外,活动内容的特殊性和针对性还有利于培养社区成员的语言平等意识,增进不同主体之间的语言、文化亲密性,对社区和谐语言生活的建设发挥着基础性和主体性作用。

为此,一方面要不断丰富和创新语言文化活动内容、形式,另一方面还应考虑到活动频率、服务对象范围等问题。首先,在活动举办频率上,两次活动间隔期过短或者过长都不适宜,活动间隔期过长,会削弱社区成员的参与热情和期待；间隔期过短,则容易降低语言文化活动的新鲜感。其次,社区居委会应充分动员社区内的中青年群体与外来成员参与到社区活动中来,以改变活动参与主体失衡的现象,社区居委会可在考虑中青年群体兴趣与语言需求的基础上,创新活动形式与内容,特别是对社区中的外来成员以及新进入的人员,社区居委会可通过主动邀请、鼓励参与的方式表现出热情、友好的态度,使其形成对社区的归属感与认同感,这对于社区和谐语言生态的建设是非常重要的。

（3）培养当地居民的语言包容意识,强化外来居民的归属感和认同感

受社区治理团队专业性不足、语言文化意识薄弱等因素的影响,一些社区对普通话作为国家通用语言的重要性和作为交流工具的通用性认识不足,存在普通话推广形式单一、表面化、程序化等问题。地缘意识、文化差异、收入对比等因素也在一定程度上催生了语言优越感或者说语言歧视现象,而这种现象往往以隐性的方式存在于各类交际主体之间。久而久之,语言沟通障碍从语言本身质变至心理层面,进一步加剧语言沟通难题。因此,社区在合理有序推进普通话推广工作的同时,要合理配置各类语言资源,处理好普通话与方言、当地语言与外来语言的关系,促进语言平等、有序、和谐发展。

社区居委会要为当地居民和外来居民尽可能地提供、创造互动条件,通过

组织活动的形式增进语言与情感的接触和共鸣,以此促进社区和谐语言环境的生成。

3. 企业、媒体积极承担语言文化传播责任

随着"中国汉字听写大会""中国成语大会""中国诗词大会"等以宣扬中国传统语言文化为主旨的活动的兴起以及"见字如面"与"朗读者"等朗诵类节目的火热,对文化及中华文字传播起到了积极的促进作用。这些节目的参赛人员年龄跨度大,来自各行各业,节目参与门槛低,群众性强。为此,社区应组织、鼓励具有语言文字功底或者爱好语言文字的社区成员积极参与,亦可借鉴节目形式组织类似主题活动,以培养社区成员的语言文化意识,提高成员的语言文化素质。就企业而言,尤其是文化企业,可通过组织公益或者商业演出的方式进驻社区,扩大公众的语言文化接触与学习机会,以此实现培养和满足公众语言文化需求,传播中国传统文化的目的。媒体也可深入社区,探寻、发现民间具有语言文化才能或特殊见解的人士,通过拍摄纪录短片、撰写专题报道等方式予以宣扬,以此激发社区成员的参与热情与学习主动性。

语言作为文化的重要载体,是社区集体记忆的完整映照和表达。社区内橱窗、展板、公告栏、规章制度等的内容阐释、表现和传播,以及社区居民之间、社区居民与社区管理者之间的沟通交流,无不以语言的形式影响着社区语言文化氛围的营造。良好的语言生态是社区实现文化主体性和多样性的重要保障,也是培养社区意识,实现文化目标趋同的重要基础。构建和谐的语言生活是当代城市建设中的一项重要课题,需要社区治理团队、社区成员、高校、企业、媒体等多方力量的积极、协同参与。唯有此才能实现语言文化的全面、协调和可持续性发展,为社区乃至社会的和谐语言生活建设提供有力保障与持久动力。

(白 杰、李 艳)

北京市小学生口语交际能力现状调查

小学阶段作为学习语言的最佳时期，也是儿童语言能力发展的关键阶段。如果不在这一阶段做到有效地培养，问题就会接踵而至。因此，有效提升小学生口语交际能力是社会急需关注的问题。

在当前的研究中，关于小学生口语交际的研究多为普遍意义上的教学策略，而对小学口语交际能力现状的研究非常少。因此本选题遵循"查阅文献——调查现状——分析现状——提出对策"的研究思路，通过调查北京小学生口语交际能力的现状，为更好地培养、提升小学生口语交际能力提出对策建议。

一 调查设计

为最大程度保证调查的科学性，本次调查内容均与语文课程标准的相关要求紧密结合。本次调查分为能力现状和问题产生原因两个方面。其中，对小学生口语交际能力现状的调查围绕观察法、问卷法展开，以访谈法探究影响口语交际能力的因素。

1. 调查内容的设计

（1）观察口语交际活动

2011年《全日制义务教育语文课程标准（实验稿）》提出，"口语交际"的目标和要求是"培养学生倾听、表达和应对的能力，使学生具有文明和谐地进行人际交流的素养"。从课程标准的表述中可以看出，学生的口语交际能力包括倾听能力、表达能力与应对能力。

结合口语交际能力的三大要素，对小学生的交际活动进行观察，如课堂上的交际教学与课后的交际行为，对观察期间学生的倾听表现、表达表现以及交流应对表现进行记录，如条理性、表情与语气、双方沟通情况等，综合考查学生真实的口语交际水平，进一步探究小学生的口语交际能力水平。具体的维度与内容如表1所示：

表1 观察维度

倾听能力	倾听语音、辨别语义、倾听态度等
表达能力	普通话的运用、条理性、规范性、连贯程度、方式等
应对能力	交际双方理解、观点与回答、策略运用等

（2）编制调查问卷

本研究所编制的《关于北京市小学生口语交际能力现状的调查问卷》为封闭式问卷，所包含的15道题目遵循了由易到难的原则，同时，根据不同学段的学生特点，设计了符合小学生特点和水平的问题。为体现科学性，紧密结合语文课程标准要求，在观察维度的基础上，增加了对学生口语交际活动认知情况的考察，即问卷包括交际活动认知与倾听能力、表达能力、应对能力的自我评定四个方面。

（3）设计访谈提纲

为深入了解教师教学与日常生活环境对小学生口语交际能力培养的影响情况，在问卷调查的同时，还设计了对教师与家长的访谈，以探讨影响北京市小学生口语交际能力的因素。

对教师的访谈主要包括对学生口语交际能力现状的看法、对口语交际教学的认知程度、口语交际的教学内容与形式选择、授课时间安排、理论知识储备等，对家长的访谈主要考察家长平时对孩子口语交际的重视程度等。通过对教师、家长的访谈，进一步了解小学口语交际教学实施现状以及教师的想法，家长与家庭环境对儿童口语交际能力的培养是否存在影响等。

2. 样本构成

本研究以首都师范大学7所附属小学及清华附小、人大附小、中关村二小、中关村三小、北师大附小、海淀民族小学共13所小学不同学段学生为主要调查和观察的对象。在所选取的小学中按照学段分布，随机抽取班级，向学生发放问卷355份，收回有效问卷346份。问卷由教师发放给学生，当天收回，问卷采用匿名形式。此外，每校选取一个班级进行观察，并访谈所观察班级的小学语文教师及学生家长共50名，以了解教学与生活环境对于小学生口语交际能力的影响。

表 2 样本构成

学校名称	所在区	调查学段	问卷数量	教师访谈数量	家长访谈数量
首师大附小四季青校区	海淀区	第一、二学段	40	2	1
首师大附属云岗小学	丰台区	第二学段	39	3	2
首师大附属朝阳实验小学	朝阳区	第二学段	42	5	1
首师大附属房山小学	房山区	第一学段	0	3	2
首师大附属良乡实验学校	房山区	第三学段	35	3	0
首师大附属顺义实验小学	顺义区	第二学段	40	2	0
首师大附属实验小学	海淀区	第一、三学段	38	1	3
清华大学附属小学	海淀区	第二学段	35	3	1
人民大学附属小学	海淀区	第三学段	0	2	1
中关村二小	海淀区	第一学段	37	4	1
中关村三小	海淀区	第二学段	40	3	2
北京师范大学附属小学	海淀区	第三学段	0	2	0
海淀民族小学	海淀区	第三学段	0	3	1
合计			346	35	15

二 调查结果分析

1. 问卷结果

结合问卷实际数据进行统计、分析，对北京市小学生口语交际能力的现状与问题产生了一定的认识。

（1）对口语交际的认知情况

表3主要探究小学生对口语交际的认知情况，可以看到，对于口语交际能力是否重要这一问题，超过90%的学生都对掌握口语交际能力的重要性持肯定态度，只是程度有所不同。第二、三个问题是针对学生在校学习口语交际课展开的，有42.20%的学生十分喜欢上口语交际课；30.35%的学生比较喜欢；27.46%的学生不喜欢口语交际课，原因在于内容枯燥、缺乏接触交际训练；有的学生甚至对口语交际课的概念都不清晰。专门的口语交际教学部分存在于教材每单元后的语文园地中，但是大多数的学生对此都不太关注。虽然有的班级中，教师会针对口语交际部分组织专门的教学活动，但是对相应部分的教材内容挖掘不深，使得学生对口语交际活动理解不深刻。

表3 小学生对口语交际的认知状况

维度	问题	选项	人数	所占比例（%）
认知状况	1.你认为掌握口语交际能力十分重要	非常符合	257	74.28
		比较符合	67	19.36
		不太符合	19	5.49
		不符合	3	0.87
	2.你十分喜欢上口语交际课	非常符合	146	42.20
		比较符合	105	30.35
		不太符合	29	8.38
		不符合	66	19.08
	3.你会认真阅读语文园地中的口语交际内容	非常符合	58	16.76
		比较符合	97	28.03
		不太符合	153	44.22
		不符合	38	10.98

（2）倾听能力

倾听是小学生作为交际活动的听话者身份所进行的行为活动，该能力作为口语交际能力的重要组成部分，是交际双方沟通的重要基础，但通过前期观察可以看出，小学生的倾听能力不容乐观。这部分调查包括三个题目，主要是针对小学生的倾听意识与表现进行调查。

表4 小学生倾听能力调查数据

维度	问题	选项	人数	所占比例（%）
倾听能力	1.与别人交流时，你能够认真、耐心地倾听，不插话	非常符合	51	14.74
		比较符合	65	18.79
		不太符合	192	55.49
		不符合	38	10.98
	2.与别人对话时，你总是能够听清对方话语，了解说话人的主要观点	非常符合	96	27.75
		比较符合	174	50.29
		不太符合	36	10.40
		不符合	40	11.56
	3.在倾听时进行目光交流，你会用目光给予赞同、疑问等反馈	非常符合	27	7.80
		比较符合	105	30.35
		不太符合	126	36.42
		不符合	88	25.43

对回收到的有效问卷进行统计，发现对于第一个问题，即关于小学生是否

可以在交流时认真耐心地倾听,其中 14.74% 的学生肯定地认为自己在与人交流时能够认真、耐心地倾听他人讲话,做到不插话;但是超过 66% 的学生对此持不同程度的否定观点,认为自己平时与人交谈中很少做到认真倾听,存在着倾听态度问题,这与课堂观察结果一致。第二个问题设置的目的是为了调查小学生是否可以听清楚别人讲话,能够在交谈中把握住对方话语的主要内容,不难看出,学生对此还是比较肯定的。其中 27.75% 的学生认为自己很容易理解他人话语;50.29% 的学生认为自己常常能够听清他人的表达,理解对方意图;或因交际场景不熟悉,仍有 21.96% 的学生难以了解说话人的主要观点。第三个问题围绕倾听过程中是否存在目光交流展开,通过对问卷数据的比对,可以看出大多数学生在倾听时较少进行目光交流。

在交际活动中,倾听是关键一环,但在现实中却往往被人所忽略。此外,通过观察,不难发现多数小学生虽然意识到要注意倾听态度的养成,但是在行为上却又出现偏颇,难以集中注意力,不认真倾听的现象仍然较为普遍。即使一些小学生具有一定的倾听意识,也会出现抓不住话语重点词的情况。

（3）表达能力

除了倾听能力外,表达能力也是学生口语交际能力的重要体现。表达能力部分的调查包括五个题目,主要围绕学生参与态度、表达行为等具体情况展开调查。

表 5 小学生表达能力调查数据

问题	选项	人数	所占比例（%）
1.小组讨论时,你能够积极主动参与,乐于表达自己	非常符合	189	54.62
	比较符合	89	25.72
	不太符合	37	10.69
	不符合	31	8.96
2.在与人交谈时,你可以有条理地清晰表达自己的观点	非常符合	75	21.68
	比较符合	126	36.42
	不太符合	101	29.19
	不符合	44	12.71
3.思考后能连贯地表达,较少运用"嗯""啊"等词停顿	非常符合	25	7.23
	比较符合	66	19.08
	不太符合	143	41.33
	不符合	112	32.37

通过问卷调查，可以看出北京市小学生的表达情况是较为乐观的。表达能力调查部分的第一个问题探究了小学生参与讨论与表达的积极性情况，如表5所示，相对而言，超过80%的学生都是愿意参加讨论和表达自我的，只有8.96%的学生或因不自信等因素导致在小组讨论时不愿与大家一起交流意见；大多数小学生在与人交谈时，能够比较有条理地清晰表达自己的观点；不过，在表达的连贯性方面，只有7.23%的学生在表达时较少停顿，近93%的学生在说话时会出现不同程度的停顿，话语表达的连贯性有所欠缺。

这也与观察结果相一致，在所观察的口语交际课中，大多数教师都能够给予学生说的机会。但是在规定的时间内表达自己的看法时，他们往往站起来后思考着要说的话语，表达得断断续续，而且话语的条理性和完整性也有所不足，也有小部分学生站起来进行交流时略显紧张，难以表达自己。

为了调查学生在不同场景下表达方式的变换问题，本题设计了一个商讨的情景：在朋友不认同你的观点时，你会选取什么做法。如表6所示，其中，43.64%的学生会重新整理思路，转换另外一种对方可以接受的表达方式；28.03%的学生会选择不加以思考，重复之前所说的观点，是一个再次强调的态度；19.65%的小学生在面临这种情景时，过于着急陈述自己的观念，而忽略了对方的态度和看法，未遵守交际中的礼貌原则；还有8.67%的学生选择不再与对方一起商讨，减少双方的交流。通过这一题可以看出大多数的学生会在一定的场合和情景中，注意到自己的表达方式，采取一个积极的态度来获得对方的理解和认同。

表6 对小学生表达方式的调查

问题	选项	人数	比例（%）
当朋友不认同你的观点时，你会怎么办？	整理思路后，重新转换表达方式	151	43.64
	不加以思考，重复之前所说的观点	97	28.03
	着急陈述自己观念，不关注对方的态度	68	19.65
	不再与朋友一起商讨	30	8.67

（4）应对能力

本部分主要包括四个问题，主要考查学生在不同交际场合里对象意识与交际策略的掌握程度。围绕交际场合和对象展开，学生们大多可以依据不同的交际场合和交际对象选取更适宜的表达方式，在轻松的日常交流中，学生们容易进入交际状态，话语表达得更为自由，但当面对辩论比赛时，则更注重表达的正式感和逻辑性。

表7所示的问题是围绕特定交际场景展开，角色扮演是教师常用的教学形式，也是帮助学生理解与内化课文的方法之一，是融入理解与表达的再创作。通过调查发现，当扮演课文中的人物进行角色表演时，有42.77%的学生比较快进入角色，表演时稍依赖课文原文。大部分学生表演时虽需稍依赖课文，但进入角色能力较好；有25.14%的学生可以很快进入角色，用自己的话进行表演。这部分学生在进入角色的应对能力和表达能力上都相对较好；有23.70%的学生进入角色较慢，需完全记住人物的话语后再进行表演，有8.38%的学生非常不适应角色扮演，自己难以清楚表演出来，体现出交际应对能力有所不足。

表7 小学生交际策略的了解与运用调查

问题	选项	人数	比例（%）
当扮演课文中的人物进行角色表演时，你通常表现为以下哪种？	很快进入角色，用自己的话进行表演	87	25.14
	比较快进入角色，表演时稍依赖课文原文	148	42.77
	进入角色较慢，完全记住人物的话语后再进行表演	82	23.70
	非常不适应角色扮演，自己难以清楚表演出来	29	8.38

三 问 题

1. 学生的倾听能力急需提高，交际技巧有待提高

通过对课堂和课下的观察并结合调查问卷分析，可以看出，随着学生年龄增长，小学生的口语交际能力整体逐渐增强。其中，较之倾听能力和应对能力，表达能力呈现出显著进步；学生们能够正确运用普通话，表达时的逻辑性与条理性有所加强，话语较为连贯和规范，不过，还存在表达不够精细的问题；应对能力的发展虽不如表达能力显著，但大部分学生能够转换交际角色，在特定语境下表达自己并理解他人话语；尤为需要关注的是，学生的倾听能力急需提高，大部分小学生的倾听意识虽然得到了加强，但在他人说话时往往急于表达自己，或在倾听过程中存在具体语义辨别方面的困难。

在语境能力和语用能力方面，部分学生缺乏有效的交际技巧，不能在不同的交际场合中选取合适的交际话语进行表达。

2. 教师尚不能正确、有效地引导、组织、评价学生的交际活动

许多教师对交际相关的理论知识掌握不足，而且，每位教师对交际能力的认识有所不同，对学生交际能力的强弱没有相应的判断与评价准则。2011年版的课程标准明确指出"口语交际是听与说双方的互动过程"，强调互动的特点，要求学生具有适应语境的能力。但在实践中，教师们常常认为课堂中的看图说话、听说活动就是口语交际，实际上，这是单向的表达而非交际活动，因此，导致教师们只关注到了学生的倾听能力和表达能力，对应对能力的培养有所忽略。

大多数一线语文教师们逐渐意识到了儿童口语交际能力发展的重要性，但是由于课时紧张等现实问题，有些教师就不会花费与识字、阅读、写作同等的时间，主动对小学生进行专门的口语交际训练，导致学生口语交际能力发展相对缓慢。

3. 家长对倾听和应对能力在口语交际中的重要性缺少足够的认识

家长对口语交际的认识也多停留在表达这一层面，对倾听和应对能力没有一定的认识，这也是导致儿童倾听、应对能力较弱的重要原因。60%的家长比较注重丰富儿童的经验，能够主动地帮助儿童与其他社会个体进行交流，通过上口才班、演讲班等形式培养儿童的表达能力。在日常生活中，大多数家长不会刻意去教孩子跟不同年龄、不同身份的人进行口语交际时注意语气、表情和礼貌词语的运用，只是会在合适的时机向儿童灌输一些。对于其他涉及因素，家长们一致认为除了自身家庭的影响，更需要教师在教学中引导。

四　建　议

虽然教师和家长已逐渐开始关注口语交际能力的培养，但在培养儿童口语交际能力中还存在着重视程度不高、理论知识缺乏、科学认识不够、教学时间不足、教学方法简单等亟待解决的问题。为此，要注重形成学校、家庭、社区等多方合力，为小学生创造丰富的交际机会与良好的交际氛围，积极探索，形成符合小学生特点的口语交际教学方式。

1. 培养小学生倾听能力，提升语境能力及语用能力

教师应重点培养学生的倾听能力，加强单独的听话训练，如可让学生填写所听到的词语。另外，教师和家长也要时刻注重引导儿童学会倾听他人意见，并能够自己有意识地观察和积累不同场合、不同交际对象口语交际的技巧。主要策略有：行为示范或典型故事引导，明确倾听的重要性，从而学会表达与应对，让交际者明确口语交际的价值和妙处所在，鼓励儿童在具备表达意愿的基础上学会倾听、表达与交流。

2. 重视培养小学生口语交际能力，提高教师的口语教学能力

虽然教师和家长已逐渐开始关注小学生口语交际能力的培养，但目前家庭与学校在培养儿童口语交际能力中的作用尚未得到充分发挥。因此，要注重在学校、家庭、社区之间形成合力，为小学生创造丰富的交际机会与良好的交际氛围。

同时，还要注重提高教师的口语教学能力。目前，教师对学生口语交际表现的评定缺乏规范，应结合课程标准要求与交际活动相关原则，增添并具化现有的评价体系，设计出系统、合理的学生口语交际能力评价量表，让教师知道该从哪些方面进行具体评价，帮助教师明确教学切入点，从而使学生有效提高自身的口语交际能力。

3. 丰富教学方法，激发学生兴趣

注重积累口语素材，丰富学生的说话内容。口语交际是日常交流的主要方式，交流的内容不止局限于语文学科本身，也会有其他跨学科知识的参与，这也是综合性学习的体现。因此，教师和家长需指导儿童仔细观察日常生活，发现生活中的小细节，丰富说话内容。同时，教师也可鼓励学生在阅读中积累丰富的词汇，丰富学生的口语素材。为学生提供表现的机会，尽可能让每一个孩子都有交际的机会，如将交际活动贯穿于教学中、将口语交际融入课堂提问与交流中，这不仅仅是让学生分组讨论、表达意见，还为学生营造一种良好的交际氛围，让学生相互交流信息，敢于提问，敢于回答。

改善教材中口语交际模块内容，力求符合生活实际。由于教材中的口语交际内容过于儿童化，使轻松活泼的口语交际课缺少了与实际生活的联系，导致课堂变成了一节说话课。课堂死板，学生缺乏交际欲望。因此，在口语交际模块的编写上，应该凸显口语交际的本质，多设置贴近生活实际的情境，要具有实用性，关注学生的交际形式，多涉及"人际"的内容，让学生有话可说，激发学生的交际兴趣，充分重视学生的语用体验，在交际活动过后，依托具体交际内容，教师应及时给予有效评价。

（张艳玲、王玉伟）

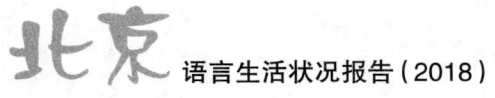

北京城六区小学童谣传承状况调查[*]

北京童谣以口头文字形式记录下了北京每个历史时期的事件、民情、民意，从中可以看到社会的变化、时代的发展以及与人们生产、生活的联系。

现流传下来的北京童谣有 1300 余首，主要分布在北京市东城区、西城区及朝阳区。西城区宣武师范学校附属第一小学收集编写出校本课程《北京童谣》，将礼仪知识编成童谣，录入教材，在每周一节的礼仪课堂上教、学、传、唱，该校学生在老师的带领下，学习童谣，吟诵童谣，感受童谣，创编童谣，取得了一定的成效。在西城区内，与宣武师范学校附属第一小学有共建学科、课程交流的几所小学也陆续将北京童谣纳入课程体系中，并将采用《北京童谣》作为课程教材。但整体来看，目前北京童谣在小学课程中的普及程度仍然不高，现北京城六区只有两所小学将其列入日常课程中。

为了解目前北京童谣在儿童中的传承状况，笔者以北京城六区部分小学的学生及语文老师、教务处老师为对象进行了调查，具体方式为每区选择一两所小学，每所小学在低年级、高年级各选取三四个班，每所小学选择一两位老师，通过问卷调查与访谈，调查小学生对北京童谣的了解情况、熟知程度以及小学师生对北京童谣进课堂的看法。

一 调 查

调查中，了解到宣武师范学校附属第一小学已经将北京童谣作为一至六年级学生的基础课程，每个班一周两课时；西城区黄城根小学也已经将北京童谣作为课外兴趣活动课程，学生可自主选择。

1. 对小学低年级学生的调查

西城区的上述两所学校均有北京童谣的相关课程及课外活动普及教育，因此，

---

[*] 北京城六区指东城区、西城区、朝阳区、海淀区、丰台区和石景山区。

这两所学校的低年级小学生都明确知晓北京童谣这个概念，并且所了解、掌握、会背的童谣数量多，类型丰富。值得关注的是，小学生们会背诵的大多数童谣都是通过学校教学习得的，在家庭教育中学习到的童谣数量很少。此外，这两所学校的大多数学生都希望北京童谣的相关课程能够继续开展下去，并希望能够有更丰富的关于北京童谣的课程活动，如观看视频、做游戏、开展小组活动等。

其余五城区的6所学校中，低年级学生中听说过北京童谣这个概念的人数则非常少，但能够说出一些耳熟能详的北京童谣的学生接近半数，习得途径多为电视媒体，通过学校、家庭学习获得的童谣数量很少，学生的父母、祖父母在日常生活中几乎不会说北京童谣。此外，大多数学生对北京童谣表现出浓厚的兴趣，希望以日常课程或课外活动的形式让北京童谣进入课堂。

本次调查在西城区两所小学分别抽取一至三年级各3个班的学生进行调查，其中，宣武师范学校附属第一小学276人，黄城根小学282人。

表1 西城区两所小学低年级学生调查统计

学校	了解北京童谣概念 人数	占比（%）	通过学校习得北京童谣 人数	占比（%）	通过家庭习得北京童谣 人数	占比（%）	希望继续开设相关课程 人数	占比（%）
宣武师范学校附属第一小学	276	100	270	98	11	4	270	98
黄城根小学	282	100	273	97	14	5	279	99

在其他五城区的6所小学分别抽取一至三年级各3个班，共对54个班学生进行调查。其中，东城区汇文第一小学283人，东城区景泰小学294人，朝阳区白家庄小学276人，海淀区二里沟中心小学299人，丰台区右安门第一小学302人，石景山区实验小学288人。

表2 其他五城区小学低年级学生调查统计

学校	了解北京童谣概念 人数	占比（%）	通过媒体传播习得北京童谣 人数	占比（%）	通过家庭习得北京童谣 人数	占比（%）	希望开设相关课程 人数	占比（%）
东城区汇文第一小学	17	6	90	32	11	4	277	98
东城区景泰小学	14	5	73	25	14	5	291	99

（续表）

朝阳区白家庄小学	8	3	30	11	5	2	267	97
海淀区二里沟中心小学	12	4	54	18	9	3	284	95
丰台区右安门第一小学	18	6	75	25	6	2	299	99
石景山区实验小学	17	6	69	24	5	2	279	97

2. 对小学高年级学生的调查

在西城区的两所小学分别抽取四至六年级各3个班，共对18个班学生进行调查。其中，宣武师范学校附属第一小学共281人，黄城根小学共297人。

与低年级情况相似，宣武师范学校附属第一小学及黄城根小学这两所西城区学校的高年级学生都明确知晓北京童谣这个概念，同时几乎所有学生都知道北京童谣是国家级非物质文化遗产。他们主要是通过课程教育或课外活动学习了数量较多、种类丰富的北京童谣；在家庭教育中习得北京童谣的数量较少；绝大多数学生希望北京童谣的相关课程能够继续开展下去，并希望能够有更丰富的关于北京童谣的课程活动，如编写童谣、开展北京童谣知识竞赛、与父母或者祖父母一起学习北京童谣等。

表3　西城区两所小学高年级学生调查统计

学校	了解北京童谣概念 人数	占比（%）	知晓北京童谣是国家级非物质文化遗产 人数	占比（%）	通过学校习得北京童谣 人数	占比（%）	通过家庭习得北京童谣 人数	占比（%）	希望继续开设相关课程 人数	占比（%）
宣武师范学校附属第一小学	281	100	281	100	278	99	22	8	278	99
黄城根小学	297	100	294	99	291	98	14	5	297	100

在其他五城区的6所小学分别抽取四至六年级各3个班，共对54个班学生进行调查。其中，东城区汇文第一小学288人，东城区景泰小学298人，朝阳区白家庄小学285人，海淀区二里沟中心小学306人，丰台区右安门第一小学304人，石景山区实验小学294人。

在6所学校中，高年级学生中听说过北京童谣这一概念的约占调查学生总数的一半左右，比例平均高于同校低年级学生；能够说出一些北京童谣的学生占比约70%，他们习得北京童谣的途径多为大众媒体，在家庭教育中习得所占比重很小，父母、祖父母在日常生活中几乎不会说北京童谣；此外，约九成左右的学生希望以日常课程或课外活动的形式让北京童谣进入课堂，并希望能够以多样、有趣的课外作业作为课程平时成绩的考核方式。同时，大部分的学生听说过非物质文化遗产的相关知识，但其中知道非物质文化遗产具体准确概念的很少，知道北京童谣是国家级非物质文化遗产则更少。

表4　其余五城区6所学校高年级学生对北京童谣相关问题的调查结果

学校	了解北京童谣概念 人数	占比（%）	知晓北京童谣是国家级非物质文化遗产 人数	占比（%）	通过媒体传播习得北京童谣 人数	占比（%）	通过家庭习得北京童谣 人数	占比（%）	希望学校开设相关课程 人数	占比（%）
东城区汇文第一小学	132	46	0	0	187	65	20	7	270	94
东城区景泰小学	164	55	3	1	179	60	12	4	277	93
朝阳区白家庄小学	159	56	6	2	162	57	17	6	251	88
海淀区里沟中心小学	128	42	6	2	98	32	9	3	281	92
丰台区右安门第一小学	188	62	0	0	70	23	12	4	252	83
石景山区实验小学	170	58	0	0	159	54	6	2	276	94

由上可知，高年级学生对于北京童谣的理解相比低年级学生更深入一些，不仅停留在有趣、好玩的层面上，更多的是希望通过课程学习到更多的知识，和同学、家人多多地进行交流。调查显示，已经有一部分学生知道并了解非物质文化遗产的相关信息和知识，但人数不多，了解也不够深入。

二　问　题

1. 目前小学生课业任务较重，新增北京童谣相关课程尚面临困难

在访谈中，西城区黄城根小学的语文老师认为目前学生课业紧、老师的教学任务重，"非遗"传承在学校真正开展面临一些实际困难，因此，该校仅把北京童谣作为供学生选择的课外活动，没有将其纳入学生的基础课程表中。要想真正把北京童谣作为学生的日常基础课程、作为一门必修课开设，让孩子们能够成为非物质文化遗产的保护人与传承人，还需要学校重视北京童谣进课堂工作，对整体教学工作统筹安排，能够在课程安排、时间分配上协调好北京童谣相关课程与其他课程的关系。同时，该项工作的开展也需得到学生家长的理解与重视。

2. 北京童谣诵唱传承人后继乏人，传承人进校园亟待建立绿色通道

北京童谣2008年被列入中国第二批国家级非物质文化遗产，作为一种口头传诵、传播并以此为基础实现传承的非物质文化遗产，传统的诵唱方式无疑也是保护与传承的重要方面。宣武师范学校附属第一小学的北京童谣课上曾邀请北京童谣"非遗"传承人牛玉亮为小学生们展示北京童谣的标准诵唱方法，很受学生们欢迎。但是，在访谈中，也了解到目前邀请北京童谣传承人进课堂面临着一些困难。首先是大多数传承人年事已高，但后继乏人，使得目前能邀请到的传承人数量较少；其次是从学校教学管理和相关制度方面，邀请传承人进课堂还具有一定难度。北京童谣传承人的传诵方式具有较强的地域特点，邀请他们为小学生进行面对面的讲授，这种讲课效果是难以替代的。因此，从学校方面来说，应为传承人进课堂建立绿色通道，并应看到传承人进课堂对于这一"非遗"项目保护与传承的重要意义；从城市文化、教育主管部门来说，还应着力推动年轻一代传承人的选拔与培养工作，同时，要加快对老一辈传承人口头吟诵音视频资料的采集，实施抢救性保护。

3. 适合小学生使用的北京童谣教材是开设课程的基础，教材编写有待推进

通过访谈北京城六区所选小学的语文教师，了解到目前在这些小学中将北京童谣作为基础课程，且有配套教材的学校只有一所，即宣武师范学校附属第一小学。该校语文教学主任介绍了这部教材的情况：学校对于北京童谣课程非常重视，专门请教相关学者，编纂出《北京童谣》课程用书，并且每学期都会与西城区各个小学进行校际交流。《北京童谣》这本教材对于该校北京童谣课程的教学开展有着十分重要的作用，学生可以非常直观地读、写、记忆教材上的知识；在课下，该教材也发挥了一定的作用，学生可以围绕课本与家长交流课上所学童谣。在调查中，该校的许多小学生也表示，有了课本，学习起来很方便，并且，课本中图片与文字相搭配，使每一课程单元都显得生动有趣。

教材是依据课程标准编制的、系统反映学科内容的教学用书，是课程标准的具体化。如若能将北京童谣编写为教材用书，无论是作为小学生的必修或选修课程，教材编写都是推动北京童谣保护与传承的一项重要的基础性工作。

三 对 策

1. 将北京童谣的保护、传承与改编、创作相结合

客观分析北京童谣在传承中面临的问题，发现制约童谣传承的瓶颈，并有针对性地寻找解决办法。比如，对于那些具有保护、传承价值，但由于时代变迁等因素，导致流传性减弱或者是其中部分内容对于今天的儿童来说难以理解、缺少趣味性的童谣，可以通过改编的方式，使其重新焕发活力。这项工作需要以对北京童谣的系统梳理、分类为基础，根据不同类别童谣的特点来确定哪些童谣适于改编以及采用什么方式改编、改编到什么程度等。

《过年谣》是一首流传很广的童谣，朗朗上口，记录了老北京的年俗，既易于理解、传唱，还具有一定的知识性："孩子孩子你别馋，过了腊八就是年；腊八粥，喝几天，哩哩啦啦二十三；二十三，糖瓜粘；二十四，扫房日；二十五，炸豆腐；二十六，炖猪肉；二十七，宰公鸡；二十八，把面发；二十九，蒸馒头；三十儿晚上熬一宿；大年初一满街走。"但相比之下，讽刺军阀混战的童谣的流传性则较弱一些："刀队、马队、洋枪队，曹锟要打段祺瑞；段祺瑞，没有人儿，一心要打张作霖儿；张作霖儿，瘸着个腿，一心要打吴小鬼儿；吴佩孚，没有枪，一心要打张宗昌；张宗昌，吊儿郎当，破鞋、破袜子、破军装。"但是，这一类童谣又记载了一段历史和当时民众的心声，可以将其改编得更适合当前儿童的接受习惯。

除了改编，还可以在遵循北京童谣押韵特点和形式简短、音节和谐、诙谐幽默等风格特征的前提下，创作富有时代特色的新童谣，从而实现在改编中保护、在创作中传承。

2. 着力发现、培养童谣改编与创作人才

比如高校相关专业可以发起童谣创作大赛，北京市语言文字主管部门可以每年向社会征集童谣作品，通过形式多样的活动，吸引社会各界关注参与童谣这一非物质文化遗产的保护和传承，发现和培养童谣改编、创作人才，使北京童谣真正产生旺盛的生命力。

3. 教师需要创新教学方式，把握小学生的认知特性来传承北京童谣

在访谈中，发现大多数语文老师对于北京童谣进课堂都持支持的态度，认为是非常必要的。如北京市海淀区二里沟中心小学的语文教师表示，北京童谣是能被小学生较容易接受的非物质文化遗产项目，学校教师应有意识地在课堂中、课外活动中让学生了解相关的知识并认识到非物质文化遗产保护与传承的必要性和意义。西城区黄城根小学的四位语文老师也认为北京童谣进课堂是非常必要的，会继续在课堂上、课外活动中以更加丰富的形式普及北京童谣的相关知识。

结合小学生的认知特性和北京童谣的教学特点，不仅仅要在校园内、课堂上学习，还应让孩子们有更多的机会去亲身走访、体验，开展多种形式的课外活动，激发他们的学习兴趣和传承使命感。如，朝阳区劲松三小曾组织六年级的小学生到潘家园旧货市场，听非物质文化遗产传承人介绍皮影戏、葫芦烫画、聚元号弓箭、料器、肖像泥人等。这次活动融文字、图片、实物展示和参与性为一体，让孩子们乐在其中，加深了他们对传统工艺文化的认识。这种兼具趣味性与知识性的活动方式，在北京童谣的保护与传承中可以借鉴。

童谣传承，可以与语文课教学相结合，也可以与校园文化活动相结合，还可以开发童谣 APP，利用互动新媒体，将知识性、趣味性融入童谣的习得之中，以符合儿童认知心理特性的方式，有效地实现童谣传承。

（张舒雨）

在京留学生课外语言生活调查

根据教育部2018年3月30日发布的信息，2017年共有48.92万名外国留学生在中国高等院校学习，规模增速连续两年保持在10%以上，其中学历生24.15万人，占总数的49.38%，同比增幅15.04%。北京、上海、江苏、浙江等11省市的来华留学生共计34.19万人，占总数的69.88%。教育部《2016年度我国来华留学生情况统计》显示，2016年北京市来华留学生人数为77 234人，北京2017年的来华留学生人数目前还没有统计显示，根据10%以上的增加率推算，2017年北京外国留学生人数至少8.5万人。[①] 关注这一群体的语言生活情况，了解他们的语言背景、语言使用、语言困难，有助于我们更有针对性地开展留学生工作，从而真正解决他们学习、生活中遇到的各种问题与困难，帮助他们更快融入在京的留学生活。

本次调研的主要对象是在京留学生，调查重点是在京留学生课外的语言生活情况，内容涉及留学生自身的语言情况、语言生活情况、社会环境对留学生生活的影响，以及留学生对社会语言环境的参与等，旨在发现留学生语言生活中存在的问题，提出有针对性的对策、建议，进一步提高留学生汉语教学水平，改善留学生语言生活，推动高校国际语言环境建设。

一 调查设计

1. 调查方法

本次调查采用问卷、半结构访谈及写作的方式。调查问卷参考《北京语言生活状况报告（2016）》中的《在京留学生语言生活环境调查》，主要以客观题形式呈现，以封闭式问题为主。调查问卷主要是汉语版本。在问卷设计完成后，曾对对外经济贸易大学的本科二年级留学生进行试测及访谈。留学生一致认为

[①] 目前2017年度北京市的来华留学生人数尚无官方数据公布。

题量略多，但是可以接受，他们身边亚洲、非洲的留学生居多，完成本问卷，汉语水平需要在中级以上，在调查问卷没有其母语版本的情况下，不需要专门准备英语问卷。

本次调查以线上和线下两种形式组成，通过各高校外事部门、学生组织等进行，涵盖了北京留学生较为集中的主要高校。

2. 样本构成

本次调查的304名受访人都是在北京高校就读的留学生，学生层次多（涵盖了短期进修、预科、本科以及研究生等各个层次），专业来源广（包括政、经、法等十多个专业），具有一定的代表性。

（1）学生的基本情况

所调查的留学生来自北京十多所院校，调查人数超过15人的学校包括北京语言大学、对外经济贸易大学、中央民族大学、中国石油大学、北京华文学院。留学生的专业来源广，除了传统的中文、汉语国际教育、华文教育外，还有国际贸易、石油工程、金融、工商管理等专业。从学生的性别比例看，女生占57%，男生占43%。留学生来自亚洲、非洲、欧洲、美洲20多个国家，其中所调查留学生人数超过15人的国家有韩国、泰国、哈萨克斯坦、土库曼斯坦、印度尼西亚。留学生的年龄在21—30岁的共244人，占全部人数的80.3%。学生中本科生182人，研究生77人，预科生14人，短期生14人，其他17人。这些学生中有221人住在校内的留学生公寓，占72.7%；在校外居住83人，占27.3%。

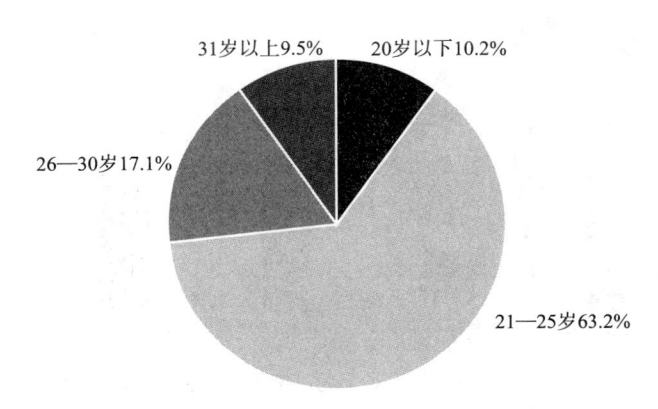

图1 调查对象的年龄情况

（2）学生的语言背景

学生的母语情况很复杂，包括朝鲜语/韩语、泰语、俄语、西班牙语、哈萨克语、尼泊尔语、日语、土库曼语、土耳其语、越南语、乌尔都语、阿拉伯语、印尼语、柬埔寨语、缅甸语、英语、法语、蒙古语等，具体如图2所示。

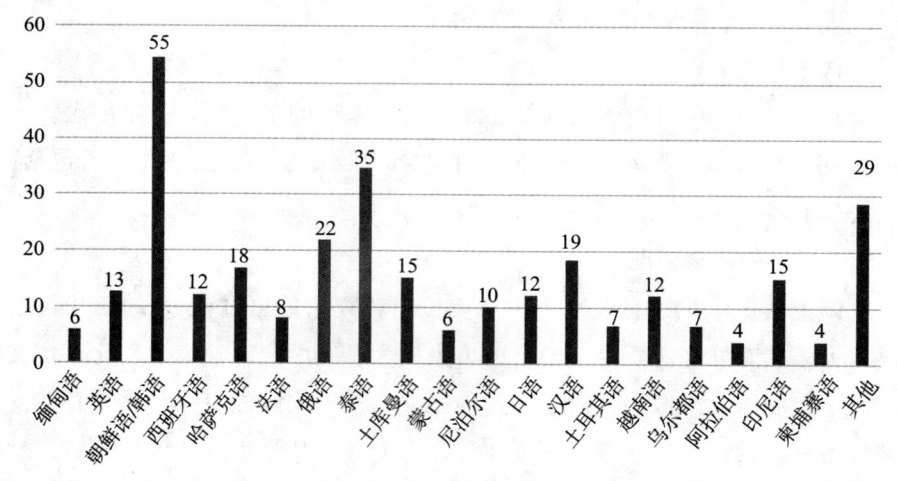

图2 调查对象的母语情况①

学习汉语的时间基本为1年以上，其中，学习汉语的时间在3年以上的有151人，占全部人数的49.7%，具体如图3所示。

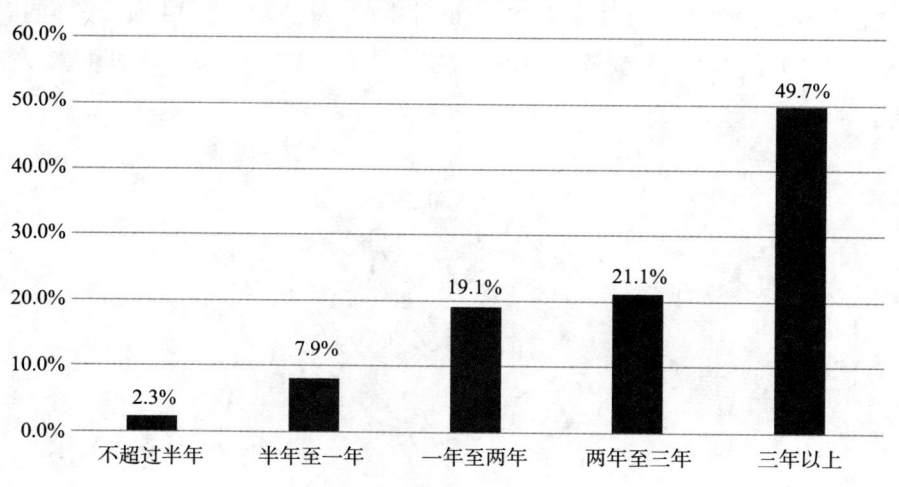

图3 调查对象的汉语学习时间

汉语水平基本在HSK四级以上的达285人，占全部人数的93.8%，具体如

---

① 调查中有5人填写了双母语，故此处数据总和为309。

图 4 所示。

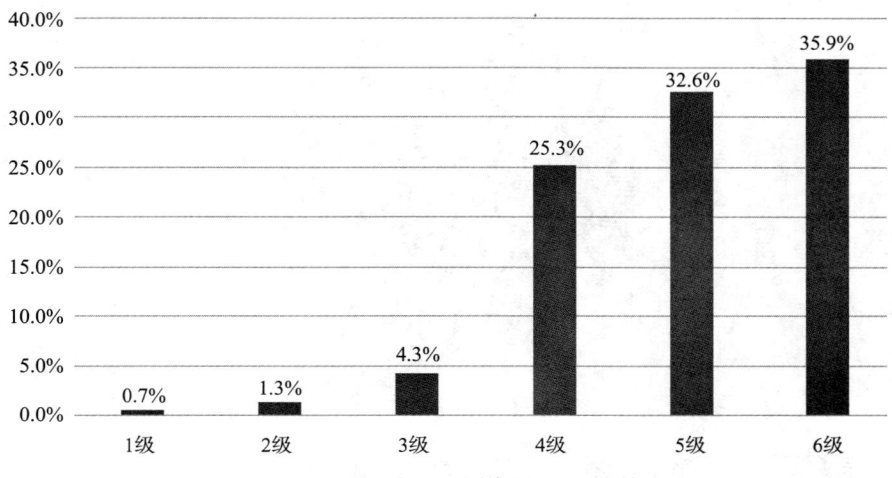

图 4 调查对象的汉语水平 HSK 成绩

61.8% 的留学生是从大学才开始学习汉语的，其次是从高中以及小学开始学习的，分别占 17.1%、15.8%，从初中开始学习的最少，具体如图 5 所示。

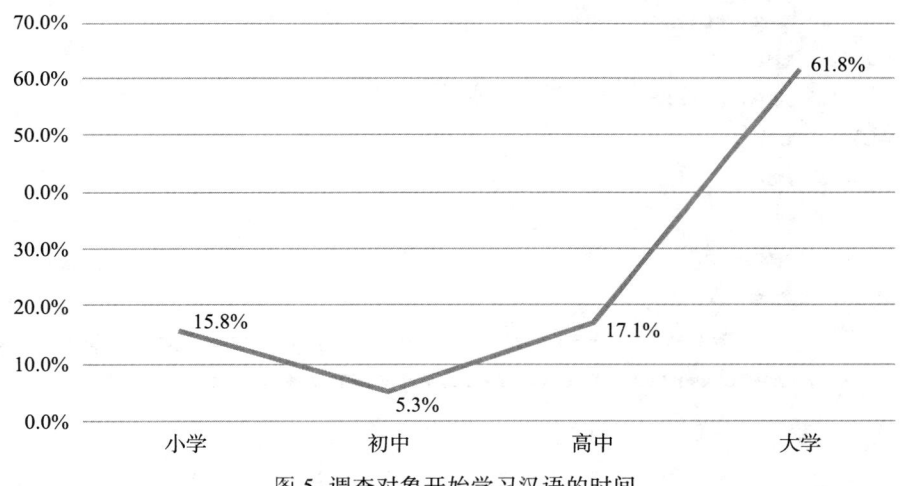

图 5 调查对象开始学习汉语的时间

认为自己汉语水平一般和较好的学生占全部人数的 72.7%，具体如图 6 所示。

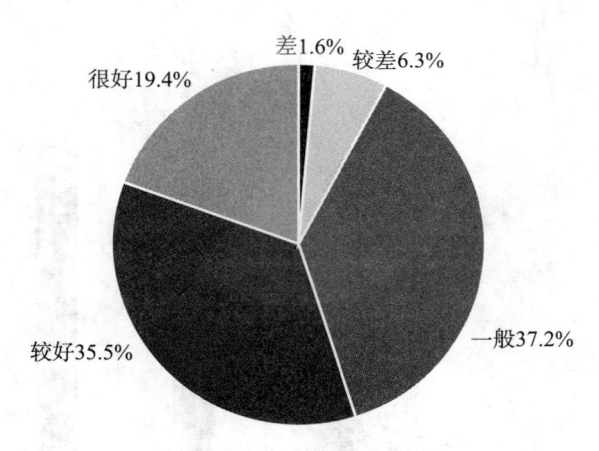

图6 对自己汉语水平的评价

除了母语,留学生一般还掌握汉语、英语、俄语、日语、朝鲜语/韩语、法语、西班牙语、德语、阿拉伯语及其他语言,其中英语、俄语、汉语较多,具体如图7所示。

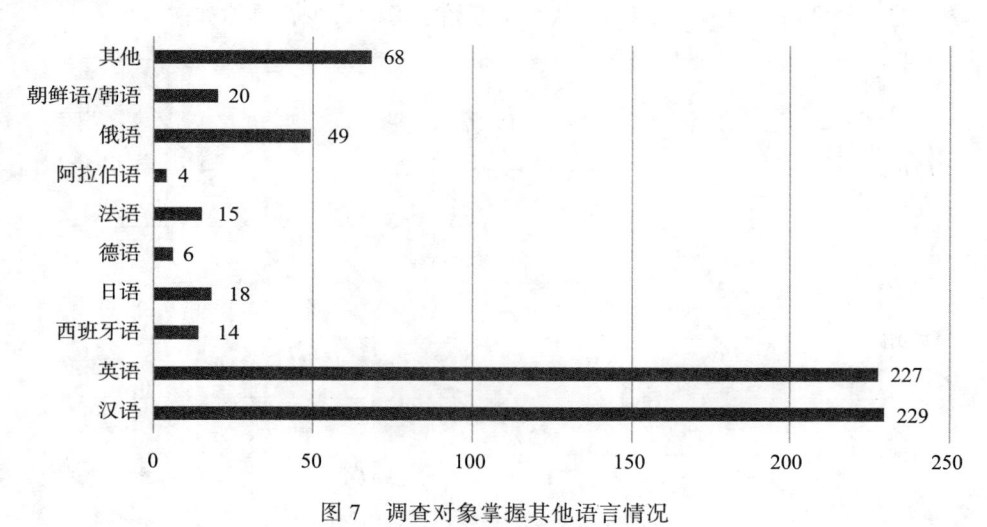

图7 调查对象掌握其他语言情况

二 调查结果分析

1. 母语使用情况

所调查的留学生中,认为身边有很多本国人,使用母语的机会很多的,有162人,占53.3%;身边本国人不多,但是仍然经常使用母语的有74人,占

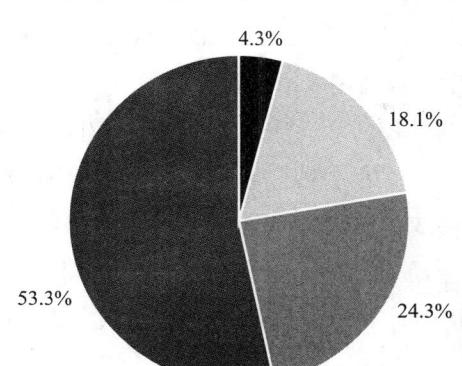

24.3%；身边没有本国人，基本或从不使用母语的有68人，占22.4%，如图8。

图8 留学生的母语使用机会

留学生会在与家人联系（226人，74.3%）以及与本国朋友聚会时（217人，71.4%）使用母语，在宿舍（124人，40.8%）、使馆（83人，27.3%）、学校（80人，26.3%）也会使用母语，具体如图9所示。

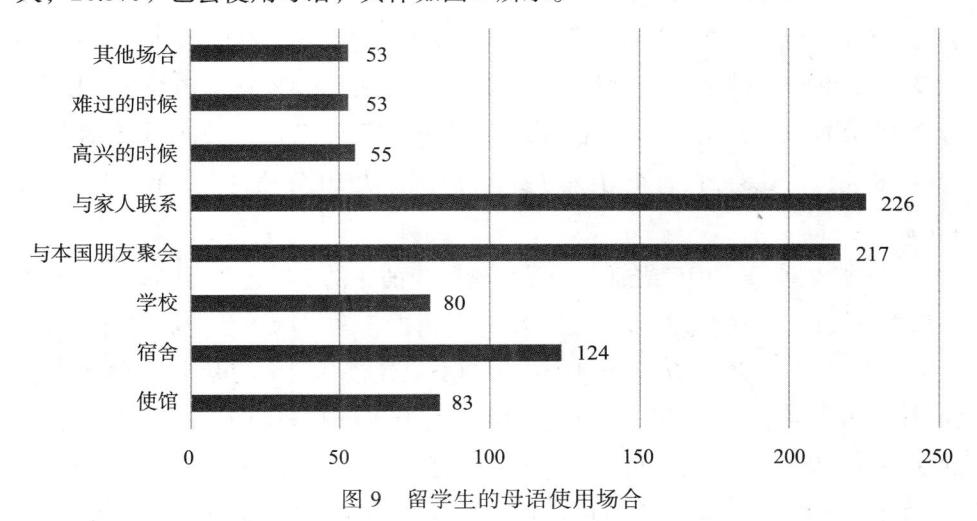

图9 留学生的母语使用场合

2. 汉语使用情况

（1）校内使用汉语的情况

①留学生使用汉语查找资料尚有一定困难。留学生一般用汉语在校园网查找资料，调查中有133人能用汉语很轻松查到想要的资料，占43.8%；110人有时会因为汉语水平有限而找不到资料，正努力提高自己的汉语水平，占36.2%；

有 27 人用汉语查找资料，经常会因为汉语水平的问题而找不到资料，占 8.8%；34 人用母语查找资料，占 11.2%。为此，校方应加强对学生使用汉语进行信息检索的培训，帮助留学生提高用汉语查找资料能力。

②留学生主动参与学校的活动比例较低。留学生主动参加学校为留学生提供的学术论坛、讲座等活动的比例不高。主动参加的只有 81 人，占 26.2%；偶尔参加的 150 人，占 49.3%；从来不去和只有在学校强制时才会去的共计 73 人，占 24.5%。认为这些活动学术用语太多、有语言障碍、听不懂的有 66 人，占 21.7%；认为内容太枯燥、不能引起兴趣的有 89 人，占 29.3%；没时间去的有 88 人，占 29.0%；错过、没有机会去的有 61 人，占 20.1%。校方应从活动内容和形式等方面改进，吸引留学生积极参与活动。

③大部分留学生没有参与汉语类学习社团。没有参加汉语学习社团的留学生有 204 名，占全部人数的 67.1%；参加了并经常活动的共计有 81 人，占 26.7%；有 19 人参加了相关社团，但是从不参加活动。大部分的留学生没有参加汉语学习社团也没有汉语语伴，想找但不知道途径的共计有 227 人，占 74.7%。大部分留学生有找汉语语伴的需求，但是他们不知道如何找，校方应为中外学生搭建沟通交流的平台。有语伴的留学生，与语伴练习的频率也不高。与语伴每天练习一小时以上的有 48 人，占 15.8%；每周练习三四次，每次 30 分钟以上的有 18 人，占 5.9%；每周练习一两次，每次 30 分钟以上的有 16 人，占 5.3%；每个月练习 1—3 次，每次 30 分钟以上的有 13 人，占 4.3%。

④留学生课余与中国老师、同学经常交流的比例不高。课余时间，经常与老师交流汉语学习的有 52 人，占 17.1%；有时会与老师单独交流汉语学习的有 177 人，占 58.2%，从未找过老师单独交流汉语学习的留学生有 75 人，占 24.7%。在与中国同学聊天情况调查中，89 人每天都会和中国同学聊天，占 29.3%；每周聊 3—5 次的有 103 人，占 33.9%；每月聊 1—3 次的有 85 人，占 28.0%；有 27 人从来不与中国同学聊天，占 8.8%。与中国同学聊天时，使用汉语的为 289 人，占 95.1%；英语 66 人，占 21.7%；俄语 10 人，占 3.3%；西班牙语 7 人，占 2.3%。留学生与老师的课余交流并不多，但是与中国同学用汉语进行聊天的比例比较高，应进一步鼓励留学生多与中国老师、同学用汉语进行交流。

表1 留学生校内使用汉语情况

序号	问题	回答	人数	比例（%）
1	用校园网查找资料时，用什么语言？如果用汉语，有没有因为汉语水平有限，导致查找不到资料？	用母语	34	11.2
		用汉语，很轻松查找到我想要的资料	133	43.8
		用汉语，有时会因为汉语水平而找不到资料，正努力提高自己的汉语水平并有计划	110	36.2
		用汉语，经常会因为汉语水平而找不到资料，但不知道该怎么提高自己的汉语水平	27	8.8
2	是否经常参加学校为留学生提供的学术论坛、讲座、活动？	经常参加	81	26.2
		偶尔去	150	49.3
		从来不去	37	12.2
		只有在学校强制时才会去	36	12.3
3	有参加专门学习汉语的社团么？参加活动的频率？	没有参加社团	204	67.1
		参加了社团，每天一次活动	16	5.3
		参加了社团，每周三四次活动	16	5.3
		参加了社团，每月一两次活动	49	16.1
		参加了社团，从不参加活动	19	6.2
4	你有固定的汉语语伴么？与语伴一起练习汉语的频率？	没有语伴	163	53.6
		想找语伴，但不知道途径	64	21.1
		每天练习一小时以上	48	15.8
		每周练习三四次，每次30分钟以上	18	5.9
		每周练习一两次，每次30分钟以上	16	5.3
		每个月练习1—3次，每次30分钟以上	13	4.3
5	在课余时间，是否找老师单独交流过汉语学习的情况？	经常与老师交流	52	17.1
		有时会	177	58.2
		从未	75	24.7
6	是否常常与中国学生聊天？	每天都聊	89	29.3
		每周3—5次	103	33.9
		每月1—3次	85	28.0
		从不	27	8.8

（2）校外使用外语及汉语情况

①大部分留学生可以使用汉语实现基本生活需求。留学生校外使用汉语情况，主要包括留学生日常生活、外出旅游、看病、寄信、办理银行业务以及公

务交流等方面。留学生在北京日常生活中，如买东西、旅游，主要使用汉语的有294人，占96.7%；主要使用英语的有80人，占26.3%；主要使用母语的有29人，占9.5%。个人生活，和朋友聊天、发个人邮件中更多使用汉语的271人，占89.1%；英语117人，占38.5%；母语101人，占33.2%；俄语34人，占11.2%。留学生基本可以用汉语实现基本需求，但我们仍应加强交通、旅游景点、医院、邮局等公共场所工作人员的汉语规范以及外语能力。

②留学生出行中仍存在着一定的语言困难。留学生外出时，完全可以听懂公交车乘务员报站的有116人，占38.2%；有时听不懂，但不影响出行的有142人，占46.7%；有时听不懂并影响出行，以及完全听不懂并影响出行的，共计有46人，占15.1%。对于旅游景点的路线标识，完全可以看懂的有158人，占52.0%；中文看不懂，可以看懂英文标识的有35人，占1.5%；有时看不懂，求助工作人员，可以顺利游玩的有105人，占34.5%；看不懂标识又无人帮助，游玩有障碍的有6人，占2.0%。留学生认为博物馆等地没有外语讲解或偶尔有但外语不好的共计104人，占34.2%；认为有时有，但外语讲解一般的有141人，占46.4%；认为博物馆等地有外语讲解，并且外语讲解流畅到位的有59人，占19.4%。从调查可以看出，我们应加强交通运输乘务员报站语言的规范，旅游景点的标识应进一步准确清晰，加强对于导游英语的培训。

③小部分留学生在就医、寄信、办理银行业务中仍存在语言沟通方面的困难。就医时可以用汉语向医生准确表达自己的症状，医生能够理解的有114人，占37.5%；有时汉语表达不清楚，会做手势辅助医生理解的有167人，占54.9%；无法表达自己症状，医生不理解的有23人，占7.6%。留学生在邮局邮寄快递或收寄信件时很顺利或较为顺利，可以听懂并清楚地用汉语表达自己的意愿或需要手势辅助对方理解的共计279人，占91.8%；使用汉语不顺利，工作人员使用英语，可以成功办理业务的有18人，占5.9%；有7人表示非常不顺利，双方不理解彼此的意思，工作人员不会使用外语，占2.3%。留学生在银行办理业务很顺利或较为顺利，可以听懂并清楚地用汉语表达自己的意愿或需要手势辅助对方理解的共计267人，占87.9%；使用汉语不顺利，工作人员使用英语，可以成功办理业务的有26人，占8.6%；有11人非常不顺利，双方不理解彼此的意思，工作人员不会使用外语，占3.5%。

④大部分留学生在与单位沟通中都很顺利。留学生在与企业或其他一些机构单位交流时（例如办理签证、为社团拉取赞助、社会实践等活动中）很顺利

或较为顺利,可以听懂并清楚地用汉语表达自己的意愿或需要手势辅助对方理解的共计266人,占87.5%;使用汉语不顺利,工作人员使用英语,可以成功办理业务的有27人,占8.9%;有11人非常不顺利,双方不理解彼此的意思,工作人员不会使用外语,占3.6%。

以上内容,具体见表2。

表2 留学生校外使用汉语情况

序号	问题	回答	人数	比例(%)
1	外出时是否可以听懂公交车乘务员报站?	完全可以听懂	116	38.2
		有北京话口音,有时听不懂,但并不影响出行	142	46.7
		有北京话口音,有时听不懂,而且影响出行	35	11.5
		北京口音太重,完全听不懂,影响出行	11	3.6
2	景点的路线标识是否可以看懂?	完全可以看懂中文标识	158	52.0
		中文看不懂,但可以看懂英文标识	35	11.5
		有时候看不懂,但可以求助工作人员,顺利游玩	105	34.5
		看不懂标识,又无人可以帮忙,游玩有障碍	6	2.0
3	博物馆等地有无使用外语进行讲解的宣讲员?	有,讲得很流畅到位	59	19.4
		有时有,讲得一般	141	46.4
		偶尔有,但是外语讲得不好	35	11.5
		没有	69	22.7
4	就医时有无语言障碍,是否顺利?	可以使用汉语向医生准确表达自己的症状,医生完全可以理解	114	37.5
		有时汉语表达不清,会做手势辅助医生理解	167	54.9
		无法表达自己症状,医生不理解	23	7.6
5	在银行办理业务是否顺利?	很顺利,可以听懂并清楚地使用汉语表达自己的意愿	158	52.0
		较为顺利,可以听懂,但需要手势辅助对方理解	109	35.9
		使用汉语不顺利,但工作人员会使用英语,可以成功办理业务	26	8.6
		非常不顺利,双方不理解彼此的意思,工作人员不会使用外语	11	3.5
6	与社会中企业、事业单位及其他机构交流时是否顺利?(例如办理签证、为社团拉取赞助、社会实践等)	很顺利,可以听懂并清楚地使用汉语表达自己的意愿	133	43.8
		较为顺利,可以听懂,但需要手势辅助对方理解	133	43.8
		使用汉语不顺利,但工作人员会使用英语,可以成功办理业务	27	8.9
		非常不顺利,双方不理解彼此的意思,工作人员不会使用外语	11	3.6

（3）社交软件使用语言情况

在微博、微信等社交软件的使用中，留学生一般使用汉语、英语等。其中使用汉语与中国学生聊天的有264人，占86.8%；使用英语的有114人，占37.5%；俄语36人，占11.8%；其他22人，占7.2%。在留学生常用的社交软件朋友圈中，中国学生占比很高，一半和一半以上的共计198人，占65.1%；占三分之一的有56人，占18.4%；只有50人朋友圈中几乎没有中国学生，占16.4%。愿意或非常愿意与中国同学用汉语进行语音聊天的有215人，70.7%；89人不愿意，占29.3%；愿意或非常愿意与中国同学用汉字进行聊天的有231人，占76.0%；73人不愿意，占24.0%。具体见表3。

表3 留学生社交软件使用语言情况

序号	问题	回答	人数	比例（%）
1	在你常用的社交软件朋友圈中，中国学生占多大比例？	一半以上，非常多	104	34.2
		占一半	94	30.9
		占三分之一	56	18.4
		几乎没有	50	16.4
2	与中国学生聊天时使用语言？（多选）	汉语	264	86.8
		英语	114	37.5
		西班牙语	7	2.3
		日语	2	0.6
		德语	3	1.0
		法语	2	0.6
		阿拉伯语	3	1.0
		俄语	36	11.8
		朝鲜语/韩语	5	1.6

（4）使用汉语遇到的困难

留学生认为在与中国人交流中，困难主要在于语速和词汇。认为语速太快127人，占41.8%；词汇太难111人，占36.5%；得体使用方面72人，占23.7%；语法方面53人，占17.4%；其他方面71人，占23.4%，具体如图10。应加强对于留学生听力、词汇方面的强化与培训，以使他们尽快解决使用汉语中的困难。

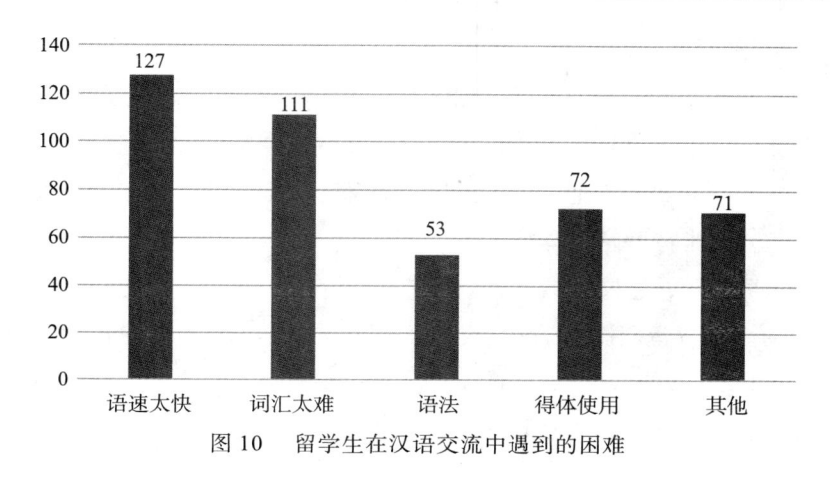

图 10　留学生在汉语交流中遇到的困难

总的来说，88.8%的留学生认为在北京自己能用汉语完成个人的学习及生活任务，共有 270 人；11.2%的学生只能完成一小部分或不能完成。校方应加大对个别困难学生的指导与帮助，使他们尽快克服汉语交流困难，更好地融入在北京的留学生活，具体如图 11。

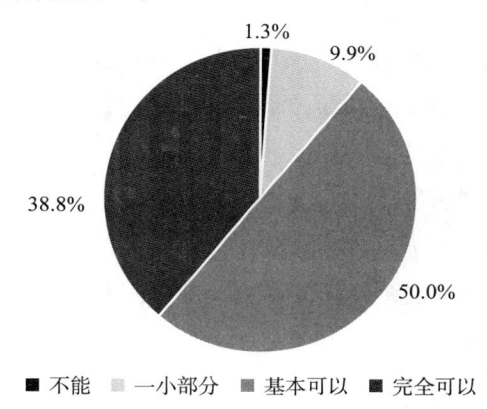

图 11　留学生利用汉语完成个人学习及生活的情况

三　问题与对策

本调查发现，在京留学生的来源很广泛，语言背景、母语及外语使用情况比较复杂，他们的汉语学习时间较长，汉语水平较高。大部分在京留学生每周的汉语课程并不多，大部分人可以听懂汉语课程。在课外的语言生活中，英语和母语占据了主要部分，他们更多与本国朋友以及在使馆、宿舍等地方使用母语。

大部分留学生可以使用汉语完成个人学习及日常生活等相关事项。但是仍然存在着使用汉语查找学习资料尚有一定困难、参与校园活动比例较低、没有汉语学习类社团语伴、与中国老师和同学深入交流较少、出行中仍存在着一定的语言辨识困难，甚至还有一小部分留学生在就医、寄信、办理银行业务等日常生活中仍存在着语言沟通方面的问题。大部分留学生认为在与中国人的汉语交流中，主要困难在语速和词汇方面。

针对这些问题，建议：

1. 针对少部分运用汉语学习、生活有困难的留学生，校方应进行个别指导与帮助，以使其能尽快融入在京的留学生活。要根据留学生的汉语使用需求及水平，加强针对性的汉语专项技能训练；加强中国教师、学生与留学生的课外交流。

2. 针对留学生较少参与学校组织的各类学术、文化活动的情况，一方面应鼓励留学生群体积极参与学校为留学生组织的相关学术、文化活动，另一方面应为中外学生的沟通交流搭建平台。应努力组织符合留学生特点、形式多样、内容生动、能够促进中外文化交流的活动。

3. 针对大部分留学生没有参与汉语类学习社团以及缺乏找寻中国语伴的信息等情况，要鼓励中国学生或留学生群体组织面向留学生的汉语学习类的社团或语伴项目。鼓励中国学生与留学生积极参与，促进中外学生交流。鼓励留学生多结识中国朋友，利用各种社交软件与中国学生用汉语、汉字进行深入交流。

4. 针对留学生汉语交流中遇到的语速过快、词汇太难等方面的困难，要面向留学生开展生活、工作汉语以及得体使用等方面具有针对性的培训。

5. 针对留学生出行以及生活中遇到的语言沟通困难。要进一步规范交通工具、旅游景点、银行、医院等行业汉语的使用，提高相关从业人员英语水平。努力为留学生创造良好的社会语言生活环境，使他们更好地融入留学生活，更好地了解中国的历史、文化。

当然，本调查由于采用汉语进行，调查范围基本为汉语水平中级以上的留学生，样本的层次与代表性仍存在着一定的局限。我们希望在以后的研究中可以进一步扩大留学生的汉语水平层次以及调查范围，争取进行大规模的调查，以便获取更为全面准确的信息。

（邵　滨、王纪彭、仲卓然）

第四部分

媒 体 篇

"首都之窗"的"政民互动"频道语言使用调查[*]

"首都之窗"[①]是北京市人民政府门户网站，1998年7月1日开通。作为北京市电子政务建设的重要组成部分，它是政府面向社会的窗口，是市级各部门和各区政府在互联网上发布政府信息和提供在线服务的综合平台。

"政民互动"[②]是"首都之窗"的一大重要频道，主要通过"政风行风热线""人民建议征集"等交互式栏目，获取网民对政府工作的意见和建议，搭建政府与民众之间的有效互动桥梁。如果说"首都之窗""政务信息"频道的各区热点新闻，是各级政府部门主动向社会介绍他们的工作，反映政府希望民众知晓的信息，那么，"政民互动"中的市民意见、建议，更多是普通网民针对他们遇到或关注的实际问题而提出来的，属于有感而发。

图 1 "首都之窗"首页截图　　图 2 "首都之窗""政民互动"频道首页截图

---

[*] 本文系北京市社科基金项目"政务交流语言的民间适用性研究"（16YYB018）的阶段性成果。
[①] 参见 http://www.beijing.gov.cn。
[②] 参见 http://hudong.beijing.gov.cn。

第四部分 媒体篇

本报告主要利用语料库技术手段考察互动文本中的高频关键词,以了解当前市民主要关注什么问题以及政府部门是如何回应群众关切的。对建议类来信的主题词分布、不同类型来信的话题性质、政府回复文本的语篇特点等几方面的内容进行梳理分析,以期了解北京政民互动的主要内容以及反映出的问题。

一 建议类来信的主题词分布

"政民互动"频道中的"人民建议征集"是网民向政府建言献策的重要途径。我们共下载人民建议 14 251 条,剔除字节数为 0 的无效页面[①],实际得到 12 186 条可用于分析的有效建议页面。最终数据为人民建议文本约 358 万字、官方回复 328 万字。对于网民咨询和投诉类来信而言,提交者更关注其提出的问题是否得到回复以及回复是否令人满意,而建议则是社情民意的一种表达,因此我们不做人民建议的时序分析。根据建议部分的页面构造规则,我们抽取人民建议的标题部分实施分词处理,将每条建议的标题制成建议语料库的一个文本,然后再对词语在这些文本中的分布情况进行统计。

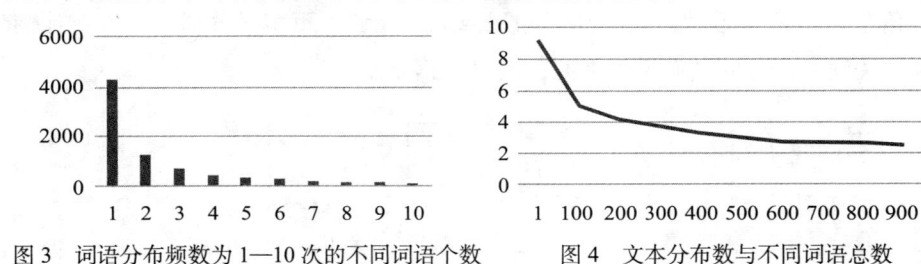

图 3 词语分布频数为 1—10 次的不同词语个数　　图 4 文本分布数与不同词语总数

词语在不同的建议文本中出现得越多,相对也就越具有普遍意义。由于每条建议都反映了建议人认为重要的一个特定中心话题,因此如果表达某个话题的主题词在多条建议中都出现过,则表明其反映的话题更能体现更多人的意见。图 3 显示具体词语的个数与该词出现的建议文本条数的关系,从中可见数以千计的词语只出现 1 次,这些词语往往跟表述问题的特殊性相关,例如"反光镜""西罗园",分别是网友建议"在 622 公交车内加装反光镜""300 内环车从西罗园辅路上主路的拥堵问题",只是市民就他们各自遇到的个别实际问题所提出的意见、建议。4273 个词只在某一条单独建议中出现,另有 110 个词出现

[①] 无效文本产生的原因可能是:(1)尽管在索引目录中存在,但该建议文本因各种原因已被网站移除;(2)由于网络超时等原因造成页面下载失败,在本地形成空文件。

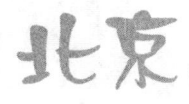

在10条不同建议中,这表明词语在文本分布上的离散度很大。图4的横坐标轴以每100条建议作为分布区间,考察分布在1到900条及以上的建议文本中出现的不同词语个数。由于这些区间的具体数值相差巨大,在刻度相对较小的示意图中难以完整呈现,此处采用自然对数方式对这些数据实施规范化处理。图4中在1—100条建议文本的分布区间形成一条陡峭的折线,表明随着词语的文本分布数增加,词语数急剧下降。随着文本分布频数的增长,不同词语数基本上趋于一个极小值。这意味着可以对在不同文本中覆盖率较高的少数词语进行分析,得到更多网民共同关心的中心话题。

二 不同类型来信的话题性质

政务互动交流的方式是,网民在登录"政民互动"频道的"政风行风热线"栏目首页后,可以选择"我要咨询""我要投诉"等不同入口,在相应的文本框界面输入要提交的部门、标题和内容等信息内容,选择是否愿意公开输入信息,再键入认证码,完成信息提交这一过程。最终在网上呈现的都是经过这一流程正式提交的信息,基本可以视作网民真实意图的郑重体现,与通常社会网站论坛那种率性而为的情感宣泄式表达不同。2017年9月27日,我们通过该频道首页的索引目录,利用网络爬虫,获取该服务器当时对公众开放访问的记录27 186条。其中,投诉类问题为9691条,约占35.6%;咨询类问题为17 495,约占64.7%。

基于第一部分介绍的人民建议标题文本建立专题语料库,我们抽取文本分布频数超过1000(即在1000条建议中都曾出现过)的甚高频词,共得到"建议、路、的、公交、车、关于、站、号"8个词。其中"建议"作为最高频词出现过4706次,这是网友贴文的文本内容属性表述。"的"作为常见助词,在所有类型的汉语文本中都用作高频词,几乎不具有区分意义。"关于"通常引导下文所针对的某一具体问题,本身也不具有实体意义。一个典型的人民建议标题文本,常常表述为"关于463路的一点建议""关于地铁8号线规划的建议"等,因此我们不妨称"的"等在各类汉语文本高频出现的词语为"通用停用词","关于""建议"等只在建议标题文本等特定专题语料库中高频出现的词语称为"专用停用词"。"通用停用词"和"专用停用词"不在我们的统计之列,因此,剔除这两类词之后,对高频出现的主题候选词,按照频次遴选出25个,制作成主题词云,参见图5。

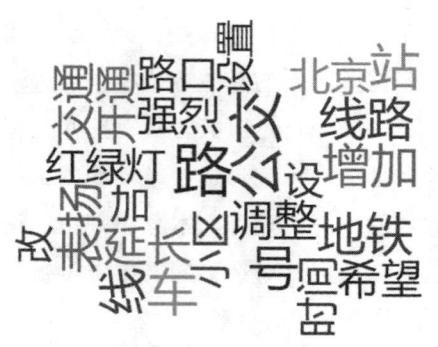

图5 "人民建议"的主题词云

通过对专题语料库中的词语实施统计,提取在多个文本中出现、具有普遍性的词语,借助停用词等技术手段,把跟市民来信中与主题内容相关的词语突显出来。对这些高频的主题词语进行分析,可以帮助确定人民群众最为关切的问题。

图5显示在人民建议中最有普遍意义的主题词,其中名词"北京""小区""路""公交""车""站""号""线""地铁""线路""交通""时间""路口""红绿灯"等突出反映的是北京地区存在的交通问题。经考察,"路"在建议标题文本中有两种典型用法,分别表示特定的道路,譬如"玉泉路",以及特定公交线路的编号,譬如"39路";"站"主要用于表示公交地铁的站点名称以及站台;"号"和"线"等多用于指称公交地铁线路的编号,譬如"五号线";"路口""红绿灯"表示交通线路的道口以及用于导引交通的辅助设施;"时间"通常特指公共交通工具的运营时间。

以上这些名词集中体现的主题都是反映北京市的公共交通问题。此外,副词"强烈"表达了发帖者对问题的急迫性认识和对所提建议的坚定信念。动词"希望""表扬"反映发帖者针对特定事件和人物褒扬的个人动议;"增加""延长""调整""开通""设""加""改"等动词是针对交通路线和运营建议的主要措施行为,通读语料文本,不难发现建议内容多为"增加"公交班次、"延长"和"调整"公交线路及运营时间、"开通"新的公交线路,新"设"、增"加"和修"改"公交线路和站点等。通过对建议文本标题中分布甚广的高频主题词分析,可以看出对多数发帖者而言,公交问题是具有共同感受的热点问题。另有其他不同类型的建议,由于发帖的人数较少,或是主题选用的词语分散等原因,没有在数据上突显出来,这是语料库分析手段过分注重频率造成的结果。

但至少从主题概念表述用词的数量特征来看，公共交通已经成为当前被更多人关注的社会问题，围绕这一问题提出的建议相对也比较集中。

依然采用语料库的主题词突显方法，我们同样对"政风行风热线"栏目中的咨询和投诉两种沟通文本的标题进行考察。处理方式与"人民建议"主题词的提取过程相同。咨询类主题词云参见图6，投诉类主题词云参见图7。

图6 咨询类主题词云　　　　　图7 投诉类主题词云

比较咨询和投诉两类人民来信标题文本中突显出来的主题词，不难发现它们之间还是有很多的不同之处：

1. 反映的主题不一。咨询类来信的主题词使用更为发散，透过对其所涉话题的分析，发现这些高频主题词可细分为如下几类：（1）劳动保障类，譬如"保险""公积金"等词，反映发帖者希望得到服务单位提供的"五险一金"等基本劳动保障权益问题；（2）城市建设类，譬如"拆迁""改造""小区"等词，表明网民关注北京市的旧城改造以及新小区的规划建设等问题；（3）住房保障类，譬如"房""经济""适用"等高频词体现网民对经济适用房的关注；（4）流动人口管理类，譬如"户口""居住""工作""生育""外地""证"等，多表明在京外来务工人员对自身权益的保护问题，话题多是如何办理居住证、工作证、生育证，以及在北京落户等政策、法规类的咨询；（5）交通出行类，譬如"地铁""公交"等词所涉主题包括对公共交通工具的设置和调配问题。尽管不同的发帖者在表达他们的利益关切时，可能会使用带有自身特色的用词表述，这使得语料库方法中基于词形匹配的词频统计产生部分偏差，但总的来说，当前得到突显的这些高频主题词，还是能在一定程度上代表目前民众普遍关心的重点问题。

投诉类来信的主题一般比较集中，多数跟群众日常生活的住行有关。譬如对所在"小区""环境"的关注，对"违章""建筑"和"停车"，"违法""经营""扰民"以及"公交"等"管理""问题"的"投诉"。这些主题词是民众每天都在经历，并且不堪其扰的现实问题，主要涵盖物业管理以及公交出行等。

2. 语言表述不尽相同。相对而言，咨询类文本的成因，是因为多数网民对涉及自身问题的政策条例有疑问，需要向有关部门征询以得到问题的解决方案，这是一种有求于人的交际活动，为了避免不必要的政民交际冲突，言辞一般相对克制。在对问题的表述上，表现得尽可能客观平和，以说明自身条件及希望解决的问题，期待能有进一步的回复。因为发帖者的主观诉求不同，在对具体问题的用词描述上会有一些个体差异。通过对标题文本的词频统计，还没有找出典型的通用表述，但多数人会使用办事程序类动词，如"办理""申请"等，表明他们希望得到解决问题的行动指南。然而投诉类来信的语言使用特点非常鲜明，由于要投诉的现实问题已经困扰网民多日，他们需要在网上找到一个情绪宣泄口。在投诉类行文表述时，经常会出现一些表达极性态度的定性词语，譬如"严重"，以及判断评价类词语，譬如"乱""问题""违章""违法"等。在投诉类来信中，网民通过这种下判断的定性表述，试图突显其所反映问题的严重性，以期引起政府相关部门的重视。

3. 信息披露的细节有差异。咨询类来信多数是发帖者有了某种诉求，在对照自身条件的基础上，向政府部门寻求政策法规上的权威解决方案。由于不同个体的境况遭遇不同，要细致刻画自身情况，可能会涉及个人隐私，因此在语言表述上大多弱化对具体情况的刻画，而是把描述重点放在希望要解决的诉求上。而投诉类来信往往是针对网民现实生活中切实存在的困难，例如高频词中突显的住行问题。这些问题在当前社会中普遍存在，每个个体在发起投诉时，大多希望能切实解决发生在自己周边的困难和问题。由于解决问题的迫切性，在行文表述时通常直陈事件的性质和发生地点，以便政府部门能有效介入干预。例如"号""楼"等作为高频词具有极高的复现率，为行政执法机构上门执法提供更准确详细的信息，譬如"右安门内西街甲 10 号院违法搭建事宜""石景山区六合园 19 号楼、23 号楼私安地锁"这种表述。

三 政府回复文本的语篇考察

网民通过群众来信形式在网上提交咨询和投诉问题，希望政府部门能够对此有所反应，并使个人疑惑或问题得到解决。对于咨询类问题，需要政府部门根据相关政策条例，结合咨询者提供的个人实际情况，提供有效的解决方案信息。投诉类问题则需要政府部门发挥管理职能，深入实地解决民众反映的已存在问题。针对网民提交的问题及时有效回复是消除网民疑虑、防范不良事件酝酿发展的关键。网民与政府部门之间的提问与反馈是一种围绕特定话题、以言行事的交际行为过程。政府部门的反馈可以看作是一个回复文本，其语篇组织及用词能否让网民顺利理解，就显得尤为重要。

以下我们选定政府部门针对网民咨询和投诉类问题的回复文本进行分析，提取在两类文本中高频出现的表述用词，图8和图9分别显示在两类文本中分布最广的前50个高频词的重要性程度。

借用韩礼德系统功能语言学对语篇的分析视角，针对文本中这些突显的高频词，我们可以将其归入三种功能类型：人际功能、语篇功能和概念功能。在两类文本中共同高频出现的词语，有"您""我们"这种指称交际双方的称呼用词；"您好""感谢""请"这种针对网民网上发出交际请求的礼貌回应用词。这体现为回复语篇的人际功能表述，起到拉近交际双方存在距离，防止因为权力地位和信息掌握不对称等给网民造成的心理压力，充分展现回复机构所代表的政府部门执政为民的良好理念。这类表述通常出现在回复文本的开篇和结束。

诸如主题词云中"来信""答复""回复""收""悉""咨询""问题""情况""相关""关于""针对""如下"等词语，多数实现的是回复文本内部的语篇组织功能。"来信""答复""回复"分别在文内指称群众来信提问和政府部门据此做出的反馈，"收""悉"表示政府机构已阅览来信，群众反映的咨询和投诉类情况已经得到确认。"答复""回复"是政府部门针对网民来信提出的问题进行官方正式回应的表述。"情况"在文中指称网民提交群众来信时表达的个人关注事项和意愿。"问题"在咨询类来信中表达的是要求政府部门给予解释的事由，而在投诉类来信中反映的是希望政府部门需要研究讨论并加以解决的矛盾。"相关""关于""针对"等词语用以引出具体需要解决或处理的问题。"如下"可用来引导下文所述问题的解决方案。由此可见，政府机构回复文本的语篇结构呈现出一种程式化的写作风格，先就群众来信关注其主管工作，向提问方表示感谢，再就群众反映具体问题的处理方案做出文字上的说明。上述词语可用于完成一个交际过程，同时针对所要表达的信息内容进行语篇组织，以实现文本理解可懂性的提升。

图 8　咨询类回复高频词　　　　图 9　投诉类回复高频词

　　群众来信和政府部门回复文本中针对某一话题的表述词语的选用，体现出交际双方对特定话题的概念认定功能。两类文本针对同一事件的定性概念表述反映了交际主体双方的不同认知。投诉类来信主题词除了对事件进行客观陈述，譬如"公交""小区""楼""停车""经营"等词对所属行业、地域及事件情况的说明外，还有更多下结论式的判断表述，如"乱""违章""违法""严重""扰民"等定性用词。而在回复类文本的表述中，多是针对网民反映的问题所提出的解决方案，如"城管""执法队"等指称的执法机构，针对"物业""人员"等涉事组织或个人，通过采取"调查""管理"等行政措施，到"现场""执法"完成对网民提交问题的处置。在政府机构回复文本中针对网民的极性判断用词很少重复，这可以通过投诉类问题及回复文本中的高频主题词比较看出。至于咨询类来信，网民关注的话题多是涉及个人利益的住房、户口、工作与福利待遇等政策性问题。回复文本针对来信的个人不同诉求，解释这些问题解决办法和处理流程。由于咨询多是政策法规类问题，因此作为办事依据的具体"政策""规定"会在文本中多次提及，相应地作为行使职权主体的有关"部门"也会在文中得到突显。网民在咨询描述办事需求时，因各种原因可能表述得并不清晰完整，在回复文本中，政府机构会根据相关政策的适用条件，为问题的解决分门别类地开列所需具备的前提条件，例如通过"如果"等关联词语引出某个（些）政策施用的特定条件，网民需要对照自己在来信中未曾显示表述的实际"情况"来参照执行。

四　结　语

　　"首都之窗"作为北京市政府的一站式门户网站，是向公众开放的电子政务信息系统。它既是政府对外宣传的窗口，又是密切沟通政民联系的桥梁。借助这一网络传播平台，政府能够迅速把各项惠民政策发布出去，使普通网民无须走出家门就能方便及时地洞悉政府工作动态。"政民互动"频道为网民提供了一个 7×24 小时、不中断地将民间呼声直达政府的渠道。通过"政民互动"交流频道，人民群众可以免除舟车劳顿，直接在网上提交各种意见和建议，反映百姓呼声。这种便捷的网络互动交流有助于推动公开透明政府的建设。

　　政府部门应借助网络技术手段，尽快尽好地为网民答疑解惑、排忧解难。政府机构，尤其是一些跟民众打交道比较多的机构，应强化管理与服务意识，提升相关政府机构人员的信息素质，善于利用门户网站的信息采集和传播处理能力，将"政民互动"频道打造成一个永不关门、便捷高效的网上信访站。当前与民生密切相关的政府机构大多都能较及时地给予网民反馈，但同时还要看到仍有部分网民的信息需求尚未得到充分及时的反馈。即便此类案例数量相对较少，但落实在那些未获回复的具体个人身上，这种失落感无疑是深切的；尤其互动交流的网帖是公开透明的，大多数有着同样疑虑的网民在浏览这些没有满意答案的回复内容时，无疑将放大网上的群体失意感，极易酿成网络大事件。

　　政府部门还应深切关注网民诉求，除了采取切实措施解决群众实际困难外，同时还应选择合适的表达方式，使惠民政策能够为百姓所理解并赢得民心。通过对群众来信主题词的提取分析，我们发现网民在发布咨询和投诉类文本具有不同的主题倾向，尽管都关涉切身权益问题。投诉举报类来信的群众情绪较激烈，主题相对集中，多跟特定时空环境下的现实生活遭遇有关，针对此类问题的解决需要有一个过程，因此在回复时应首先注意安抚网民的不满情绪，及时知会相关管理部门介入调查，并将拟处理意见告知网民。网民咨询类来信多是针对自身特定问题的政策求助，政府部门在回复处理时，不宜直接照套红头文件中的法规条文，而应注意结合用户提供的问题描述和直接诉求，给出最适应对象实际情况的处理方案，同时在语言表述上应浅白精当，便于群众理解并易于照此操作。

（熊文新）

"@北京发布"语言使用状况[*]

2016年2月,中共中央办公厅、国务院办公厅(以下分别简称"中办""国办")印发《关于全面推进政务公开工作的意见》,部署全面推进各级行政机关政务公开工作;8月,国办下发《关于在政务公开工作中进一步做好政务舆情回应的通知》;11月,国办印发《〈关于全面推进政务公开工作的意见〉实施细则》。在这三份文件密集出台的背景下,政务新媒体的发展如何?人民网新媒体智库的分析显示,2016年1—11月的600多起舆情案例中,政府回应率达到87%,有57%以上的事件,政府首次响应在事发24小时之内;有73%的事件,政府部门首次回应在48小时之内(含24小时)。其中,41%的事件通过政务新媒体做出回应。可见,政务新媒体的重要性正在日益凸显。

如果政务新媒体在语言使用上不恰当,有可能会引起误解、引发冲突。那么,政务新媒体在语言使用上具有什么样的特点?语言使用的状况又如何?本文拟以北京市人民政府新闻办公室官方微博"@北京发布"为例,对北京市政务新媒体语言使用状况进行调查。

一 基本情况

"@北京发布"微博平台是经过认证的北京市政府新闻办公室官方微博,2011年11月30日上午正式采用"北京发布"这一名称,其简介写道:"传递政务信息,提供服务资讯,倾听您的诉求,关注您所关注。爱生活,爱北京。"截至2018年6月29日,其粉丝数达到833.8万,发布微博消息5.3万条,实践着其发布权威政务信息、与网友积极互动、回应群众关切问题的承诺。

(一)微博类型及微博长度

我们采用中国传媒大学国家语言资源监测与研究有声媒体中心研发的微博

---

[*] 本文是国家社科基金项目"舆情生态治理下的政务新媒体传播路径及效果研究"(16BXW023)的阶段性成果。

语料采集器采集了"@北京发布"2017年发布的全部微博，共计6794条。经统计，原创微博、转发无评论微博和转发加评论微博的数量及比例等分布情况详见表1。

表1 不同类型微博的分布统计

类型	数量	占比（%）
原创	6045	88.98
转发有评论	734	10.80
转发无评论	15	0.22
合计	6794	100.00

以上数据显示，原创微博占比接近90%；转发类微博超过10%，其中加评论的微博占10.80%，这表明"@北京发布"和其他微博用户保持了一定的互动。

微博的长度是指每条微博中包含的字符数。2016年3月，微博取消了一条微博最多只可以发140个汉字的限制，尽管如此，文字发布后在信息流中依然只显示140字，不过在句末加了一个"显示全文"的提示，点击后会出现超长微博全文。我们对原创微博的长度分布情况进行了统计，并分别统计了各个长度数量段的微博数量，详见图1和表2。

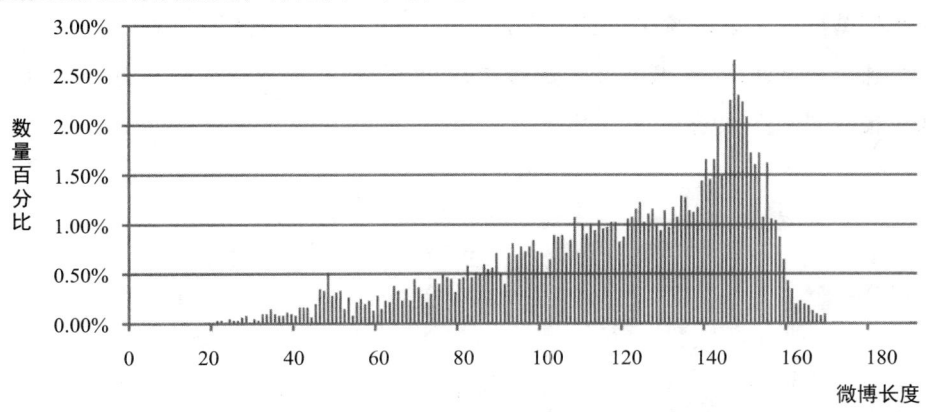

图1 原创微博长度分布图（长度为1—200字符）

表2 原创微博长度分布

长度范围	微博条数	所占比例（%）
0—40	95	1.57
41—80	709	11.73
81—120	1872	30.97

（续表）

121—160	3236	53.53
161—200	111	1.84
201—300	18	0.30
301—400	3	0.05
401—500	0	0.00
501—600	1	0.02

统计结果显示，全部原创微博的平均长度为119.06个字符；原创微博长度小于120个字符的超过总数的40%，长度在121—160个字符的微博占了总数的50%多，字符数超过200的微博只占0.37%。这些数据在一定程度上反映了"@北京发布"的写作规律。

（二）微博话题及标题

话题是以"#……#"的形式出现在微博开头、中间或者句尾的部分，标题是以"【】"形式出现在微博开头的部分，如图2中的"#美丽北京·民生#"是这条微博的话题，"【一卡在手、服务全有|北京市残疾人服务一卡通全攻略！】"是此微博的标题。话题和标题并不是一条微博必需的组成部分。在6045条原创微博中，有5512条微博设置了带有"#……#"形式标记的话题，有5498条设置了带有"【】"的标题。

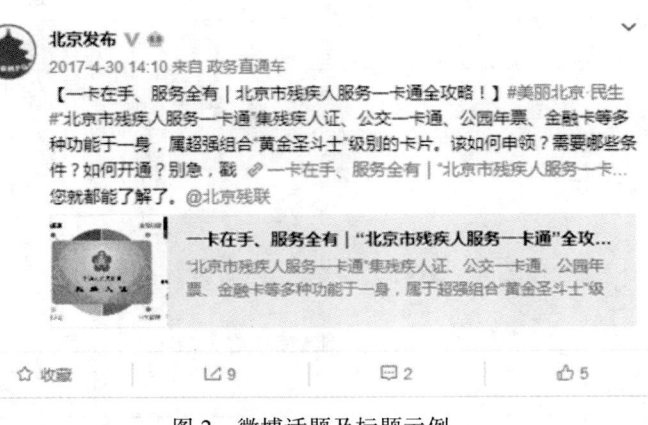

图 2 微博话题及标题示例

原创微博中一共出现话题标记5613个，去重后共有189种，话题使用频次分布等情况见表3。

表3　话题使用频次分布

话题使用频次	话题数量	所占比例（%）
1	64	33.86
2—10	67	35.45
11—100	46	24.34
≥ 101	12	6.35

从表3可以看出，只使用了1次的话题占比超过了30%，而使用超过100次的话题只占了总数的6.35%。话题长度是指话题中包含的字符数，全部话题的平均长度为5.35个字符，最长的话题有19个字符。标题长度是指标题中包含的字符数，全部标题的平均长度为15.3个字符，最长的标题有89个字符。图3和表4分别为长度在20个字符内的话题长度分布和标题长度分布。

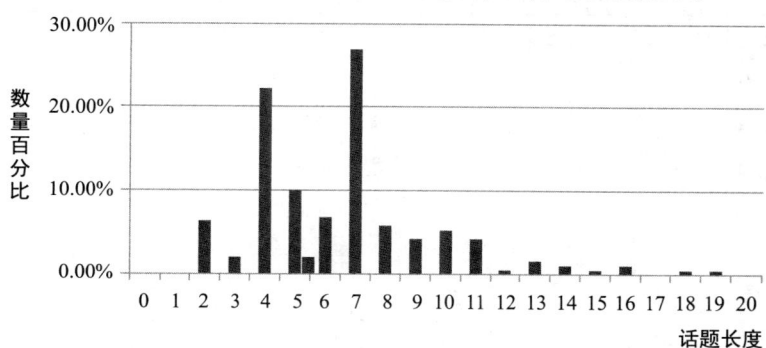

图3　话题长度分布（长度在20个字符以内）

表4　标题长度分布

话题长度	数量	所占比例（%）
1—10	1214	22.08
11—20	3238	58.89
21—30	848	15.42
31—40	162	2.95
≥ 41	36	0.65

可以看出，长度为4个和7个字符的话题数量最多，标题长度在11—20个字符的微博超过了总数的一半。这在一定程度上反映了"@北京发布"在定义话题内容时的语言习惯。

二　语言使用特点分析

（一）话题和标题的使用情况

微博话题指的是对内容上具有主题共性的微博的概括，一般会以"#……#"的形式出现，如#美丽北京·民生#是反映北京民生方面的话题，#美丽北京·政策#是反映北京政策方面的话题，但也有一些微博没有这种带有形式标记的话题。以"【】"形式出现在微博开头的部分我们称之为微博的标题，一般是对每条具体微博的内容精简概括，或者是提取了微博里最核心、最需要人们关注的内容。

表5　2017年"@北京发布"的话题分布情况

出现频率最高的前20个话题及其频次		出现频率最低的后20个话题及其频次	
党建声音	777	北京国际图书节	1
聚焦北京	438	新式新能源车号牌	1
美丽北京·民生	429	清洁空气行动计划	1
直播发布会	381	南京大屠杀80年	1
晚安北京	349	绿色北京·植树季	1
北京您好	284	5·12防震减灾	1
提示	201	2022年冬奥会	1
美丽北京·宜居	138	17小时寻找北京	1
美丽北京·文化	134	16个高效背诵法	1
美丽北京	133	世界舞台上的习近平	1
资讯	127	美丽北京·食尚小布	1
美丽北京·乐活	124	聚集2022冬奥会	1
教育	88	欢乐春节·魅力北京	1
聚焦2017全国两会	85	维护首都安全人人有责	1
十九大	84	聚焦·京津冀协调发展	1
盘点北京2016	75	2017年第200天	1
聚焦·京津冀协同发展	75	文化中国·水立方杯颁奖晚会	1
北京两会直播	74	聚焦城市变化·发现北京之美	1
美丽北京·政策	73	北京市"十三五"时期气象发展事业	1
加强城市治理建设和谐宜居之都	71	2017秋季北京电视节目交易会	1

微博话题是能够点击进入微博话题墙这一链接的，即带有某个话题的微博都能出现在这个话题的微博话题墙链接主页上，这就需要同一主题内容的微博带有统一的话题标记。通过分析原创微博，我们发现"@北京发布"在话题设置上存在一些不足，主要表现在：

1. 话题数量多而分散

在原创微博里出现的189个话题中，出现频率达到10次以上的只有58个话题，而有64个话题只出现了一次，出现频率超过10次的话题仅占所有话题的30.7%，接近70%的话题出现频次不足10次（出现频率最高的前20个话题和出现频率最低的后20个话题分布详见表5）。

话题过于分散、不统一，就不能有效地起到通过某个话题串联起相关微博的作用。比如"#聚焦北京两会#""#聚焦2017全国两会#"两个话题将有关2017年两会的相关微博分散开来，使用频次为22的"#聚焦北京两会#"可以合并到频次为85的"#聚焦2017全国两会#"话题中，"#聚焦2022年北京冬奥会#""#聚焦2022年北京冬奥#"也是同样的情况。另外，部分没有话题标记的微博在内容上和形式上与带有话题标记的微博有很多共性，因此，推测话题的使用与否与微博运营人员的个人偏好有关。例如图4所显示的两条微博，在内容和形式上相似，左侧的微博使用了话题标记，而右侧的微博则没有使用。

图4 微博中使用话题标记与否示例

2. 话题与内容不相关

这种情况可以参见下文中的两个例子，在例1中，话题"#党建声音#"用在了"一带一路"相关的微博里，例2中话题"#一带一路#"设置在了有关交通内容的微博里。

1）【"一带一路"如何改变你我生活】#党建声音# 短短两天的"一带一路"高峰论坛取得了涵盖政策沟通、设施联通、贸易畅通、资金融通、民心相通5大类，共76大项、270多项具体成果。这些成果跟老百姓的生活有什么关系？

2）【北京交管部门权威发布|5月12日交通预报】#一带一路# 5月12日，机场高速进京方向、东二环北段北向南方向、东北三环内环方向、长安街、复兴门外大街、三里河路、建外大街、建国路、亮马桥路等路段，将会适时采取临时交通管理措施，尤其下午至晚高峰期间，将会频繁采取临时交通管理措施。

3. 标题过长且格式不统一

我们统计了原创微博中标题的长度，发现长度超过20个字符的微博占19.3%，说明标题内容不精简的情况大量存在。比如例3的标题长达33个字符，且微博内容首句重复，造成内容冗余。虽然微博已经解除140字符的字数限制，但微博重在"微"字，简短明确、直达要点的标题才能使人们在最短的时间了解政务微博动态。

标题里有些以空格来代替标点起到间隔作用，有些是使用的标点符号。

3）【🎙家长们看过来~"小升初"大派位各区首次统一行动 每位学生升学轨迹将全程记录】#美丽北京·教育# 昨天上午，"小升初"大派位各区首次统一行动，统一使用市级"小升初"派位系统对小学毕业生集中派位。每一位学生的入学途径和入学方式将全程记录备查，确保入学公平。

（二）表情符号和网络用语的使用情况

语言风格亲民是政务新媒体语言区别于政府网站或一般公文的特点之一。作为政府与民众交流沟通的新媒体平台，政务微博平和亲民、接地气的语言风格有利于与民众建立起良好的互动关系。

通过分析，我们发现"@北京发布"的博文中也使用了一些网络用语、表情符号，这无疑使整体风格显得活泼幽默，有助于取得较好的表达效果。

经统计，在6045条原创微博中，有664条使用了微博自带的表情符号，共计有774个表情，删除重复项后得到58种，其中使用频次超过10的微博表情详见表6。

表 6　微博表情符号使用情况（使用频次大于 10）

微博表情	频次	微博表情	频次	微博表情	频次
❤	149	😊	52	✌	20
👏	77	赞	36	劲	20
👍	70	😀	27	👍	18
🎤	69	😏	23	👨‍👩‍👧	16
😄	68	😁	22	🙏	12

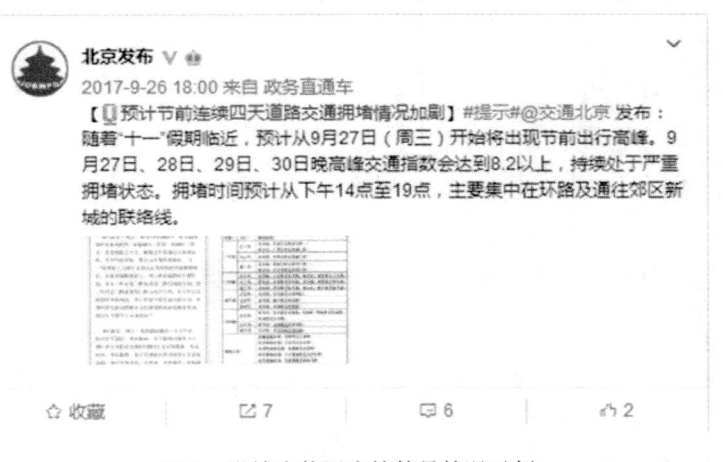

经分析发现，"@ 北京发布"使用微博表情的多是内容涉及民生服务或是人文生活类的微博，而政务相关的微博极少出现微博表情。微博表情排名前五的分别是：❤👏👍🎤😄，其中 🎤 一般用在提示、通告类微博里，参见图 5。

图 5　微博中使用表情符号情况示例

我们以近三年（2015—2017 年）"汉语盘点"发布的十大网络用语为例，调查了近三年的十大网络用语在"@ 北京发布"中的使用情况。原创微博中出现的网络用语及频次如表 7 所示。

表 7　网络用语在微博中的使用情况

词条	频次	词条	频次
厉害了我的 /word**	14	洪荒之力	1
重要的事情说三遍	1	辣眼睛	1
打 call	1	尬聊	1

由表 7 可以看出，"@ 北京发布"原创微博中使用的网络用语多是娱乐程度较低的网络流行语，且使用频率比较有限。通过分析语料，我们发现"@ 北京

161

发布"微博中网络用语的使用范围也比较狭窄，均出现在民生服务以及人文生活类的相关微博中，而在政务信息类内容的微博中没有出现。究其缘由，网络用语的幽默性、戏谑性和政务信息的严谨性、权威性相冲突，所以涉及政务信息内容的微博要保证信息的准确性和权威性，在语言表达方面也要规范和得体。

4)【厉害了word朝阳群众～奥运村街道3600名志愿者热情迎宾客【👍】】#一带一路#"一带一路"国际合作高峰论坛正在进行。朝阳群众热情响应"当好东道主 文明北京人"的倡议，为把一个美丽的北京展现在世人面前，他们积极在环境、卫生、安保等方面贡献出自己的力量。

5)【4分钟唱响"厉害了我的国"！33城绚丽灯光秀点亮中国】昨夜，央视财经频道#厉害了我的国#大型直播，全国33城上演绚丽灯光秀，地标建筑投影"厉害了我的国""辉煌中国"，为祖国母亲庆生，主题歌《新的天地》灯光秀版MV新鲜出炉，快来打call吧！

例4中的"厉害了word朝阳群众～"化用2016年网络流行语"厉害了word哥"，例5中使用2017年网络用语"打call"来表示"对某个人、某件事的赞同和支持"。运用贴近群众生活的网络语言，能引起民众的共鸣，进而拉近了与民众之间的距离，体现政府与民众之间的亲切关系。

三 政务新媒体传播特点分析

中办、国办的三个文件[①]指出，在移动互联网时代，加强政务公开、做好政务舆情回应日益成为政府提升治理能力的内在要求，各级政府要进一步推进政务决策、执行、管理、服务、结果公开，加强政策解读、回应社会关切等工作。我们结合2017年的重大时政热点、政务舆情事件分析了"@北京发布"在积极传递政务信息和及时回应群众关切等方面的情况。

1. 针对重大时政热点，加强政策解读。

比如，在北京两会和全国两会期间分别发文182篇和104篇，共计286篇，累计转发量3440次，评论数1143条。其中转发和评论数排在前列的博文有"【习近平今年两会上的妙语金句】""【习近平为什么说不能'手榴弹炸跳

---

① 指2016年2月中办和国办联合印发的《关于全面推进政务公开工作的意见》、2016年8月国办发布的《关于在政务公开工作中进一步做好政务舆情回应的通知》和2016年11月国办发布的《〈关于全面推进政务公开工作的意见〉实施细则》。

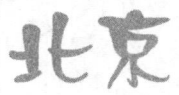

蛋'】""【这些两会高频词你理解到位了吗?】""【有用! 2017总理政府工作报告这12个新词很重要】""【解读 | 9张图帮你读懂政府工作报告】""【北京市代市长蔡奇做北京市人民政府工作报告】"等。

再如,与十九大相关的博文有257篇,累计转发量5588次,评论数861条。其中转发和评论数排在前列的博文有"【怎样实现'房子是用来住的、不是用来炒的'?】""【掌握'四个伟大'的内在逻辑】""【习近平谈'四个伟大'】"和"【习近平新时代中国特色社会主义思想的深刻内涵】"等。

2. 针对重大突发事件,及时应对舆情。

比如大兴区"11·18"重大火灾事故和朝阳区红黄蓝幼儿园涉嫌伤害儿童事件。国务院办公厅下发的《关于在政务公开工作中进一步做好政务舆情回应的通知》要求:对涉及特别重大、重大突发事件的政务舆情,要快速反应、及时发声,最迟应在24小时内举行新闻发布会,对其他政务舆情应在48小时内予以回应,并根据工作进展情况,持续发布权威信息。

针对大兴区"11·18"重大火灾事故,"@北京发布"在11月19日,发布#微倡议#话题,并在第一时间通报相关情况:进入冬季,树叶纷纷飘落,干枯落叶容易引发火灾。119指挥中心三天接报干枯落叶引发的火警248起,其中11月15日47起,11月16日52起,11月17日达到了149起。消防部门呼吁全社会清扫落叶,消除火灾隐患。

11月20日12点,发文通报了18日晚在大兴区西红门镇新建二村发生重大火灾事故的情况。紧接着在当天的两个半小时内又先后连发两篇博文,即"【全市建筑工地排查安全隐患】""【必看! 人员密集场所逃生守则】"。在及时通过官方通报情况的同时,提供权威的灾害逃生秘籍,消弭民众的紧张心理。

随后"@北京发布"又在11月27日发布北京市委召开的区委书记会及其对大兴区"11·18"重大火灾事故和朝阳区红黄蓝幼儿园涉嫌伤害儿童事件处置情况的通报,回应了网友的关切。

四 信息发布的权威性与语言文字使用的规范性

权威性在一定程度上还表现为国家通用语言文字使用的规范性。为调查"@北京发布"是否存在语言文字失范现象,我们从原创微博里抽取了10%的微博进行分析,发现语言文字失范现象主要表现在两个方面:标点失范和语法失范。

1. 标点失范

标点失范包括标点赘余、错用和缺失等情况。标点赘余指在不该使用标点的地方使用了标点，主要是书名号和引号之间使用了顿号。标点错用常见的问题有并列关系中逗号错用为顿号、一句话的完结处错用逗号、分号的滥用等。标点缺失在微博里的表现是用符号"～"、空格或者微博表情来替代标点，起到停顿间隔的作用。

6)【国考冲刺必备！你应该知道的十九大新表述】#北京您好#今天周三，车辆限行尾号3和8。天气晴转多云，气温5℃～13℃。还有一个多月，2018年国考笔试就要开始了！"<u>1个新矛盾</u>"、"<u>2个重要阶段</u>"、"<u>3个'必须'</u>"……这些十九大报告中的新提法、新表述↓↓转发收藏~申论写作参考！

7)【<u>京津冀秋冬季大气治理打出"1+6"组合拳环境问题按数量逐级问责"一把手"</u>】#聚焦·京津冀协同发展#今年秋冬季，环保部打出"1+6"组合拳进行大气治理。环保部日前召开新闻发布会，详细解读了《京津冀及周边地区2017—2018年秋冬季大气污染综合治理攻坚行动方案》及其6个配套方案。

例6中并列的三个双引号之间不能使用顿号，例7的标题中存在标点缺失，"组合拳"和"环境问题"中间应用逗号或空格。

2. 语法失范

语法失范主要有成分缺失、所指不清等问题。

8)【12月28日起京津冀地区实施外国人144小时过境免签政策】#直播发布会#<u>对持有有效国际旅行证件和144小时内确定日期、座位前往第三国（地区）联程客票的外国人</u>，可选择从北京首都国际机场、铁路西客站或天津滨海国际机场、天津国际邮轮母港或河北石家庄国际机场、秦皇岛海港中的任一口岸入境或出境。

9)【二环到潭柘寺半小时！京西南30公里快速路11月1日开通】#美丽北京·民生#108国道二期（鲁家滩村－南村）改建工程将于11月1日零时起正式通车运行。<u>届时北京西南部区域将形成长约30公里的连接中心城与远郊区的通勤快速路</u>，成为继阜石路之后的又一条直通门头沟浅山区的快速联络线。

例8中为介词滥用，导致句子主语缺失：句首的介词"对"与本应充当句子主语的成分构成介宾短语，导致句子缺主语；例9则暗中更换主语，造成主语残缺，如第二分句的主语应为"通勤快速路"，而在此例中会被误认为其主语是"北京西南部区域"。

经统计，在抽样微博中转发量超过 50 的 73 条微博里，有 10 条出现标点失范现象，两条出现语法失范现象。由此可见，语言文字失范现象出现的比例偏大。之所以会出现上述失范现象，究其原因主要有：一是新媒体运营主管人员和编辑人员的语言规范意识不强，语言应用能力欠佳；二是缺乏适合新媒体语言规范使用方面的操作手册或指导标准。

五　建　议

1. 语言文字的使用务必规范严谨

政务新媒体是政府机构面对全体公民发布决策、方针、政策等信息的平台，是政府机构的网上代表人和发言人，具备很强的权威性和严肃性，所以，其语言表述必须规范、准确、严谨，不能马虎大意。

首先，在规范使用语言文字方面，应该加强对新媒体文字编辑人员的培训，提高其语言文字素养及应用能力，比如，政府新媒体作为重要的网络媒体之一，理应带头规范使用现行的、作为国家标准的《标点符号用法》(GB/T 15834-2011)。

其次，在强化内容监管的同时，还应加强对语言文字规范使用情况的监管，可以强化评估监控，组织专业团队定期或不定期进行监测，对出现语言文字严重失误的相关责任人进行一定的处罚。同时，还需制定政务新媒体语言使用方面的规范。

2. 话题设置宜集中，标题宜简明

话题和标题看似简单但实际非常重要，在网民碎片化浅阅读的现状下，简短而又明确的话题和标题能起到吸睛以及引导的作用。

针对话题过于分散或不统一、话题使用错误以及标题内容过长、标题形式不统一等问题，应制定标准对话题的设置加以规范，使话题能起到有效串联相关微博的作用，使得人们可以通过简短明确、直达要点的标题，在最短的时间内了解微博动态。

3. 在语言使用上宜营造亲近感

现实生活中，政府机构发布的声明或者通告往往是刻板而严肃的。然而，在全民进入网络时代的背景下，当政务信息与网络技术相结合时，政务信息应适当地使用微博表情和网络用语，以融入当前网络环境中，更好地获得民众的认同，真正发挥政务信息的价值。当然，也应注意处理好网络用语和政务信息两者之间的关系，不可为了迎合网民的口味而丢掉政务信息原本的权威性和严肃性。

4. 积极加强政策解读，及时回应民众关切

对于突发舆情事件，作为公众获知官方消息的重要渠道，政务微博应在第一时间掌握事件信息的发布时机，即使事故的具体信息比如伤亡情况等还没有最终的调查结果，官方政务微博也应该先就事件的发生做个通报，让公众看到政府官方对事件关注的态度。只有尽可能及时发布有关信息，才能有效控制舆情，避免谣言的蔓延传播。另外，在突发事件中，要及时监测公众对舆情对象和事件追因、追责的关注和质询，并给予回应，否则会引发民众对官方发布的其他信息的质疑，影响政府公信力。

（赵　洁、邹　煜）

《时尚北京》中的北京时尚词汇

本次调查聚焦《时尚北京》杂志十年间（2008—2017）刊发文章（电子版）标题中的时尚用语词汇，从时尚文化传承的灵魂化、时尚主题的生态化、时尚载体的多元化以及时尚表达的国际化四个不同角度，统计《时尚北京》刊文标题的时尚用语；梳理十年间（2008—2017）时尚标题在四个不同主题下的"千姿百态"，以期多角度挖掘、丰富时尚内涵，了解报刊语言生活随社会变迁发生的变化。

一　调查设计

1. 调查使用的语料

本次调查以十年间（2008—2017）《时尚北京》标题中的时尚词汇为调查对象，综合考虑其时效性、广泛性等因素，选取《时尚北京》杂志标题，从文化传承、时尚主题、时尚载体以及时尚表达四大板块进行调查、统计与归类，建立语料。《时尚北京》的电子文本由笔者直接从相关网站上获取。同时，需要说明的是，由于2008年7月《北京服装纺织》更名为《时尚北京》，故在本调查中将2008年1—12月的刊文都涵盖在内，包括其更名前的刊文，以保证内容的完整性。本次调查的时间范围是2008年1月1日到2017年12月30日。

2. 调查内容与统计方法

本次调查的内容为十年间（2008—2017年）《时尚北京》的刊文标题中有关时尚的词汇表达；统计方法为人工记录归类处理，并经过反复校对。

2008—2017年，《时尚北京》共发行119期，使用了不同类型的标题。在本次对时尚词汇表达进行统计时，对语料进行人工处理，只保留与时尚相关的标题，并在此基础上依照文化传承、时尚主题、时尚载体、时尚表达四大板块进行人工筛选。本次调查基于《时尚北京》标题词汇出现频率和杂志的定位，对语料词汇进行了筛选，选出使用频率较为稳定、含义明确且与杂志主题定位相关度高的词汇，并归为四大类，即文化传承类词汇、时尚主题类词汇、时尚载体类词汇、时尚表达类词汇。文化传承类词汇包含与中国传统文化相关的词汇，主要以名词为主，既涵盖概括性的文化类词汇，如"文化元素"，也包括具体的文化类别，如"图腾""民族元素""价值"等对时尚植根之处的表达和探索。时尚主题类词汇以形容词、名词为主，内容上主要是与风格、主题相关的词汇，如"自然""奢华""现代派"等，是对时尚流行动态的把握。时尚载体类词汇顾名思义，与时尚的载体有关，既包含具体的材质、色彩词汇，也包含运动、装饰、生活等抽象的词汇，是时尚外延扩展的表征。时尚表达类词汇的关注点更多的在于语言上，词汇的结构、外来词汇、网络词汇等都归入该类词汇，这也正是语言与时尚的结合点。根据上述原则对语料词汇进行归类统计，统计结果最终显示：十年间该期刊标题中对于时尚的表达，主要体现出文化传承的灵魂化、时尚主题的生态化、时尚载体的多元化、时尚表达的国际化四个特点。

二 《时尚北京》标题的时尚表达与走势

《时尚北京》2008—2017年，聚焦文化传承、生态发展、时尚内容的丰富以及时尚语言表达的国际化，在标题中标新立异，关注人文、社会、科技、艺术等各个层面，成为一览北京时尚的语言窗口。笔者筛选了2008—2017年《时尚北京》刊文标题中所出现的时尚词汇，将其按照文化传承、时尚主题、时尚载体、时尚表达四个主题进行归类，并对不同类别的词汇进行了不完全统计（相同词汇只记录一次），统计结果见表1。

表1　2008—2017年四类标题词汇数量分布

主题	2008	2009	2010	2011	2012	2013	2014	2015	2016	2017	总计
文化传承	17	11	10	6	9	16	11	10	12	17	119
时尚主题	17	18	12	10	11	7	6	6	4	11	102
时尚载体	13	12	8	7	10	13	8	6	9	15	101
时尚表达	12	10	10	8	11	17	10	7	7	25	117

表1为十年间《时尚北京》不同类别的标题词汇数量及其分布，直观地显示出每一年不同类别词汇在该年标题词汇中所占的数量。从中可以看出：文化传承类词汇数量最多，时尚表达类词汇次之，时尚主题类词汇排名第三，时尚载体类词汇位居最末，并且四类词汇呈现出不同的变化曲线。

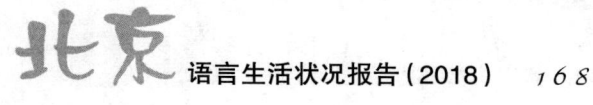

其中，文化传承类词汇波动频繁，2008—2011年逐年递减，2012年到2013年间该类词汇增加，2014年数量略微有所下降，而后自2015年起逐年上升，到2017年再次达到峰值。文化传承类词汇的波动变化表明时尚对"文化"的关注与把握处在一个不断调适的过程中，随着时尚界对"传统"的呼唤和"非遗"项目的推进，预计未来该类词汇的数量还会持续递增。

时尚主题类词汇的数量2008—2016年整体呈现下降趋势，2009年和2017年该类词汇数量有所回升，该类词汇数量最多的一年仍是2009年。时尚载体类词汇也呈现波动变化，2008—2012年该类词汇的变化与时尚主题类词汇变化一致递减，2013年和2014年连续两年数量递增，2015年有所下降，随后几年该类词汇变化与文化传承类词汇变化一致递增。时尚表达类词汇数量的波动较为明显，2008年、2013年和2017年，三年间该类词汇数量达到峰值，在2011年、2015年和2016年数量降至低谷。

（1）文化传承类词汇

表2　2008—2017年文化传承类标题词汇

年份	文化传承类标题词汇
2008	创意、文化、设计、品牌、东方、国色、民族、图腾、中国元素、中式、中国式（3次）、新中式、中华文化、复古韵味、风骨、五行、写意
2009	创意（3次）、原创、复古、文化元素、民族元素、传承与延续、超传统、诠释、雅莹、典雅、生活哲学
2010	诚信、品位、典雅、设计新秀、品牌文化、创意、原创设计、文化元素、文化重塑、文化自信
2011	古典风、文化元素、原创、品牌塑造、价值、内外兼修
2012	文化缘、图腾、传统和创意、传承与变革、时尚品牌、信仰、本质（2次）、东方元素、文化的力量
2013	传承、传统、东方、原创、民族风、中国元素、文化内涵、文化觉醒、人文之旅、品牌价值、时尚品牌、中式、新中式、民族品牌、梦想中国、中国梦
2014	中国式、精神本源、工艺传承、品牌为根、文化、传统、非遗、中国风、东方、时尚梦、定制梦想、民族
2015	品牌创新、自主品牌、保护原创、传承、融合、文化引领（渗透）、非遗、中国红、传统、中国风、东方、民族、新中式
2016	品牌秀、品牌活力、中国文化、文化元素、文化引领、中国元素、新古典、人文关怀、传承、中国红、新中式主义、东方力量、民族、非遗、传统
2017	匠心、工匠精神、文化、非遗、情怀、情结、风情、传承、中式、新中式、传统、美学、审美、中国风、东方、前世今生、民族

如表2所示，2008年《时尚北京》文章标题中图腾、文化、设计、五行、风骨、中国元素、中式、中国式（3次）、新中式、中华文化等词语，从具体的图腾到抽象的风骨，乃至中国式的理念，表达出对传承文化精神的关注。2009年的《时尚北京》强调文化传承，采用"文化元素、民族元素、原创、复古、传承与延续、创意（3次）、超传统"等词汇，使文化传承从思想到过程，从过程到风格，从风格到结果都相对具体化。2010年，该刊首次在标题中使用"诚信""文化自信"以及"文化重塑"等词汇；2011年，强调设计和品牌中的"古典风""文化元素"和"原创"；2012年，在继续强调文化底蕴的同时，将文化元素具象化至"图腾、东方元素"等范围，并且强调回归本质；2013年，首次在标题中使用"中国梦"一词；2014年，选用了"品牌为根"和"工艺传承"，体现了传承之根与工艺融合，"时尚梦""定制梦想"也紧随2013年的"中国梦"进入读者的视野；2015年，重视文化引领下对品牌和原创的保护，使用品牌创新、自主品牌、保护原创、传承、融合、文化引领（渗透）、中国红等词汇强调这一点；2016年，"中国文化"成为出现频次较高的标题词汇；2017年，文化传承类词汇更加丰富，工艺、情结、文化、东方和美学成为热词，体现了文化传承更加深入时尚领域。

在对待传统文化上，2017年《时尚北京》选用尊重传统转角处与创新不期而遇、匠造衣演绎中国衣学、传统潮起来、传统味道等表达，展示出当今服饰扎根传统、追求文化厚重感的新理念。

同时，通过一些词汇的选用，着力体现东方服饰文化的智慧与魅力，如：水墨意境、写意中国元素、自然与平衡的美、前世今生（2次）、东方质朴、东方之美、东方美学、东方风格、积淀、风骨、传统文化、匠心之道、匠心独具、工匠精神等，特别需要指出的是"匠心"曾被4次使用，可以看出对文化传承中工匠精神的尊重。服饰文化的传承不再是沿用传统元素的生搬硬套与直接表达，而是更加温婉有韵味，富有浓厚的生命气息。

（2）时尚主题类词汇

在时尚主题方面，所涵盖的内容日益广泛，并体现出对人文生态的关注。

表3 2008—2017年时尚主题类标题词汇

年份	时尚主题类标题词汇
2008	雅致、魅力、混搭、低调、优雅、自我、真实、旗舰、潮流、科学、艺术、时尚、奢华、先锋、新风尚、质朴、自然
2009	奢华、品质、自然、魅力、街头、涂鸦、极致美、未来空间、极限风格、印象主义、低调豪华、引领、主流、风向标、时尚潮流、潮流推手、流行趋势、时尚巅峰
2010	混搭、街头、印象、着装搭配、古装回潮、酷潮、品质为先、主流、流行趋势、公共魅力、低调不凡、奢华有道
2011	现代派、混风格、风向标、穿搭攻略、华丽蜕变、极致奢华、流行趋势、印象、品质、主流
2012	力量（设计的力量、优雅的力量、奢华的力量、街头的力量、内在的力量、平静的力量、唯一的力量、古典的力量）、百搭、魅力秀、新奢美、品质、动感回归、时尚潮流、时尚趋势、唯美、百变、个性彰显
2013	企业方向标、流行风向标、时尚新坐标、原生态、成长、潮流、流行趋势
2014	惊艳、优雅、流行趋势、潮派、潮酷集中营、新风尚
2015	设计市集、时尚空间、无规则设计、简约奢华、自然本真、流行趋势
2016	流行趋势、新名片、气场、新空间
2017	自然、环保、情趣、健康、运动、爱（关爱、宠爱等）、合应自然、活泼、趣味、皮草

2008年，相较于"奢华"，《时尚北京》的关注点更多的是"雅致、低调、真实、质朴、自然"，生态环境下的人文关怀成为时尚主题之一。2009年，未来空间、涂鸦、奢华、流行趋势、时尚潮流、时尚巅峰、极限风格等系列标题，体现出时尚关注点的动态全貌。2010年，古装回潮、酷潮、品质为先、印象、着装搭配、流行趋势等标题词汇显示出时尚对生态环境的关注从具体趋向抽象，强调"体验"和"搭配"。2011年的现代派、风向标、穿搭攻略、华丽蜕变等，2012年的百搭、魅力秀、新奢美、品质、动感回归、个性彰显等词汇的使用均体现时尚通过服装搭配和流行风格完成对个体形象的塑造。此外，2012年出现了"力量"为代表的多元表达：设计的力量、优雅的力量、奢华的力量、街头的力量、内在的力量、平静的力量、唯一的力量、古典的力量等，充分体现了2012年整个社会充满驱动力。2013年的企业方向标、流行风向标、时尚新坐标、原生态、成长等，2014年的惊艳、优雅、流行趋势、潮派、潮酷集中营、新风尚，2015年的设计市集、时尚空间、无规则设计、简约奢华、自然本真，2016年的新名片、气场、新空间等词汇将个人对生态时尚的需求与产业发展相结合，

呈现出时尚发展的新样态。

2017年，刊文标题表明人们对生活的态度、对生命的认识、对健康的关注，以及对自然的理解都发生了变化。其中，环保、健康是一种坚持、感受自然的鬼斧神工、大自然的馈赠、感受美丽自然风光、自然之歌等标题阐释了对于时尚的追求；亲爱的该戴太阳镜了、宠爱自己等标题，可以看出关心自我需求、展示消费者个性、注重细节的时尚之风正在悄然形成。

（3）时尚载体类词汇

2008—2017年时尚发布的内容逐渐丰富，时尚载体多元化发展，特别是随着生活视野的扩大、生活品质的提升，时尚的载体也正在呈现多元化。

表4　2008—2017年时尚载体类标题词汇

年份	时尚载体类标题词汇
2008	跨界、跨越、碰撞、色彩、衣裙、皮草、造型、轮廓、体验、运动、妆容、趋势、奥运
2009	色彩、样板、工艺、面纱、纯棉新主义、奢侈品、更衣间、快乐人生、多元化、艺术、体验坊、产业
2010	时尚衣橱、定制、包装、体验、映像、色彩精灵、私生活、时尚生活
2011	时尚尊享、新派、元素、变迁、流行色、点亮生活、艺术气质
2012	成衣、颠覆体验、时尚太阳、衣橱、别致生活、以时尚为定语的词汇（时尚鞋品、时尚态度、时尚方程式、时尚家居、时尚展会等）
2013	风范、美丽代言人、多元、流行色、生活本色、深度跨界、玩转色彩、时尚出游、腕表、旅行
2014	定制、人生、专属新衣、家居、颠覆主义、新女性主义、爱主义、东西主义、梦想主义、跨界、艺术秀、腕表、旅行
2015	潮流聚集地、玩转色彩、私人生活、跨界、新形态、腕表、旅行、时尚众筹
2016	多元化、智慧设计、生活、应用体验、跨界、时尚展会、消费升级、腕表、旅行
2017	摄影、珠宝、腕表、旅行、跨界、美食、生活方式、从容应对、快乐、不忘初心、真性情、爱好、户外、可持续时装、慢生活

由上表可见，2008年，《时尚北京》使用色彩、衣裙、皮草、造型、轮廓、妆容、跨界、跨越、碰撞等词汇强调了时尚内容的广泛性。由于2008年奥运会在北京举办，因此该年刊文标题中运动词汇高频出现，具体标题有：一起运动一起快乐、一起运动一起哭、运动喝彩、运动之城、脂肪甩掉、摩登自身的巅峰、登山运动、运动时尚生活、虎都运动、眼镜儿里的奥运风、奥运一起运动、火炬点燃北京、奥运、让你的肚皮舞动起来、享运动享生活、奥运北京时

尚中华等，这些标题对奥运的强调，使倡导运动成为该年时尚的重要主题之一。2009年刊文标题中此类词汇内容涉及从材料到色彩、到设计师和设计理念、品牌，乃至工艺等。2010年，标题中个性化的"定制""包装"名正言顺地成为时尚热点。2011年，时尚尊享、新派、元素、变迁、流行色、点亮生活、艺术气质等词汇频频出现，充分体现了当时人们对时尚的多样化需求。2012年，刊文标题中以时尚为定语的词汇如雨后春笋般出现，达到57个。2013年，多元、风范等依然是高频词汇。2014年，不同"主义"频频出现，如"颠覆主义""新女性主义""爱主义""东西主义""梦想主义"。2015年是服饰理论变革开始之年，理论的探索、个性的追求、时尚产业的快速发展，促使2015年"众筹"成为流行。随后两年该类词汇保持强势地位，标志着时尚的载体逐渐由服装扩展到生活方式和生活态度。

2017年的刊文标题中，用腕表点亮母亲节、珠宝诠释完美生命力等将配饰与情怀融合，情真意切；尽显美食精髓、让读书成为一种生活方式、从容应对人世间、健康的生活方式、非黑即白的世界里有我的真性情、户外的力量户外的乐趣等标题的使用，实现了对健康、简单、率真、快乐等时尚理念的表达；"可持续时装"将"可持续"应用在标题中，同时，不忘初心等标题的选用，体现了时尚对于时代的关注；"时尚"本身在标题中的重复使用率最高，时尚来自最真实的自我、时尚创意、领跑时尚、时尚魅力、时尚传奇、深入骨髓的时尚等标题，给读者带来对"时尚"的强烈感受。

（4）时尚表达类词汇

时尚语言表达方面，部分英文品牌或宣传语以及米兰、巴黎、法国、法式、法兰西、英国、英伦等地点名词多次出现。

表5　2008—2017年时尚表达类标题词汇

年份	时尚表达类标题词汇
2008	NIKE、圣诞party、DIY、IN-Q、血拼、Armani、Adidas超级店、时尚T台、波普漆色、fashion、欧秀、e时代
2009	摩登、梦工厂、至尊独享、时尚、T台、名模、走秀、简单男人、阳光男人、白领一族
2010	精致女人、职场达人、百变女郎、T台、玩出时尚、四季先锋、时尚后花园、时裳新媛、英伦风范、英伦风尚
2011	酷族、玩味、T台、秀场、时尚派对、玩乐主义、英伦风尚、英伦风范

（续表）

年份	标题词汇
2012	雅痞男、西装佬、潮人、达人、型男、白美人、硬汉、范儿、T台、时尚对话、时尚新主张
2013	T台、范儿、时尚潮流、盛年锦时、吸引眼球、摩登风尚、设计乐学、英伦新贵、顶级秀场、达人、追风少年、冷美人、妈宝男、高富帅、完美男人、绝世名伶、女神
2014	T台、超现实、首秀、范儿、英伦玫瑰、女神、时尚霸者、绅士、睡美人
2015	范儿、时尚品位、重磅来袭、逆势上扬、时尚众筹、时尚大趴、"有型"男人
2016	T台、首秀、小鲜肉、男神、逆袭、时髦单品、创客
2017	达达主义、波普艺术、野兽主义、弗赖塔格、玛丽莲·梦露、傲慢与偏见、疯人院狂想曲、T台王者荣耀加冕、混血、贵族、当冬天已去春天还会远吗、芭比娃娃、圣诞美趴、Charles-Keith、NI-tiger、英伦风情、柬埔寨、比利时风情、德式审美、巴黎、欧式经典、法式、纽约、范儿（女王范儿、创范儿、多元范儿）、全球聚合

由表5可见2008年到2017年的刊文标题在语言使用方面所呈现出的趋向。2008年，刊文标题使用的外来词汇或者英译词汇既包括NIKE、Armani、Adidas等国外品牌名称，也包括DIY、血拼、时尚T台、fashion等广为人知的词汇。2009年，摩登、梦工厂等表达，与国际时尚接轨。2010年，T台、英伦风范等开始成为时尚业的口头禅，体现时尚发源地的"英伦风尚"也频频出现，足见英国时尚文化对中国时尚文化的影响。2011年，T台、秀场、时尚派对等词仍然高频出现，玩乐主义、英伦风尚等词也揭示了时尚与国际接轨的倾向。2012年，"范儿"这个词频繁出现，成为人们追求的时尚标准。2013的范儿、摩登风尚、英伦新贵等词，2014年的超现实、首秀、英伦玫瑰、绅士、睡美人等词，2015年的时尚众筹、时尚大趴、"有型"男人等词体现出中国风情与国际流行相结合的时尚风向，尤其是在这几年间出现了众多人物"标签"词汇，如白领一族、职场达人、百变女郎、雅痞男、西装佬、潮人、达人、型男、白美人、硬汉、追风少年、冷美人、妈宝男、高富帅、完美男人、女神、男神、时尚霸者、绅士、睡美人、"有型"男人等词汇频频出现，丰富了时尚的表达，也体现了时尚主题的丰富和时尚内涵的延展。2016年，"时尚大趴"等标题中的中英文混搭，语言的趣味性增加了整体表达的轻松幽默感。

2017年，杂志标题在语言表达方面也逐渐趋向国际化，达达主义、弗赖塔格、波普艺术、玛丽莲·梦露、野兽主义等标题使用西方艺术的专业表达来对时尚进行描述；中国嘻哈的傲慢与偏见、在中华传统元素中奏响疯人院狂想曲、新一代T台王者荣耀加冕、复古与流行混血新美学概念、像芭比娃娃一样生活、

圣诞美趴、Charles-Keith鞋品也玩儿快时尚、NI-tiger一路多彩等汉英词汇灵活混搭，英伦风情、柬埔寨一抹千年的微笑、别样的比利时风情、源于德式审美、巴黎极致的浪漫、巴黎时髦人士的梦想之地、欧式经典、精致的法式优雅、纽约大众的时尚地等国际时尚表达，使读者感受到了多元包容的时尚文化，拉近了与国际时尚的距离。

十年间该刊物的主题不断丰富，文化内涵不断深化，关注时尚生态、多元化生态的路径与内涵都得到极大的拓展，国际化的时尚语言表达日趋丰富，相应也带来了标题词汇选用、表达方面的变化。

三　总结与思考

归类十年间《时尚北京》中出现的高频标题词汇，剖析不同时尚主题的体现形式与原因，笔者将十年间《时尚北京》刊文标题的时尚用语归纳出如下四个特点。

1. 文化传承灵魂化

随着经济的发展和人们物质文化生活的日益丰富，对于文化、珠宝、运动、流行、健康、生命、自然、品质的追求也日渐凸显。理念的创新和生活方式的更新，引发多元化的时尚。前文中对文化传承类词汇的分析表明，时尚界日益重视文化的传承，文化传承的内容也从具象化走向概念化。

以2013年到2017年为例，笔者对这五年期间出现的文化传承类词汇进行了词频统计，其结果如表6所示。

表6　2013—2017年文化传承类词汇出现频率

文化传承类词汇	2013	2014	2015	2016	2017	总数
文化	24	14	16	27	17	98
传承	3	5	6	11	7	32
传统	4	5	5	7	9	30
非遗	0	1	1	3	4	9
中国风、中国元素	1	1	2	3	1	8
中式、新中式、中国式	3	1	3	3	5	15
东方	7	10	10	8	7	42
民族	8	1	1	1	1	12

表6显示：2013—2017年，"文化"累计出现了98次，"传承"一词出现频次为32次，2016年即出现了11次，并且在五年间基本出现上升的态势，仅2017年出现频次略减。与"传承"一词形影不离的是"传统"，在五年间出现了30次，且保持逐年递增。"中国风、中国元素"在五年间出现8次，"中式、新中式、中国式"出现15次，这两类词汇的频率均保持稳定的状态。"东方"是所统计的词汇中出现频率第二高的词汇，达42次。"民族"一词仅2013年出现的频率较高，为8次，此后几年内均只出现了1次，但是具体的民族如"苗族"等相对具体的词汇频频出现。"非遗"作为最近几年的热词，虽然累计仅出现9次，但随着时尚界非物质文化遗产项目的推进，其词频的出现，预计未来还会有所递增。"非遗"保护，本身就是以人为核心，以生活为载体的活态传承实践，"非遗"的生命在于生活，设计师要促进"非遗"在秉承传统、不失其本的基础上，更加全面地融入当代人的生活，让"非遗"在现代生活中得到传承。

2. 时尚主题生态化

在时尚生态主题发布层面，《时尚北京》在聚焦时装的同时，将这种体现人类社会属性的外在标记不断与其他领域碰撞融合，形成社会文明与文化的多样表达，使服装的社会意义、不同社会形态中的文化、种族与性别差异以其特有的力量迸发。十年间，设计师从不同角度探索时尚，演绎时尚，正如当代青年从艺术视角思索，探索自由、随性、帅气、性感的人与环境的关系，大胆创新，融合不同的时尚元素，基于诸如阳光、大地、河流的设计主题，倡导匠心精神，在自信与自由中，使灵魂舒展而又丰盈，演绎清新脱俗的新格调，实现人与自然、人与生态的完美融合。

3. 时尚载体多元化

借助北京的地缘优势和人文环境，通过奥林匹克精神展示中华民族灿烂的文化，提出运动时尚文化的概念，通过各种体育活动（如器械运动、跑步、游泳、体育舞蹈、健美操、瑜伽、普拉提等）来提高身体基本素质、塑造良好身体形态。倡导我锻炼、我健康、我参与、我奉献、我快乐。引领市场需求，营造时尚氛围，体现个性时尚化和多样化的特点，实现健身时尚，推动东西方文化的交流与合作，促进人与自然、人与社会、人的精神与体魄的和谐发展，使时尚载体更加多样化、精细化。

4. 时尚表达国际化

面对文化传承、生态主题、时尚内涵的日趋多元、深刻与丰富，越来越多的人需要带有强烈设计风格和与众不同的服饰语言,来表达自己的审美倾向和世界观。十年间《时尚北京》标题中采用了大量与外国相关的时尚表达,依照国别或城市名称依次是米兰、巴黎、法国、法式、法兰西、英国、英伦。此外,西方节日也在国际化的进程中逐渐进入北京的时尚视野,为大众接受。十年间《时尚北京》在保护、传承传统文化的同时,巧用汉语四字格结构,彰显汉语灵活组合的特性;汉英混用,英译组合,创新传统复古与时尚流行混合的语言模式。幽默、轻松、对仗的组合贴近时代要求,增加时尚语言表达的活泼与趣味,使中国传统元素与现代潮流融合,创新语言表达,赋予语言新的生命,同时增强了文化自信。

上述调研结果与中华全国商业信息中心《2016年我国服装市场运行情况及未来发展趋势展望》的研究结果吻合。2016年我国居民消费呈现圈层化特征,多元化、个性化、娱乐化的要求正在凸显,运动服、牛仔、T恤衫、防寒服的销售量呈现快速增长,特别是随着人们生活质量的提升,健康和运动成为彰显生活品质的标志,运动服在2010—2016年间同比增长9.6%。体育娱乐行业的快速发展将使运动服饰以及相关配饰的设计与销售成为新的经济增长点。快时尚推出的副线品牌,尤其是设计师品牌,正在因其在服装设计中融入更多的职工或区域文化元素,给消费者带来与欧美流行风不同的感觉,或因其秉承工匠精神,满足国内消费者需求,抓住国内零售业调整的机会,充分利用网络媒体的社交生态环境等原因,不断拉近设计师与消费者的距离。

回眸十年,《时尚北京》见证了北京时尚,追逐时尚前沿,把握时尚动态,构建时尚生态,创新时尚未来,其标题中时尚词汇的使用情况、变化曲线为我们提供了一个观察这种时尚变迁的视角。同时,通过对标题中时尚词汇的梳理,我们对这些时尚词汇的使用与社会文化变迁之间的关系有了进一步理解。

(张慧琴、张家琦)

第五部分

资料篇

2016—2017年北京语言文字工作大事记

2016 年

1月12—13日，语言文字工作培训会暨市语委办2016年工作会举行。培训会围绕"语言服务与教师语言服务""公文格式与写作""当前社会语言生活热点问题及思考"等安排了专题讲座。

1月20日，由市语委办主任贺宏志承担的国家语委重点委托项目"行业语言服务的理论研究与规范制订"通过验收鉴定。专家组认为该项目研究成果丰硕，既有理论的开拓创新，又有行业语言服务规范制订的尝试，还将成果及时运用于医疗机构、公园旅游、学校教学领域的培训推广，有效指导了实际工作。

1月20日，市语委研究项目《北京语言生活状况报告》选题审订会举行。教育部语信司田立新司长出席会议并提出指导意见，对我国首部城市版语言生活状况报告的出版充满期待，希望项目组做出高质量、有特色的地方版绿皮书，并注意在选题内容和时间进度方面与国家语委绿皮书《中国语言生活状况报告》整体上的衔接。

3月3日，贺宏志主持市语委研究基地语言智能协同研究院与市社科联、市科协座谈会，研讨共同支持语言智能协同研究院的发展。

3月23日，市教委、市语委副主任李奕、市语委办主任贺宏志在市政府向副市长、市语委主任王宁汇报请示语言文字工作。王宁对做好本市语言文字工作提出要求，他指出语言文字工作要与中华优秀传统文化、与北京丰富的地域特色文化资源、与北京市大文化工作、与京津冀教育文化事业协同发展等方面很好地结合起来，并对开好市语委全委会做出了具体指示。

3月31日，市民政局发出《行政许可决定书》，准予筹备成立市语委领导下的"北京语言文字工作协会"。

4月7日，京津冀语言文字事业协同发展研讨会在河北省沧州市举行。京津冀三地达成了11个语言文字事业协同发展项目。

5月19日，市语委科研项目"中华成语文化与社会主义核心价值观教育研究"开题会举行。

5月21日，市语委研究基地语言智能协同研究院举行汉语智能写作成果发布会，发布了体育新闻、应用文、高校学术活动总结等三项基于大数据的智能写作成果。该成果是首都师范大学副校长周建设担任领衔专家的研究团队经过多年探索，在语言智能研究领域取得的一项重大理论和技术突破。

5月27—29日，"中华成语文化与社会主义核心价值观教育京津冀研讨会"在河北省邯郸市举行。出席会议的有北京市语委办、河北省语委办、天津市语委办、河北省邯郸市政协、河北省邯郸市语委、中国语文现代化学会、中国语文现代化学会成语文化研究会负责人以及来自京津冀和苏浙粤等地的语言文化学者60余人。

5月31日，教育部举行新闻发布会。国家语委发布《中国语言生活状况报告（2016）》，同时发布我国第一部地方版的《北京语言生活状况报告（2016）》。教育部语信司司长田立新、商务印书馆总编辑周洪波、《中国语言生活状况报告》主编郭熙、北京市语委办主任贺宏志等出席新闻发布会。《北京语言生活状况报告》反映了北京语言文字工作和社会语言生活的特点、特色和特质。值北京市语委成立30周年及"十三五"规划开局之际，发布《北京语言生活状况报告（2016）》，全面梳理发展历程，总结工作成绩，通过若干专题展现北京市若干领域语言生活实况，对于北京市的语言文字工作，具有"承前启后，继往开来"的重要意义。

6月5日，市语委科研项目"中小学生阅读能力培养及测评研究"开题会举行。

6月5日，为落实《京津冀语言文字事业协同发展战略协议书》，提升学生语言能力，河北省语委发起，北京市语委、天津市语委协办的"首届京津冀理工类高校魅力汉语大会"在东北大学秦皇岛分校举行。清华大学、北京航空航天大学代表北京参加本次活动。

6月6日，北京语言文字工作协会成立大会暨第一次会员大会举行。中国书法家协会主席苏士澍、知名书法文化学者解小青为协会题写会名。北京师范大学教授王立军当选会长。

6月13日，市语委和市人力资源部门印发文件，决定授予120个单位"2013—

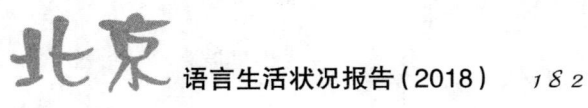

2015年度北京市语言文字工作先进集体"荣誉和200名同志"2013—2015年度北京市语言文字工作先进个人"荣誉，给予表彰奖励。

6月，《北京市语言文字工作三十年》由首都师范大学出版社出版发行。

7月21日，市教委、市委宣传部、市人力社保局、市文化局、市新闻出版广电局、市语委、北京卫戍区政治部、团市委印发《关于开展第19届全国推广普通话宣传周活动的通知》。

8月，《语言文字应用》2016年第3期为市语委研究团队开辟专栏，发表"语言产业研究""语言文化建设研究"系列成果。

9月20日，"京津冀书法名家进校园"活动在河北省滦平县启动。京津冀8位书法名家代表共同书写了"大力推行和规范使用国家通用语言文字，助力全面建成小康社会"的长卷，开展了面向教师、学生的书法大讲堂及书法交流互动等活动。京津冀语委办负责人及承德市师生代表200余人参加了启动仪式。

9月25日，由河北省教育厅、河北省语委、河北省硬笔书法协会举办的"河北省首届师生规范汉字书写大会暨京津冀师生规范汉字书写作品展览"在河北外国语学院举行。

9月，光明日报《教育家》杂志发表北京市语委成立30周年纪念宣传专刊，著名语言学专家李宇明作为本期封面人物，以"语言：助推世界文明进步的力量"为题发表专访文章，教育部语用所所长张世平为专刊著文《语言文字工作助力首善之区建设》。本期杂志作为第19届推普周宣传品向社会发放。

10月13日，北京市语言文字工作委员会全委会在首都师范大学召开，市政府副秘书长尹培彦代表副市长、市语委主任王宁出席并讲话。市教委、市语委副主任李奕出席并报告工作。市语委各成员部门、各区语委负责同志，以及专家代表等共120人与会。为贯彻落实刘延东在纪念《中华人民共和国国家通用语言文字法》实施15周年暨国务院发布《关于推广普通话的指示》《汉字简化方案》60周年座谈会上重要讲话精神，总结回顾北京市语言文字工作，部署"十三五"时期重点任务，纪念市语委成立30周年，召开此次全委会。会前，市语委办组织了语言文化节目展演，由大中小学学生、教师、公务员、社区居民、专家、在京外国留学生等群体的代表通过朗诵、诵读、演讲、相声等多种语言艺术形式展示了本市在推广普及国家通用语言文字及保护传承北京语言文化方面的工作成果。会议表彰了2013—2015年度语言文字工作先进单位和先进个人。市卫生计生委、市公园管理中心、朝阳区语委、通州区语委负责人做典

第五部分 资料篇

型经验交流发言。

10月22日，第七届中国语言经济学论坛暨第二届中国语言产业论坛在北京召开。教育部语信司司长田立新、北京市语委办主任贺宏志、首都师范大学文学院院长马自力分别致辞。来自各地30余所高校的学者、语言企业及媒体代表60余人参加了本届论坛。商务印书馆出版的《北京语言生活状况报告（2016）》在论坛开幕式上发布。论坛邀请了5位专家进行大会主题报告：山东大学经济研究院院长黄少安的《反殖民主义与语言通用度变化》，北京语言大学党委书记李宇明的《语言规划与经济规划的照应关系》，武汉大学中国语情与社会发展研究中心主任赵世举的《也谈作为人力资本的语言资本及其效用》，加拿大渥太华大学教授Gilles Grenier的 *Economic Issues Related to Language in Canada*，科大讯飞教育事业部总监汪张龙的《人工智能及其在语言产业中的应用》。

10月25日，北京语言文化建设研究中心揭牌仪式暨《北京语言生活状况报告（2016）》专家座谈会在北京师范大学文学院励耘报告厅举行。张维佳担任中心主任。

10月28日，市语委办召集"北京市中小学辩论俱乐部"牵头三区语委办（西城、朝阳、通州）及"中小学语言能力提升项目"中标方北京语言文化建设促进会，研讨项目落实工作。市教委、市语委副主任李奕出席并提出工作要求。

10月30日，朝阳区语委举办"老少共圆中国梦——2016年京津冀成语文化龙门阵邀请赛"。市语委办主任贺宏志与会致辞。

10月31日，市语委机关报《语文导报·语言文字工作专刊》出版第100期。

10月，《北京市"十三五"时期教育改革和发展规划》要求"加强语言文化建设，不断提高语言文字社会应用规范化的治理与服务能力。加强市民语言能力培养，传承与弘扬中华优秀语言文化。建设北京市语言文字工作委员会科研基地"。"中小学生语言能力提升竞赛、活动的组织与实施"和"向社会公众提供的语言文字教育活动如市民语言文化大讲堂"被列入市政府购买公共教育服务实施方案。"继续实施中小学生语言表达能力提升项目"和"建设市民语言文化大讲堂"被列入2017年度教育部门预算重点投入方向与项目指南，这是语言文字工作首次列入预算投入重点方向。

11月11日，市语委重大研发项目"规范汉字听说读写辅助训练系统"通过专家组验收鉴定。

11月15日，京津冀语言传播教育暨齐越精神研讨会在河北沧州召开。

11月28日，《北京市语言文字事业"十三五"发展规划》发布。

12月8日，市语委办主任贺宏志陪同教育部语信司领导赴冬奥会组委会研讨2022年北京冬奥会语言服务工作。

12月11日，市语委办主任贺宏志主持市语委研究基地语言智能协同研究院语言智能创新成果发布会。

12月12日，北京语言产业研究中心依托首都师范大学文学院揭牌仪式举行。首都师范大学教授李艳担任中心主任。

12月19日，教育部语信司、北京市语委联合举行"首届中国北京国际语言文化博览会"筹备工作会。

12月20日，市语委办召开"北京市民语言文化大讲堂丛书"第一次编务会，决定本丛书由光明日报出版社出版，并与商务印书馆出版的"北京市民语言文化阅读书系"共同成为市民语言文化大讲堂的培训学习读本。

12月25日，第二届京津冀中学生辩论邀请赛决赛在北京师范大学附属实验中学举行。京津冀三地16所中学参赛。

12月27日，市语委办召开年度工作会。市教委、市语委副主任李奕出席并讲话。

2017 年

2月23日，市语委办召集各区语委办负责人工作会，布置第20届全国推广普通话宣传周、语言文字工作规范化全面达标建设、中小学生语言能力提升等重点工作。

3月23日，市语委科研项目"中华成语文化与社会主义核心价值观教育研究"通过专家组结题验收。

4月7日，全国政协教科文卫体委员会副主任、中国关心下一代工作委员会副主任李卫红一行赴清华附小昌平学校，就学校落实国家语言文字工作和关心下一代工作开展专项调研。教育部语信司司长田立新、清华大学副校长姜胜耀陪同调研。市语委办主任贺宏志代表市语委向学校赠送了一批工具书和语言文化系列读物。

4月8日，北京市中小学语言能力提升专项之"京津冀初中生经典诵读节目展演赛"在通州区教师研修中心举办。

4月23日,"4·23"世界读书日,"北京语言文化主题驿站"揭牌仪式暨"北京市民语言文化大讲堂"启动仪式在北京皇城驿站主题邮局举行。活动中还举行了商务印书馆"北京市民语言文化阅读书系"新书首发及向市民代表赠书仪式,老北京叫卖艺术团进行了京味儿叫卖和吆喝等口传文化的现场表演展示,邮政部门针对此次活动专题设计了邮品展示。首都师范大学教授杨学军为与会者做了题为《留存记忆——老北京地名文化寻踪》的精彩讲座,标志"北京市民语言文化大讲堂"正式开讲。

5月11日,"2017年中小学教师诵读赛课暨通州区第四届国学赛课"拉开帷幕。活动分三个阶段推进,即赛课阶段、总结表彰阶段、市级交流展示阶段。以通州区为主,朝阳、海淀、大兴等区的50所国学实验学校参赛,历时8天完成赛事。活动内容丰富,引领学生在诵读中传承国学文化及传统文化的精神。

5月19日,北京冬奥组委、国家语委在北京冬奥组委共同启动《北京冬奥会语言服务行动计划》。教育部副部长、国家语委主任杜占元,北京市副市长、北京冬奥组委执行副主席张建东出席会议并讲话。北京市语委三项目列入《北京冬奥会语言服务行动计划》:优化城市语言环境,组织开展城市用语用字情况检查,并向社会发布检查情况,确保北京冬奥会语言文字使用符合国家有关语言文字方针政策和规范标准;开设"北京市民语言文化大讲堂",编写《冬奥会:体育·语言·文化》市民培训普及读本及《英语世界》《汉语世界》杂志冬奥会特刊中英文对照读本;立项开展2022年北京冬奥会语言服务研究。

5月20日,北京市小学生"弘扬传统文化,传承国学经典"朗诵邀请赛决赛在芳草地国际学校双花园校区举行。市语委办主任贺宏志在致辞中指出,"雅言传承文明,经典浸润人生",通过朗诵活动提升语言能力,传承优秀文化,表达家国情怀、人伦之道、意境之美。

5月27日,"第二届京津冀理工类高校魅力汉语大会"在东北大学秦皇岛分校举办。

6月2日,市语委办召集区语委办负责人会,布置学校语言文字工作规范化达标建设、普通话普及状况调查、第20届推普周宣传教育活动、中小学语言能力提升、市民语言文化大讲堂、信息报送等工作事项。

6月4日,第二届北京市中小学生辩论赛总决赛在海淀区教育科学研究院举行。连续8场各赛区的冠亚军争夺战,将持续三个月的大赛推向了高潮。经历

了预赛、初赛、复赛等五轮比拼的64位选手就"人生规划""自主招生""青春偶像""校园冲突""小学生上学带手机""看见乞丐给钱"等青少年最感兴趣的话题展开了深入的思考和广泛的讨论。

6月11日，国家语委和市语委研究基地——首都师范大学中国语言智能研究中心智慧教育工程论证会举行，来自全国各地的十余所高校领导和专家与会。

6月17日，在市语委办、北京语言文化建设促进会的支持下，西城区语委在北京市第十五中学举办了中小学教师"中华经典诗文"诵读比赛和高中生"弘扬社会主义核心价值观"演讲比赛。

6月23日，市教委、市语委副主任李奕，市语委办公室主任贺宏志应邀调研考察我国语言翻译科技的领军企业中译语通，并围绕语言翻译高科技产品服务语言教学和语言产业发展与企业管理团队进行了研讨。

4—6月，继4月27日"首届中国北京国际语言文化博览会筹备工作会"之后，筹备工作团队在国家语委的指导、支持下，沟通协调各方，奋力拼搏，5月11日和6月22日举行了语博会论坛工作推进会，6月27日举行了语博会新闻发布会，各项筹备工作有序推进。

7月7日，首个以冬奥会语言服务为主题的研究项目在首都师范大学开题，冬奥组委两次与研究项目组沟通座谈。由北京语言产业研究中心承担的市语委科研项目"2022年北京冬奥会语言服务研究"开题报告会举行。该项目引起冬奥组委的高度关注，开题会之后冬奥组委与课题组进行两次座谈研讨。

7月21日，市教委、市委宣传部、市人力社保局、市文化局、市新闻出版广电局、市语委、北京卫戍区政治部、团市委印发《关于开展第20届全国推广普通话宣传周活动的通知》。

7月28日，首届语博会协调会在市政府举行。遵照副市长、市语委主任王宁批示，市政府副秘书长尹培彦主持首届语博会协调会。市语委、市文化局、市贸促会相关方面负责人参会。尹培彦提出"加强沟通、顾全大局"的总原则，协调会就首届语博会举办场地、承办单位、沟通机制等方面达成了共识。

8月6日，"京津冀中华经典诵写讲活动"在秦皇岛山海关举行。京津冀三方语委代表共同签订了《京津冀书法教育基地共建共享合作协议书》。

8月21日，第三届中国语言产业论坛在内蒙古大学举办。来自全国各地的60余位专家学者和业界代表围绕"'一带一路'建设中的语言产业"这一主题进行了大会主题报告、平行会场报告以及互动讨论。内蒙古大学副校长额尔很巴雅尔、北京市语委办主任贺宏志先后致辞。内蒙古大学蒙古语言文字信息处理专家确精扎布、科大讯飞教育事业部总裁汪张龙、广西民族大学党委书记卞成林、武汉大学中国语情与社会发展研究中心主任赵世举、中译语通副总裁张晓丹、鲁东大学副校长亢世勇发表主旨报告。平行会场报告环节，20余位学者围绕论坛主题进行了交流。

9月8日，市语委办召开各区语委办工作会，部署本年度下一阶段工作。特别通报了首届语博会筹备工作就绪情况，发放了博览会通票和推普周宣传画。要求语言文字工作系统关注我国语言文化建设的这一盛会，并积极参与其中。首届语博会的举行，适逢第20届全国推广普通话宣传周这一历史节点。会议强调，通过大家的扎实工作，使两大活动交相辉映。

9月11日，首届中国北京国际语言文化博览会"语言康复与人类健康"论坛在中国职工之家举行。全国各地语言康复领域的专家学者和企业界代表150人参加论坛。美国、加拿大、日本、荷兰以及我国大陆与港台地区的8位知名专家发表了主旨演讲。

9月11—13日，首届中国北京国际语言文化博览会盛大举行。由国家语委等单位支持的首届中国北京国际语言文化博览会作为第12届北京国际文化创意产业博览会的重要组成部分，填补了世界华语区语言主题博览会的空白。首届语博会由北京市语委等单位承办。9月11日上午，市委书记蔡奇、代市长陈吉宁一行莅临首届语博会视察。9月12日上午，教育部副部长、国家语委主任杜占元，副市长、市语委主任王宁一行莅临首届语博会展会场馆。首届语博会成为本届文博会的亮点。各主流媒体聚焦宣传。

9月12日，首届语博会"语言科技与人类福祉"国际语言文化论坛在北京外国语大学举行。论坛聚焦语言规划与语言教育、语言智能与产业发展、工具书与文化传承、语言康复与人类健康等四方面议题，9位中外专家做大会专题报告。来自十余个国家的驻华使馆代表和中外专家学者200余人参加论坛。下午，"语言规划与语言教育""语言智能与产业发展""工具书与文化传承"三个分论坛在北京外国语大学同时举办，共有25位中外专家发表专题报告。主论坛和四个分论坛构成首届语博会的学术交流平台。

9月12日，市教委、市语委副主任李奕，市语委办公室主任贺宏志参加了首届语博会朝阳区分会场暨麦子店街道社区语言文化教育成果展示活动。李奕在致辞中对朝阳区语委作为参与首届语博会的唯一基层语委表示高度赞赏，对语言文化建设深入社区的朝阳经验表示充分肯定。

7月至9月，继6月27日首届语博会新闻发布会之后，为推进语博会的筹备工作，确保首届语博会成功举行，教育部语信司和北京市语委办召集了一系列推进会，研究、协调和部署筹备工作。7月24日，在北京外国语大学召集推进会；7月28日，在市政府召开协调会；8月4日，在语信司召集推进会；8月14日，在市贸促会召集协商会；8月16日，在语信司召集推进会；8月16日晚，召开"语言康复与人类健康"分论坛推进会；8月18日，在语信司召集推进会；8月23日，在中国职工之家召开设计团队与施工团队方案对接会；8月25日，在语信司召集推进会；8月30日，在北京外国语大学召集推进会；9月7日，在语信司召集推进会；9月7日晚，召开"语言康复与人类健康"分论坛推进会；9月8日，在市教委召开运营团队临阵动员会。

10月16日，教育部语用司、语信司司长田立新主持首届语博会总结会，会议传达了刘延东副总理对首届语博会成功举办做出的重要批示。北京市语委作为首届语博会的主要承办方，负责语博会的论证研究、策划设计、宣传发动和具体的组织指挥，赢得了文博会组委会和语博会参与各方的高度评价。教育部语信司致函北京市语委，指出"北京市语委作为首届语博会承办单位，为此做出了重要贡献"。

10月24日，"第二届河北省师生规范汉字书写大会暨京津冀师生规范汉字书写作品展"在河北师范大学开幕，展示了京津冀规范汉字书写和书法教育最新成果。

10月29日，北京地区"中国诗词大会"（第三季）选拔活动在首都师范大学举办。

4—10月，应市民政局、市规划委邀请，市语委办多次派出专家参与本市特别是行政副中心的地名区划咨询、研讨工作。

11月7日，市语委研究基地"北京语言康复教育研究中心"在北京语言大学成立。该中心是国内第一个语言康复教育领域的研究机构，是市语委依托大学和国企建立的第七个研发服务机构。

11月9日，市语委办委托北京语言文字工作协会，在东城区史家小学分校召集了新时代语言文字工作座谈会，学习贯彻十九大精神，座谈做好新时代语言文化建设工作。市语委办主任贺宏志在发言中谈道：一是要不忘本来，语言文字工作要着力传承发展中华优秀传统文化；二是要吸收外来，语言文字工作

第五部分 资料篇

要着力加强中外语言文化交流互鉴;三是要面向未来,语言文字工作要着力教育培养年轻学子、子孙后代继承中华文化根脉。

11月18日,"老少共圆中国梦——2017年京津冀成语文化龙门阵邀请赛"在北京市润丰学校举行。第十届全国人大常委会副委员长、中国关心下一代工作委员会主任顾秀莲出席。

11月18—26日,第三届京津冀中学生辩论邀请赛在北京师范大学附属实验中学举办。本届比赛冠军队获得苏州大学"东吴杯"全国中学生辩论赛保送晋级资格,比赛冠军、亚军队获得台湾地区"亚洲杯"国际中学生华语辩论锦标赛保送晋级资格。

11月27日,市语委办委托北京语言文字工作协会,在首都师范大学举办了首届语博会总结座谈会。文博会组委会向语博会参展企业、事业单位和工作团队分别颁发了"最佳展示奖"和"优秀组织奖";语博会组委会向志愿者、参展学生和指导教师、表演团队、语言文化联盟校颁发证书。

11月28日至12月8日,市语委、市教育督导室联合开展2017年度学校语言文字工作规范化达标建设检查调研。通过听取各区语委和32所中小学、幼儿园语言文字工作规范化达标创建汇报,实地考察16所中小学语言文字工作,包括听课、考查校园语言文化环境、查阅档案、座谈交流,检查调研工作达到了提高认识、总结经验、促进建设的目的。检查调研组对各区各学校工作有针对性地提出了指导意见。

12月8日,第一届京津冀中小学生辩论赛总决赛在海淀区教科院举行并录制,将为期三个月的赛事推向了高潮。

12月15日,由京津冀三方语委主办,天津市滨海新区教体委承办的2017京津冀中学生汉字听写大会,在天津市实验中学滨海学校举办。

12月19日,"北京语言文化数字博物馆"项目通过专家鉴定,即将正式上线,成为全社会共享的公共文化资源。该项目系由北京师范大学教授张维佳主持的市语委重大项目。项目于2012年5月启动,2017年11月完成。北京语言文化数字博物馆是国内第一个以语言文化为内容而研发的开放式数字博物馆,在"非遗"保护、文化宣传、社会教育、学术研究等方面都具有重要作用。

12月20日,"中小学教师语言艺术培训暨中华传统文化教育实验交流会"在北京市育才学校通州分校召开。市语委办主任贺宏志在致辞中指出,语言文化是文化的基础核心,是国家、民族的标志,是人类的精神家园。教师的语言是职业语言、专业语言，要使教师的语言应用达到语言艺术的高度就要不断提升语言表达的魅力和感染力，语言文字工作要围绕提升学生语言能力、传承发展中华优秀传统文化来开展。

12月27日，市语委办召开年度工作总结会暨语言文化学校联盟成立会。会议印发文件，市教委、市语委批准认定了第一批语言文字工作规范化达标建设优秀学校32所和达标学校305所。市语委办支持北京语言文字工作协会发起成立"语言文化学校联盟"，会议为首批81所语言文化联盟校颁发了证书。

（戈兆一）

北京市语言文字事业"十三五"发展规划

为全面实施《国家中长期语言文字事业改革和发展规划纲要（2012—2020年）》和本市实施意见，明确未来五年语言文字事业的发展目标和主要任务，依据《国家语言文字事业"十三五"发展规划》《北京市国民经济和社会发展第十三个五年规划纲要》《北京市"十三五"时期教育改革和发展规划》，制定本规划。

一　发展形势

语言文字事业具有基础性、全局性、社会性和全民性的特点，对于增强首都北京文化软实力、提高全体市民人文素养、传承中华优秀传统文化和维护社会和谐，具有独特而不可或缺的重要作用。"十二五"期间，北京市语言文字工作贯彻国家语言文字法律法规和方针政策，积极服务首都文化建设、经济发展和社会进步，语言文字事业的影响力不断增强。国家通用语言文字的使用在教育教学、新闻媒体和公共服务领域占主体地位，北京话及北京地区方言、北京语言文化的保护工作受到重视，语言文字的应用研究与信息化工作成果丰硕，中外语言文化交流日益加强，语言文字工作体系和工作格局逐步拓展，各项工作取得显著成效。

"十三五"时期是北京市深入贯彻"四个全面"战略布局，落实首都城市定位，推进京津冀协同发展，建设国际一流和谐宜居之都的关键时期。语言文字事业的发展将为北京市国民经济和社会发展提供语言文化的有力支撑。北京已进入以经济增长中高速、结构优化、创新驱动为主要特征的"新常态"发展阶段，这对语言文字工作提出了新要求，也为语言文字法制化和规范化、标准化建设赋予了新的时代内涵。中央实施"一带一路"建设和京津冀协同发展战略，筹办2022年北京冬奥会，加快建设以北京为核心的世界级城市群等，都对语言文字工作治理体系和治理能力的现代化提出了新任务。随着"互联网+"时代的到来，互联网正在以前所未有的速度改变着人类社会的存在方式，语言文字工作要抓住发展机遇，推动与信息技术的全面深度融合。

二 指导思想和总体目标

"十三五"时期北京市语言文字工作的指导思想是：全面贯彻党的十八大及各次全会精神，按照"五位一体"总体布局和"四个全面"战略布局，聚焦"四个中心"首都城市定位，牢固树立创新、协调、绿色、开放、共享的发展理念，以提高学生和市民语言能力为核心，以提高语言服务水平和完善语言服务供给为重点，全面加强语言文化建设，积极开发利用北京语言资源，促进保护语言文化的多样性和语言类非物质文化遗产，建设规范、文明、高雅的语言文化环境，构建和谐的社会语言生态，为北京建设社会主义先进文化之都做出更大的贡献。

"十三五"时期北京市语言文字工作的总体目标是：到2020年，在全市范围内高水平普及国家通用语言文字的社会应用，达到较高的规范化和标准化水平；语言文字法制建设更加健全，语言文字社会应用的监管与服务体系更趋完善；市民的语言文化活动丰富多彩，语言能力持续提升；语言环境优化美化，社会语言生活和谐发展；语言文字应用研究和学科建设继续加强，北京语言文化数字博物馆、通用规范汉字听说读写辅助训练系统成为社会公共资源；语言事业和语言产业繁荣发展，语言文字工作的社会影响力和对于经济社会发展的贡献度显著提升，整体工作居全国前列。

三 主要任务和重点工作

大力推广和规范使用国家通用语言文字，科学保护包括方言在内的各民族语言文字，传承弘扬包括语言文化在内的中华优秀传统文化，是新时期国家语言文字工作的主要任务。结合北京的实际，规划以下四个方面的主要任务和重点工作：

（一）加强语言能力建设

充分发挥学校的基础阵地作用和语文课的主渠道作用，将语言文字工作纳入学校日常管理、纳入教师专业发展和绩效考核、纳入学生培养目标和技能训练、纳入校园文化建设之中，渗透到教育教学、社会实践的各个环节。结合《北京市中小学语文学科教学改进意见》和《北京市中小学开放性语文学习活动计划》，推动学校结合语文课程改革、语文教材改革、语文考试评价制度改革，进一步加强普通话口语、规范汉字书写与使用、语言文字规范标准、中华经典诗文、语言国情等的教育教学，着力提升师生的语文综合素养和语言文字应用能力，树立中华语言情怀，传承弘扬中华优秀传统文化。

实施中小学语言能力提升专项，创新推进北京市中小学生辩论俱乐部建设，支持三个分部开展跨区、跨校、跨学龄段的系列辩论、演讲和诵读活动。加大师生口语交际能力的训练与培养力度，与电视传媒合作开展中小学生辩论大赛活动，培养学生自主学习、自主评价和自我管理能力，关注学生语言能力的实际获得。落实京津冀语言文字事业协同发展战略协议，组织三地各级各类学校联动的系列语言文化交流活动。

总结推广中小学语言文字规范化示范校建设经验，推进高等学校语言文字规范化示范创建工作。精心设计开展全国推广普通话宣传周活动，创新宣传教育的方式与载体。健全语言文字测评工作体系，启动辩论、演讲、诵读、书写水平的测评试点，积极参与视障、听障人员语言文字培训测试试点工作。加强语言文化和语言文字工作继续教育，轮训幼儿园园长、中小学校长、大中小学中华经典诵读和书法教育骨干教师、语言文字工作专兼职干部和督导人员，不断提高队伍的业务水平、政策水平和依法行政能力。结合全民终身教育体系和学习型城市建设，实施市民语言文化大讲堂专项，将语言文字教育培训纳入市民终身教育体系。

（二）加强语言资源建设

语言资源是重要的文化资源、经济资源和战略资源。语言文字工作部门与文化、文物、地方史志、旅游等相关部门协同，推进语言资源的挖掘、整理、开发与利用。增强语言经济意识，探索确立语言经济与产业统计口径，积极推动本市语言产业的发展。在国家语委的支持下，会同有关部门和机构推动"中国北京国际语言产业/语言文化博览会"的举办，为中外语言文化交流和语言产业发展打造高端平台，填补世界大华语区同类会展的空白。

推进北京语言产业研究中心、北京语言文化建设研究中心、语言智能协同创新中心、语言文化传播研究中心、阅读能力研究发展中心等市语委研究基地的建设，依托相关高校和出版机构，实现应用语言学研究平台、交叉学科、创新成果、人才队伍"四位一体"的全面丰收。不断充实丰富"语言产业研究丛书""语言文化建设研究丛书""北京市民语言文化阅读书系"。鼓励研发地方课程、校本课程、社区教育课程以及组织开展校园文化活动、社区文化活动，保护传承以老北京话为代表的北京地域特色语言文化。

积极运用互联网思维和互联网手段，实现互联网与语言文字工作的深度融合。建设具有北京特色的多种语料库，定期发布《北京语言生活状况报告》。不断充实完善面向基础教育和社会公众的规范汉字听说读写辅助训练系统、语言文字法规标准知识和语言文化常识在线测试系统、北京语言文化资源数据库及数字博物馆。探索建立语言文字网络学习评价系统，提供基于互联网的语言学习、语言服务平台，不断推进语言文字政务信息化建设。

（三）加强行业、领域语言文化建设

语言文字的规范应用涉及各行各业各领域，语言文字事业是全社会的事业。党政机关、各级各类学校、窗口服务行业、各类媒体是语言文字工作的重点领域，公务员、教师学生、服务行业从业人员、媒体从业人员是语言文字工作的重点群体。要着力做好市语委重大项目"行业语言文化建设的理论研究与标准制订"和国家语委重点项目"行业语言服务的理论研究与规范制订"的成果转化。从口语交际、书面语文、语言环境设计、语言文化活动、员工语言能力、语言制度建设等方面研制各行业各领域的语言文化建设标准或语言服务规范。

适应不断增长和日益多元的社会语言需求，多层次、全方位地设计并实施语言服务项目，努力构建语言文字公共服务体系，提升语言服务能力。广泛开展针对社会不同人群的语言文化知识与能力培训，满足市民对于语言文化学习及其能力水平认定的个性化、多样化需求。总结全市医疗机构、公园旅游部门语言文化建设培训工作的经验，向行业领域、基层单位深入推广。逐步开展商业场所、公共交通、邮政通信、金融机构等行业领域的语言文化建设培训工作。对公务员、教师、服务行业和媒体从业人员的语言服务培训，予以重点推进。关注特殊人群语言需求，增强盲文、手语服务能力，促进语言康复业的发展。

重视社区语言文化建设。巩固语言文字规范化示范街道、示范乡镇创建成果，总结朝阳、西城、东城、通州等区开展社区群众语言文化活动的经验，完成"社区语言文化建设的理论与实践"研究项目,转化研究成果,指导实际工作,关注市民在语言文化知识和能力两方面的实际获得。推动"语言文化主题校园""语言文化主题公园""语言文化主题街区"的示范建设。

(四)加强语言文字工作治理体系建设

依法实施语言文字社会应用的监管与服务。深入贯彻落实国家语言文字法律法规,大力宣传普及国家语言文字规范标准。适时修订《北京市实施〈中华人民共和国国家通用语言文字法〉若干规定》。联合市教育督导部门,共同研究制定《北京市语言文字工作专项督导办法》,并适时开展督导评估工作。将媒体中的语言文字应用,公共场所的广告语、标识牌、警示牌、宣传语以及网站等各类涉及语言文字应用的内容作为教育教学资源,探索将语言文字纠错纳入学生社会实践活动。引导广大师生和市民积极参与监督,探索形成监管和服务的长效工作机制。

完善管理体制。加强各级语委对语言文字事业的统筹管理,健全与完善"政府主导、语委统筹、部门支持、社会参与"的管理体制。各级语言文字工作部门要切实履行统筹协调职能,充分发挥语委各成员单位的作用,争取各方面支持,分工协作,齐抓共管。进一步将语言文字规范化工作要求纳入文化建设规划、精神文明创建、普法宣传教育、机关行文规范、新闻出版编校、广播影视制作、工商行政监管和城市市容管理。

创新工作机制。会同立法机关,针对区域、行业、领域和人群,相关部门适时联合开展语言文字工作视察或执法调研、执法检查工作。加强政策引导,政府及其有关部门通过购买公共教育服务、语言服务或委托开展语言文化公益活动,扶植"北京语言文字工作协会""北京语言文化建设促进会"等语言文化类社会团体和志愿者队伍的成长。加大投入,设立专项,确保语言文字工作经费逐步增长。健全激励机制,根据有关规定,会同市人事行政部门,坚持每三年表彰奖励一次市语言文字工作先进个人和先进集体。

本规划由各级政府及其语言文字工作部门(教育行政部门)牵头实施,市语委成员单位和有关业务主管部门协同配合。要把推动语言文字事业发展作为各级政府和语言文字工作部门的重要内容。必须周密部署、精心组织、落实责任、强化监督,确保规划内容落到实处。各区、各部门、各级各类学校要从实际出发,制订本区、本部门、本学校实施规划的具体方案、年度计划和保障措施,共同推进北京市语言文字事业科学发展。

北京语言文化数字博物馆概览

北京语言文化数字博物馆是全国第一家专门针对北京语言文化资源而开发的数字博物馆，也是国内第一个以语言文化为内容而研发的数字博物馆。

随着经济全球化的进一步发展，人类的文化生态环境面临前所未有的挑战，一些文化样态正在迅速变化乃至消失。因此，发掘、整理、保护这些文化样态成为当务之急的文化工程。北京是中国首都和国际化大都市，有3000多年的建城史和800多年的建都史，地域文化资源非常丰富。然而，数十年来由于现代化、城市化进程的加快，多元文化生态环境发生了很大变化，尤其是语言文化资源。为此，关注语言文化的保护传承和语言文化资源的开发利用、留存历史记忆迫在眉睫，这也是北京语言文化数字博物馆建设的重要意义之所在。北京语言文化数字博物馆，不仅是人们了解认识北京语言文化的重要窗口，也是抢救、整理、保护正在迅速变化的北京语言类非物质文化遗产的重要平台，在"非遗"保护、文化宣传、社会教育、学术研究等方面都具有重要作用。

北京语言文化数字博物馆包括北京方言、北京口传文化、北京话土语图典、北京话诗文吟诵、北京地名文化、北京名园楹联匾额、北京三山五园御制诗、北京话研究历史文献等8个展室。该项目于2012年5月经北京市语委正式立项，项目总负责人为北京市语委贺宏志、北京师范大学张维佳，项目首席专家为张维佳，2017年12月通过专家组验收鉴定，历时五年半完成，成为全社会共享的公共网络文化资源。

在北京市语委办公室主持下，市文化、文物、方志部门及各区语委、文委大力支持，形成国内第一份完整系统的语言类非物质文化遗产调查报告《北京语言文化资源调查报告》。北京语言大学、北京师范大学、首都师范大学的10余位专家和数十名研究生参与该项目研究开发，在语言资源采集、汇聚和开发方面做了大量的工作，同时还编撰了多部北京语言文化读本，如《京腔京韵——北京话例说》《留存记忆——老北京地名文化寻踪》《京韵流芳——北京民间曲艺选介》《古都雅韵——北京名园楹联匾额赏析》《余音回响——老北京俗语民谣述闻》

等，均由商务印书馆出版发行，丰富了北京语言文化研究和传播的内容。

该数字博物馆的研发，在对260余所各领域在线数字博物馆进行调研的基础上，针对不同层次用户的多方面需求，采用分类展示与虚拟现实相结合的展现形式，将多模态的语言文化资源与观赏浏览者的网上查询和阅览习惯有机结合起来，很好地体现了展示性、趣味性、易读性和自适应性等特点。系统针对PC端和手机端两套不同的界面原型，通过判断不同分辨率进行智能自适应，不论使用何种设备进行浏览，用户都可以享受良好的观感体验。网站设计风格朴实典雅，并融入了诸多本土文化元素以及时尚元素。为了进一步完善该数字博物馆的功能，充分发挥其传播、保护北京语言文化的作用，鉴定组专家建议还应加强"老北京"元素的体现；从在全国同领域中发挥引领作用的高度进一步丰富资源、完善功能；从市民参与互动的角度拓展语言文化资源的补充渠道；同时，还要便于国外人士了解中华文化、北京文化。

北京方言展室

北京方言展室是中国语言资源有声数据库北京库建设项目成果展示。该项目于2012年5月由北京市语委正式立项启动，项目由北京语言大学承担，项目负责人为曹志耘。项目组按照中国语言资源有声数据库调查规范的要求，对西城、平谷、门头沟、昌平、怀柔、房山、密云、延庆等八城区调查点进行了实地调查。全部调查、摄录和整理工作于2014年6月完成。北京库是继江苏库之后全国第二个全面完成建设工作的省级方言有声数据库。

调查对象方面，每个采录点遴选7位发音人；调查内容涉及北京方言概况，基本的语音、词汇、语法现象，自然话语和地方普通话，等等；调查方法包括实地调查、笔记、录音、摄像、照相。数据库通过加载有关的软件标记而使其具有展示、检索、比较、分析和互动的功能。

北京口传文化展室

北京口传文化是以有声语言为载体的"京味儿"文化，包括数来宝、太平歌词、子弟书、十不闲、莲花落、岔曲、单弦牌子曲、拆唱八角鼓、评书、相声、双簧、梅花大鼓、联珠快书、马头调、铁片大鼓、平谷调、京韵大鼓、奉调大鼓、北京琴书、竹板书、西河大鼓、拉洋片、快板书、京东大鼓、老北京商业叫卖等20多种。

  随着时代的发展,广播、电视、互联网这些新兴的媒介走入了老百姓的日常生活,老北京的口传文化却逐渐淡出了人们的视线,变得越来越陌生了,如今有一些已经失传,成为绝响。此外,在京郊农村曾经还有许多流行过的曲艺,现在知道的人也越来越少了,逐渐走到了濒危的边缘。比如门头沟的燕歌戏、山梆子戏、蹦蹦戏、苇子水秧歌戏,石景山的太平秧歌,大兴的诗赋弦,顺义的大胡营高跷会,平谷的平谷调,密云的五音大鼓、露八分等。

  这一展室内容来自北京市语委重大项目"北京语言文化资源信息库建设与研究"的子项目"北京口传文化信息库建设与研究",项目负责人为张维佳。项目在田野调查的基础上,采用现代音像技术采录了数十位北京口传文化传承人的发音或表演,音频、视频文件达数十小时。

北京话土语图典展室

  北京话语音是现代汉语普通话的基础音,北京话词汇是汉语北方方言词汇系统中重要组成部分,它们构成了现代汉语普通话的方言基础,所以北京话在普通话形成过程中有着十分重要的地位。近年来,随着城市化为标志的现代化进程的加快,北京人口格局发生了巨大变化,能用、能说地道老北京话的人越来越少,很多北京话土语词处于濒危状态,有的已经消失。北京话土语图典旨在保留下这些宝贵的资源,为科学保护老北京话做一些基础性工作。

  北京话土语图典以老北京土语为内容,请杨长和、芦俊英、芦长城等土生土长的老中青北京人作为发音人,采取图片调查为主并结合词表调查的方法,共采集了老北京土语2000余条说法。城区以《画说老北京》(2008年,人民美术出版社)图片和按《北京方言土语词典》词条所搜集到的图片为资料,郊区以《北京方言土语词典》词条所搜集到的图片为资料,以图索词进行采录。同时,还适当补充发音人所提供词条并后期配图,这些配图多数来源于调查人前期田野拍摄,现实生活中找不到的再进行网上查找,还根据发音人所提供更合适的实物,现场拍摄获取图片。

  北京话土语图典参照《北京方言土语词典》分类,分别对城区和郊区土语词及其图片进行分类,分为农业、节日、娱乐活动、婚姻丧葬、服装、日用品、建筑、饮食、动物、自然现象、植物、交通工具等大类，大类之下详细划分小类，按序编排，图片、词条、语音、释义相对应。数据包括：音频（采用斐风软件录音，一词一条录音）、图库（按照分类整理，一词一图）、词表（分为总表、类表，表格内容包括编号、普通话词条、北京话词条、读音、释义、声音和图片路径、类别归属）。该项目负责人为张维佳。

北京话诗文吟诵展室

吟诵是根据汉语的声调特点用抑扬顿挫的腔调读书的传统方式，在我国有着悠久的历史。它发端于先秦，通过官、私教育系统，口传心授，代代相传，流传至近代。吟诵具有极高的文化价值、艺术价值和学术价值，是一个巨大的文化遗产宝库。然而，它正面临失传的危险，亟待抢救。所幸近年吟诵已经受到国家重视。"北京话诗文吟诵"便是有针对性地对北京地区的吟诵进行采录。该项目负责人为首都师范大学徐建顺教授。

通过北京各区的文委、文联、诗词学会、老干部活动中心以及吟诵爱好者等多条渠道，获知可能会吟诵的传人，接着便开展采访和采录。采访内容包括：了解吟诵者的个人基本信息、简要的学习经历（尤其是幼年有没有接受过私塾教育），以及吟诵调的来源、特点等；采录的内容包括：吟诵传人所会的各种文体的吟诵，每种文体至少各吟、诵两首（篇），以便进行对比分析，全程高质量录音、录像，然后进行整理，对每一诗、文都单独剪切处理，以便查询使用。

北京话吟诵传人较少，我们采录到十多位：古典文学专家叶嘉莹、诗人刘征、地质专家李砚藻、语文教研专家苏立康、昆曲家张卫东、昌平区书法家窦宇宏等先生。另外，祖籍江苏的苏民、天津的戴学忱，两位先生能吟诵，虽非北京话，但长期生活在北京，以普通话吟诵，故也有一定参考价值。此外，我们还搜集了一些前人的采录。总时长超过10小时。

北京话吟诵具有显著特色。首先，北京话吟诵使用雅言正音；其次，北京话吟诵与京韵大鼓、昆曲等地方曲艺有关系；再次，北京话吟诵的源头和流派不一。清末时，北京官宦、商贾之家，多聘请江南塾师，国子监的老师也多南方人，所以北京贵族吟诵，多有江南韵味。另外，有的吟诵传人还不止会一个调子。如：叶嘉莹先生既有家传吟诵调，又有浙江的戴君仁先生所传之调；戴

学忱先生在家学之外，向陆宗达、傅雪漪等先生请教过。这些情况与北京作为一个包容的文化中心密不可分，极具特色。

北京地名文化展室

北京地名文化展室展出的是跟北京地名相关的文化。北京地名文化资源丰富，从文化内涵的角度考察，地名中蕴含着封建衙署、经济生活、驻军营卫、社会意识、社会心理、宗教信仰、民族融合、移民情况、宗族观念、历史人物、历史事件、传说故事、五色五行、地标建筑等诸多信息。通过"北京地名文化展室"，我们可以了解历史上北京地区的社会经济发展、民族迁徙与融合、宗教信仰、军事活动与政治变革；也可以由此感受中华民族的思维特点、思想观念、心理特征、审美特点等。

北京地名是由各种类别、各种层次的大小不一的地名组成的系统，这个系统是一个共时层面相对稳定但历时层面不断变化的系统。北京地名中的通名，无论自然地理通名还是人文通名，都很丰富；专名则呈现出大雅大俗、雅俗共存的不同面貌。

本展室内容取自《北京地名典》中原东城、西城、崇文、宣武四区于2012年12月31日前尚存的街巷地名，对这些地名进行实地勘察拍照，并查阅《北京胡同志》等资料回溯地名源流，尽可能梳理出地名的命名理据和更名理据，搜集与地名有关的故事传说。同时还对地名给予普通话音和北京音标注。该项目负责人为北京语言大学杨建国教授，北京音标注由北京语言大学石绍浪博士依据首都师范大学冯蒸教授的发音完成。

北京三山五园御制诗展室

"三山五园"是我国近代皇家园林文化的集大成者，其中除了建筑、湖泊等历史遗存外，历代留下来的大量楹联、匾额、御制诗也记录了近代皇家园林文化的精华，尤其是清代皇帝的御制诗。整理清代御制诗对研究"三山五园"历史文化变迁、政治风云变幻、生态文化建设等都有着十分重要的意义：首先，从这诸多帝王游山题园诗作中不难发现隐于其后的时代风云和社会气候，清帝作诗常附序注，于诗作之时、事多有交代，这对研究清代政治史、社会史、园林史等具有重要文献价值；其次，"三山五园"御制诗是一种特殊的历史记忆，激活这些尘封的历史记忆，并将之融入今天的"三山五园"景观中，既可为今天的游览者提供一个历史的参照视角，也充实和丰富了"三山五园"的历史底蕴；第三，通过对这些诗作的挖掘，后世可以了解清代帝王处事为政的心路历程及诗歌创作过程中鲜为人知的细节。

清代共12位皇帝。入关前努尔哈赤、皇太极戎马天下，无意于诗；而最后一个皇帝溥仪，幼龄即位，无力于诗；自第三代顺治至第十一代光绪，9位皆有诗作传世。清御制诗作主要保存在《四库全书》《续修四库全书》《清实录》及清代诸多文人笔记中。除光绪帝诗集未分卷，其余8位皇帝的诗集共901卷58 822首，再加上乾隆为皇子时所作《乐善堂全集》1080首、光绪存诗345首，清御制诗作达6万余首。

在有御制诗作传世的9位清帝中，顺治时期，"三山五园"的皇家园林尚不具规模，其余8位皇帝都在"三山五园"小住过，且留下大量诗作。清高宗乾隆存诗最多，4万余首，其中以"三山五园"为题材的诗作近7000首。这些诗存于：(1)文渊阁本《四库全书》所收《乐善堂全集定本》，《御制诗集》初集、二集、三集、四集、五集、余集；(2)《清高宗（乾隆）御制诗文全集》(中国人民大学出版社)；(3)《清实录·高宗实录》。

北京三山五园御制诗展室全面搜集文献材料，分类整理并扫描入库。在图文材料的整理中，以单篇诗为一个整理单位；诗作所涉景观，尽可能以历史文献中本有的图画配诗呈现，做到图文对应；对楹联、匾额及所涉景观，介绍相关背景材料；对文献中没有景观图片的御制诗，我们采用实地拍摄的方法尽可能补上与此诗相关的图片。

该展室全面收集和整理清代帝王的"三山五园"御制诗作，为之建立图像数据和文字数据的互动关联，可按图查文，也可按文找图。该项目负责人为首都师范大学汪龙麟教授。

北京名园楹联匾额展室

北京有着800多年的建都史，皇家园林遍布京城及其西郊名胜风景区，其中的楹联匾额多为帝王、先贤所书，蕴含独特的政治、历史和文化内涵，是一笔非常宝贵的语言资源。

楹联和匾额虽仅尺幅之大,却涵千里之势。北京名园楹联匾额更因其特殊的性质,在文字、语言、文学、书法等领域都具有重要价值。首先,从文本整理的角度来说,对这些汉字材料进行统一的认读、转录、注释,有助于当代人更准确地理解楹联匾额的内容,使得楹联匾额不再只是游客走马观花的景点,而是成为一个寓学于乐的平台;对这些汉字材料进行字样提取、字位归纳、单字属性标注,有助于大家准确了解单个字词的读音、结构等属性,了解字际之间的关系,体会汉字的性质和演变发展的趋势。其次,北京名园楹联匾额也是不可多得的书法作品,其中保存了不少帝王御笔和名家真迹,这些作品受到政治经济环境、个人风格偏好等多种因素的影响,因此意蕴复杂而颇具魅力。再次,北京名园楹联匾额中蕴藏着多样的文学手法、丰富的文学意象、风雅的文学典故,挖掘其中的文学价值,有助于我们领略花草树木间的诗情画意,走进帝王将相和文人墨客的内心世界。最后,北京名园楹联匾额具有更广泛意义上的文化学价值,包括民俗文化、建筑文化等。

楹联匾额一直以来被视为园林艺术的点睛之笔,是对园林景观的升华,不仅可以渲染自然风景的意境,更是一种寓情寄意、托物言志的手段,抒发了题写者心中的心性志趣、政治追求和人生哲学。该项目负责人为北京师范大学王立军教授。

北京话研究历史文献展室

北京话是现代汉语普通话语音的基础,在汉语诸方言中具有其他方言无可替代的重要地位。北京话有着悠久的历史,北京话语汇一直是语言学家、民俗学家搜集、整理和研究的对象。从20世纪初的"国语运动"开始至今的一个多世纪中,产生了大量的记录、整理北京话语汇的辞书和索引。随着现代化进程的加快,北京话的一些土语词已经越来越少见,北京话也正在成为濒危方言。因此对现有的北京话研究历史文献进行穷尽式整理,对其中重要的历史文献加以摘录,可供北京话语言史研究参考使用;对北京话历史文献加以研究,有利于抢救和保护北京话,给后人留下宝贵的语言材料和文化记忆。

北京话研究历史文献展室共收录71种文献,其中包括69本辞书或准辞书和语汇索引,另外还有两篇论文,因其具有准工具书的性质,亦一并列入。这些文献分为三大类:一是直接记录近现代北京方言土语或口语的辞书和准辞书,不再分小类。二是用北京话撰写的文学作品中的语汇辞书和语汇索引书，分为六类：（1）《小额》语汇索引注释书；（2）《儿女英雄传》语汇索引；（3）《红楼梦》语汇索引和辞书；（4）《老乞大谚解·朴通事谚解》语汇索引；（5）老舍作品语汇索引和辞书；（6）《白话聊斋》语汇注释。三是清代编撰的多体《清文鉴》类辞书和准辞书的现代整理本。各辞书和语汇索引基本上按照时间顺序介绍。

最终的成果数据库包括图片部分和文字部分。图片部分收录了以上文献的封面及目录，文字部分则是对每部文献的评介，重要内容还有备注。两个部分配合使用，内容清晰明了，查找方便，为北京话的研究者和学习者提供了便利。该项目负责人为首都师范大学冯蒸教授。

（戈兆一）

北京地区主要语言服务机构一览*

一 语言翻译企业[①]

北京百通思达翻译有限公司
北京博洋世纪信息技术有限公司
北京博易诺信息咨询有限责任公司
北京策马翻译有限公司
北京创思立信科技有限公司
北京大来创杰咨询有限公司
北京东方灵盾科技有限公司
北京豪睿咨询服务有限公司
北京华联亚通网络信息技术有限公司
北京华清译苑翻译中心
北京华译翻译有限责任公司
北京即时语信息技术有限公司
北京甲申同文翻译有限公司
北京金石创联管理咨询有限公司
北京蓝色极点医药科技发展有限公司
北京朗酷科技咨询有限公司
北京墨责国际文化发展有限公司
北京妮好文化咨询有限公司
北京赛迪翻译技术有限公司

---

* 各类机构分别按照音序排列。
① 主要根据《中国翻译协会单位会员名单》整理，来源于中国翻译协会官网，参见 http://www.tac-online.org.cn/index.php?m=content&c=index&a=show&catid=652&id=3253。

北京三玛新诺翻译有限公司

北京世纪同声翻译社

北京思必锐翻译有限责任公司

北京太科石油信息咨询服务公司

北京天石易通信息技术有限公司

北京天译时代翻译有限责任公司

北京同文世纪科技有限公司

北京万德友联科技发展有限公司

北京新语丝翻译咨询有限公司

北京译邦达翻译有限公司

北京语世通联合翻译中心

北京元培世纪翻译有限公司

北京中慧言信息服务有限公司

北京中外翻译咨询有限公司

北京著文翻译有限责任公司

博雅世纪（北京）文化传播有限公司

传神联合（北京）信息技术有限公司

东方君泰（北京）信息技术有限公司

国译普信（北京）文化传播有限公司

双泽翻译咨询有限公司

顺达佳译（北京）信息技术有限公司

文思海辉技术有限公司

新丝路多语言信息咨询（北京）有限公司

英华博译（北京）信息技术有限公司

宇语通（北京）国际文化交流有限公司

中国对外翻译有限公司

中央编译翻译服务有限公司

中译语通科技股份有限公司

中译悦尔（北京）翻译有限公司

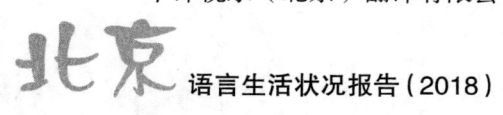

二　语言培训企业[①]

ABC 教育集团
百特英语教育集团
北京邦杰外语培训学校
北京贝立兹语言培训有限公司
北京卡秋莎俄语学校
北京朗阁培训中心（隶属朗阁教育集团）
北京乐柏教育咨询有限公司
北京齐进法语培训中心
北京三一众和教育咨询有限公司
北京森淼学校
北京市澳际语言培训学校
北京市丰台区树人英语培训学校
北京市海淀区法比加培训学校
北京市海淀区新动力培训学校
北京市海淀区旭博培训学校
北京市西城区华军恒培训学校
北京万普森教育科技有限公司
北京新世界进修中心（隶属新世界教育集团）
北京新天方学校
北京学为贵教育科技有限公司
北京樱花国际日语（隶属新世界教育集团）
戴尔国际英语
迪士尼英语
鼎盛教育（隶属鼎盛·彼昂教育集团）
菲尼英语

[①] 主要根据"中国品牌外语培训机构 20 强"评选资料整理，来源于搜狐教育，参见 http://learning.sohu.com/s2010/6362/s277778693/。

汉普森英语（隶属北京汉普在线文化发展有限公司）

华尔街英语

环球教育（隶属北京环球天下教育科技有限公司）

剑桥国际教育（中国）[隶属蓝海新创教育科技（北京）有限责任公司]

精英英语[隶属灵客贯通国际教育咨询（北京）有限责任公司]

迈格森国际教育

美联英语（隶属美联国际教育集团）

娜佳外语学校

千奕国际西班牙语学校

千之叶日语学校

全球说（隶属北京酷语时代教育科技有限公司）

瑞思学科英语（隶属北京瑞沃迪国际教育科技发展有限公司）

外教中国（隶属北京新诺阳光国际文化传播有限公司）

韦博国际英语

西岸教育集团

新东方教育科技集团有限公司

新航道国际教育集团

新通国际教育集团

英孚教育

英特国际英语

优胜国际（隶属优胜中国教育集团）

智赢国际英语（隶属新世界教育集团）

中和世纪文化传播（北京）有限公司

啄木鸟国际教育咨询（北京）有限公司

三 语言技术企业[①]

百度公司

北京北大方正电子有限公司

[①] 主要根据本书中《北京语言科技产业状况调查》整理。

北京词网科技有限公司
北京大正语言知识处理科技有限公司
北京得意音通技术责任有限公司
北京海天瑞声科技有限公司
北京汉王智学科技有限公司
北京汉王智远科技有限公司
北京黑马飞腾科技有限公司
北京慧听科技有限公司
北京奇虎科技有限公司
北京拓尔思信息技术股份有限公司
北京沃丰时代数据科技有限公司
北京行云网科技有限公司
北京迅奥科技有限公司
北京宇音天下科技有限公司
北京语路信息技术有限公司
北京语知科技有限公司
北京语智云帆科技有限公司
北京云知声信息技术有限公司
北京知库信息科技有限责任公司
北京智慧星光信息技术有限公司
北京中科大讯飞信息科技有限公司
北京中科汇联科技股份有限公司
北京中文在线教育科技发展有限公司
北京中自汇河科技文化研究院
北京紫冬锐意语音科技有限公司
标贝（北京）科技有限公司
传神联合（北京）信息技术有限公司
京捷通华声语音技术有限公司
首都信息发展股份有限公司
搜狗公司

第五部分 资料篇

泰码（北京）科技有限公司

中译语通科技（北京）有限公司

四 语言出版机构[①]

北方妇女儿童出版社

北京大学出版社

北京航空航天大学出版社

北京交通大学出版社

北京教育出版社

北京理工大学出版社

北京联合出版有限责任公司

北京师范大学出版社

北京时代华文书局

北京邮电大学出版社

北京语言大学出版社

朝华出版社

电子工业出版社

对外经济贸易大学出版社

高等教育出版社

光明日报出版社

海豚出版社

华语教学出版社

化学工业出版社

机械工业出版社

旅游教育出版社

盲文出版社

[①] 语言出版是指以语言为本体，以语言知识、语言资料、语言研究、语言教育为内容进行出版的行为，主要包括语言辞书出版、语言教育出版、语言学术出版、语言报刊出版这四种类型。本文主要根据中国标准书目网2017年的出版信息，将全年语言出版物大于20种且主要的出版业务包含语言出版的出版单位做了统计（盲文出版社为特例）。

民族出版社
清华大学出版社
群言出版社
人民教育出版社
商务印书馆
社会科学文献出版社
石油工业出版社
世界图书出版有限公司北京公司
世界知识出版社
首都经济贸易大学出版社
首都师范大学出版社
首都师范大学语文报刊社
童趣出版有限公司
外文出版社
外语教学与研究出版社
五洲传播出版社
现代出版社
现代教育出版社
学林出版社
学苑出版社
语文出版社
中国大百科全书出版社
中国纺织出版社
中国人民大学出版社
中国社会科学出版社
中国石化出版社
中国书籍出版社
中国水利水电出版社
中国宇航出版有限责任公司
中国原子能出版传媒有限公司

中国藏学出版社
中国政法大学出版社
中华书局
中信出版集团股份有限公司
中央编译出版社
中央广播电视大学出版社
中央民族大学出版社
中译出版社

五　语言康复服务机构[①]

（一）民办儿童语言康复服务机构

北京市昌平区慧聪树儿童康复教育研究所
北京市昌平区全池博爱语言培训学校
北京市昌平区舒耘听力语言康复中心
北京市昌平区小桔灯儿童康复教育中心
北京市朝阳区澳美听力语言康复中心
北京市朝阳区扬帆听力言语康复中心
北京市朝阳区中澳听力语言康复培训中心
北京市东城区福海慧航残疾人支持服务中心
北京市丰台区春之声特殊儿童康复教育中心
北京市丰台区七彩虹听力语言康复中心
北京市海淀区海伦聋儿康复园
北京市海淀区莎利文康复中心
北京市石景山太阳花听力言语康复中心
北京市通州区人工耳蜗培训学校

[①] 民办语言康复服务机构，主要根据《2017年度北京市民办残疾儿童康复服务定点机构单位名单》，选取其中"机构类别"为"听力语言"的机构单位进行统计；公办语言康复机构，主要根据《北京市残疾儿童康复服务指定机构名单》，选取其中主要业务内容包含语言康复服务的机构进行统计。

北京市西城区人工耳蜗培训学校

（二）公办儿童语言康复服务机构

1. 康复系统

北京工人疗养院（北京市康复中心）

北京市残疾人辅助器具资源中心

北京市残疾人康复服务指导中心

北京市聋儿康复中心

中国康复研究中心

中国听力语言康复研究中心

2. 教育系统

北京市第二聋人学校

北京市第三聋人学校

北京市第四聋人学校

崇文培智学校

东城区特殊教育学校

大兴区特殊教育中心

房山区特殊教育中心

丰台区第二培智学校

丰台区培智中心学校

海淀区培智中心学校

怀柔区培智学校

门头沟区特殊教育学校

密云区特殊教育学校

平谷区特教中心

石景山区培智中心学校

顺义区特殊教育学校

通州区培智学校

西城区培智中心学校

宣武培智学校

延庆区特殊教育中心

3. 医疗卫生系统

北京市、区两级妇幼保健机构

北京协和医院

解放军总医院

首都医科大学附属北京儿童医院

首都医科大学附属北京同仁医院

中国康复研究中心北京博爱医院

（三）语言康复硬件设备服务机构

声望听力全国连锁服务机构

（李　艳、帅柳娟）

《中国语言文字事业发展报告(2018)》目录

前言　我国的推广普通话政策

第一章　国家通用语言文字推广普及

　第一节　普通话普及攻坚
　　一、普及攻坚工程规划部署
　　二、县域普通话普及验收
　第二节　推普宣传培训与志愿者行动
　　一、第20届全国推广普通话宣传周
　　二、普通话培训
　　三、普通话普及青年志愿者行动
　第三节　国家通用语言文字水平测试
　　一、普通话水平测试
　　二、汉字应用水平测试
　　三、少数民族汉语水平等级考试

第二章　语言文字规范化标准化信息化建设

　第一节　国家通用语言文字规范
　　一、新时期普通话审音
　　二、汉语词汇规范
　　三、外语中文译写规范
　第二节　少数民族语言文字规范
　　一、少数民族语言文字规范标准建设
　　二、少数民族语名词术语规范和工具书编纂
　第三节　地名用字规范
　　一、地名普查
　　二、不规范地名清理整治
　　三、地名标志用字规范
　　四、标准地名审定
　　五、地名文化保护
　第四节　科技术语规范
　　一、科技名词审定公布
　　二、规范科技名词推广应用
　　三、科技术语规范科学研究
　第五节　语言文字信息化建设
　　一、语言文字信息化研究与应用规划部署
　　二、语言文字信息处理研究
　　三、少数民族语言文字信息化
　　四、语言文字信息技术与产品研发
　　五、"国家语委语言资源网"建设
　　六、信息技术产品语言文字使用管理立法调研

第三章　语言资源科学保护

　第一节　中国语言资源状况
　　一、汉语资源
　　二、少数民族语言资源

第二节　中国语言资源保护工程
　　一、中国语言资源调查
　　二、中国语言资源平台建设
　　三、中国语言资源保护研究
　　四、中国语言资源保护工程管理
　第三节　少数民族语言资源保护与建设
　　一、少数民族语言文字方针政策宣传贯彻
　　二、少数民族地区双语和谐
　　三、少数民族语言文字出版与广播影视
　　四、少数民族语言文化信息视频资源
　　五、少数民族语言文字网站资源

第四章　语言服务能力提升

　第一节　"一带一路"语言服务
　　一、"一带一路"语言服务研究
　　二、"一带一路"语言服务图书出版
　第二节　外语服务
　　一、外语人才培养
　　二、公共服务领域外文译写规范
　　三、北京冬奥会语言服务行动规划部署
　　四、国民外语能力评测标准研制
　第三节　特殊人群语言文字服务
　　一、手语和盲文规范化建设
　　二、手语盲文教育与人才培养
　　三、听力和视力残疾人语言文字权益保障
　　四、听力和视力残疾人普通话培训测试
　　五、语言障碍人群语言康复服务

第五章　语言文化传承传播

　第一节　中华语言文化传承
　　一、甲骨文研究
　　二、中华通韵研究
　　三、部编语文教材中的传统文化内容
　　四、中华经典诵读活动
　　五、"诵读名家、书法名家进校园"活动
　　六、其他行业系统语言文化传承传播工作
　第二节　汉语国际传播
　　一、孔子学院建设
　　二、汉语国际教育
　　三、华文教育
　　四、汉语在全球的影响力
　第三节　语言文化交流合作
　　一、两岸语言文化交流合作
　　二、内地与港澳语言文化交流合作
　　三、语言文字国际交流合作
　　四、首届中国北京国际语言文化博览会
　第四节　中华思想文化外译传播
　　一、《习近平谈治国理政》外译传播
　　二、中央文献对外翻译

三、中国关键词多语种对外传播
　　四、中华思想文化术语整理与外译
　　五、中国特色话语对外翻译标准化术语库建设
　　六、中国话语海外认知度调研
　　七、中华文化外译出版

第六章　语言治理体系构建
　第一节　语言文字工作督查
　　一、城市语言文字工作评估
　　二、语言文字工作督导评估
　第二节　行业领域语言文字工作
　　一、教育领域
　　二、新闻出版广电领域
　　三、商业领域
　　四、交通运输领域
　第三节　语言文字学术建设
　　一、语言文字科研项目
　　二、国家语委科研机构建设
　　三、语言文字学科建设
　　四、语言文字应用研究人才培养
　第四节　社会语言生活引导
　　一、发布语言生活皮书
　　二、语言文字应用咨询服务
　　三、"汉语盘点"活动
　　四、"随手拍错字"活动
　第五节　语言文字工作机构和队伍建设
　　一、语言文字工作机构建设
　　二、语言文字工作队伍建设

附　　录

　教育部　国家语委关于印发《国家通用语言文字普及攻坚工程实施方案》的通知
　教育部　国家语委关于进一步加强学校语言文字工作的意见
　国家民委"十三五"少数民族语言文字工作规划
　2017年发布或通过审定的语言文字规范标准
　2017年国家语言文字工作大事记

《中国语言生活状况报告(2018)》目录

第一部分　特稿篇

　　深入学习贯彻党的十九大精神　推动新时代语言文字事业创新发展
　　把握新时代语言文字事业的历史担当
　　建设社会主义现代化需要更好的语言服务

第二部分　工作篇

　　中共中央、国务院及相关部委公文中有关语言文字的内容
　　国家通用语言文字工作
　　少数民族语言文字工作

第三部分　领域篇

　　脱贫攻坚需要语言文字助力
　　全民阅读步入新时代
　　我国中小学统一使用"部编本"语文教材
　　首届中国北京国际语言文化博览会
　　甲骨文入选"世界记忆名录"
　　语言智能那些事儿
　　司法判例中的语言证据
　　省级政府门户网站多语服务调查
　　网评低俗词语使用调查
　　旅游景区的语言景观状况
　　济南市商户叫卖语言使用调查
　　佤族"原始部落"翁丁的语言生活
　　独龙江乡中小学生母语现状调查
　　新疆柯尔克孜族语言使用调查
　　语言生活皮书系列
　　《中国语言文化典藏》出版

第四部分　热点篇

　　"新四大发明"开启语言新生活
　　实名认证中的一"点儿"烦恼
　　"王者荣耀"上户口　"北雁云依"成判例
　　"黑科技"的"黑"与"红"
　　中成药命名新规征求意见稿引热议

第五部分　字词语篇

　　2017,年度字词记录时代印迹
　　2017,新词语里的社会热点
　　2017,流行语里的中国与世界
　　2017,网络用语中的草根百态
　　不可忘记的"初心"

第六部分　港澳台篇

　　香港《施政报告》中的少数族裔语文政策

香港报章中的中英语码转换现象
　　台湾语文生活状况(2017)
　　台湾语言生活：来自埔里的观察
　　台湾高中语文课纲"文言文"比例再起纷争

第七部分　参考篇

　　蒙古国文字政策的历史与现状
　　哈萨克斯坦国语字母拉丁化进程
　　挪威高等教育学术语言"英语化"趋势
　　国际语言规划与政策类期刊 2017 年焦点扫描

附录

　　2017 年语言生活大事记

图表目录

术语索引

光盘目录

　　国际标准 ISO 7098:2015《信息与文献工作——中文罗马字母拼写法》及其国际意义
　　2017 年度媒体用字总表
　　2017 年度媒体高频词语表
　　2017 年度媒体成语表
　　2017 年度媒体新词语表

后记

《中国语言政策研究报告(2017)》目录

前言:2016年中国语言政策研究热点

第一章　语言政策理论和国家语言战略

　　第一节　语言政策理论
　　第二节　国家语言战略
　　第三节　"一带一路"语言问题研究

第二章　国家通用语普及

　　第一节　推广普通话
　　第二节　推行规范汉字
　　第三节　推行《汉语拼音方案》
　　第四节　港澳台地区语言政策和语言生活

第三章　语言规范

　　第一节　语言规范理论与方略
　　第二节　普通话语音规范
　　第三节　汉字规范
　　第四节　汉语词汇规范
　　第五节　网络语言治理
　　第六节　少数民族语言文字规范
　　第七节　外文译写规范
　　第八节　海峡两岸和香港、澳门汉语汉字规范

第四章　语言保护

　　第一节　语言保护理论与方略
　　第二节　语言保护政策框架
　　第三节　中国语言资源保护工程
　　第四节　语言保护个案研究

第五章　语言教育

　　第一节　语言教育规划与国民语言能力
　　第二节　国家通用语教育(语文教育)
　　第三节　少数民族双语/三语教育
　　第四节　外语教育

第六章　语言传播

　　第一节　汉语国际传播理论与方略
　　第二节　孔子学院研究
　　第三节　汉语国际教育
　　第四节　海外华文教育
　　第五节　海外华语研究与华语生活

第七章　语言服务

　　第一节　语言服务理论

　　第二节　语言服务产业
　　第二节　特殊语言服务
　　第四节　语言技术服务
　　第五节　社会语言服务

第八章　世界语言政策参考

　　第一节　亚洲国家
　　第二节　欧洲美洲大洋洲国家
　　第三节　非洲国家
　　第四节　其他

参考文献

摘编文献索引

《世界语言生活状况报告(2018)》目录

世界语言生活纵览(2013—2014)

第一部分　生活篇

　　韩国多举措规范外文译写
　　马其顿的语言问题及政府对策
　　加泰罗尼亚公投中的语言问题
　　克里米亚"脱乌入俄"前后的语言状况
　　英国的外语危机
　　爱尔兰国语的地位与困境
　　多国外语教学提前及其挑战
　　世界语言文字博物馆

第二部分　政策篇

　　阿联酋:"语言危机"后的阿拉伯语规划
　　日本的"日裔定居外国人语言政策"
　　蒙古国颁布《蒙古语言法》
　　《斯里兰卡国家三语制度十年规划》发布
　　南非颁布《学后教育培训白皮书》
　　布隆迪重新确立官方语言
　　摩洛哥的阿马齐格语:从土著语言到官方语言
　　法国新《法语使用法》颁布20周年
　　法国《高等教育与研究法》中的语言条款
　　德国的移民语言政策
　　拉脱维亚的国语政策
　　墨西哥《国家印第安语中心2014—2018年规划》
　　澳大利亚白皮书:亚洲语言教育新政策
　　欧盟"伊拉斯谟+计划"和多语教育未来

第三部分　动态篇

　　朝鲜韩国合编《民族语大辞典》
　　印地语新纠纷
　　芬兰语言格局悄然改变
　　苏格兰盖尔语的保护与发展
　　俄罗斯移民语言管理动向
　　委内瑞拉保护印第安语新举措
　　联合国教科文组织维护语言多样性

第四部分　语词篇

　　日本年度热词与年度汉字(2013—2014)
　　俄罗斯年度词语(2013—2014)
　　德国年度词(2013—2014)
　　法国年度术语及新词(2013—2014)
　　西班牙年度热词(2013—2014)
　　英语年度热词(2013—2014)

第五部分　年报篇

　　韩国世宗学堂财团年度报告(2013—2014)
　　日本国际交流基金会年度报告(2013—2014)
　　俄罗斯世界基金会年度报告(2013—2014)
　　英国文化教育协会年度报告(2013—2014)
　　法国法语联盟年度报告(2013—2014)
　　德国歌德学院年度报告(2013—2014)
　　西班牙塞万提斯学院年度报告(2013—2014)

第六部分　附录

　　中国媒体有关世界语言生活文章选目(2013—2014)
　　国外语言生活论著选目(2013—2014)
　　国外语言生活大事记(2013—2014)

后记

图书在版编目(CIP)数据

北京语言生活状况报告.2018/李艳,贺宏志主编.—北京:商务印书馆,2018.10
ISBN 978-7-100-16750-5

Ⅰ.①北… Ⅱ.①李…②贺… Ⅲ.①社会语言学—研究报告—北京—2018 Ⅳ.①H1

中国版本图书馆 CIP 数据核字(2018)第 237415 号

权利保留,侵权必究。

北京语言生活状况报告(2018)
李艳 贺宏志 主编

商务印书馆出版
(北京王府井大街36号 邮政编码100710)
商务印书馆发行
北京中科印刷有限公司印刷
ISBN 978-7-100-16750-5

2018年10月第1版　　开本 787×1092　1/16
2018年10月北京第1次印刷　　印张 14½
定价:59.00元